급진적 환대

급진적 환대 : 사유에서 행위로
Radical Hospitality : From Thought to Action

지은이
리처드 카니·멜리사 피츠패트릭

옮긴이
강지하·김동규

펴낸이
조정환 신은주

편집
김정연

디자인
조문영

홍보
김하은

프리뷰
윤동민

종이
타라유통

인쇄·제본
천광인쇄사

초판 인쇄
2026년 1월 16일

초판 발행
2026년 1월 22일

ISBN
978-89-6195-411-2 93100

도서분류
1. 철학
2. 현대철학
3. 윤리학
4. 정치철학
5. 사회철학
6. 종교철학
7. 문화이론
8. 교육철학

카테고리
카이로스총서 122 Cupiditas

값
20,000원

펴낸곳
도서출판 갈무리
1994. 3. 3. 등록
제17-0161호
서울 마포구 동교로18길 9-13 2층
T. 02-325-1485
F. 070-4275-0674
www.galmuri.co.kr
galmuri94@gmail.com

일러두기

1. 이 책은 Richard Kearney and Melissa Fitzpatrick, *Radical Hospitality : From Thought to Action*, New York : Fordham University Press, 2021을 완역한 것이다.
2. 인명은 혼동을 야기할 수 있다고 생각되는 경우를 제외하고는 본문에서 원어를 병기하지 않았으며 인명 찾아보기에서 병기하였다.
3. 지명은 잘 알려지지 않은 경우에만 원어를 병기하였다.
4. 외래어로 굳어진 외국어는 표준 표기대로 하고, 기타 고유명사나 음역하는 외국어는 발음에 가장 가깝게 표기하였다.
5. 서양어에서는 대체로 외국어를 이탤릭으로 하지만, 우리말의 관점에서는 영어도 외국어이므로 병기하는 외국어에 이탤릭을 쓰지 않았다.
6. 단행본, 전집, 정기간행물, 보고서에는 겹낫표(『 』)를, 논문, 논설, 기고문 등에는 홑낫표(「 」)를 사용하였다. 단, 성서나 헌장, 협정 등의 제목은 관행에 따라 겹낫표를 두르지 않았다(예 : 창세기).
7. 본문 각주에서 저자가 참고한 문헌들의 서지정보는 가독성을 위해 간략히 표기했다. 참고문헌에 각 문헌의 서지정보를 상세히 수록했다.

차 례

게스트북 프로젝트의 개척자이자 친구,
지미 마호니를 위하여

:: 들어가는 말

왜 지금 환대인가?

이 책은 이방인에 대한 심리적·물리적 경계를 개방하는 윤리적 책임이라는, 현대 철학이 당면한 시의적절한 도전을 다룬다. 현상학, 해석학, 해체구성에서부터 신칸트주의적 도덕 비판과 영미권의 덕 윤리학에 이르기까지, 환대의 문제에 관한 주요 비평적 논의를 토대로 삼아, 이 책은 정체성, 국적, 이민, 기념, 그리고 정의의 역할에 관한 시급한 도덕적 담론들에 참여한다. 또한 이 책은 국경 불안, 경계 분쟁, 난민 위기, 그리고 — 2019년 유엔 '기후변화에 관한 정부간 협의체'IPCC 보고서에 비추어 — 아마도 가장 시급하게는 다가오는 생태적 도전이라는 우리의 현재 세계에 환대의 윤리를 적용할 수 있는 새로운 선택지들을 탐구한다. 우리는 이러한 중대한 적용을 우리의 사회적, 정치적 실천 세계뿐만 아니라 교실이라는 결정적으로 형성적인 삶의 영역 내에서도 논의한다. 우리가 제안하는 텍스트에서 행위로의 전환은 궁극적으로 교육학과 실천의 문제이다.

기후 비상사태는 주인host과 이방인stranger의 관계를 우리가 매일 직면하는 위기로 전환시켰다. 이는 — 자연이 우리의 손님이 되기를 요구하는 — 환경적 이방인을 맞이하는 근본적인 과제의 문제일 뿐만 아니라, 우리의 국경에서 만나는 이방인들에 대한 우리의 대응 문제이기도 하다. 일상적으로 주어지는 뉴스에서 접하는 국경 분쟁들을 생각해 보자. 시리아와 터키, 미국과 멕시코, 러시아와 우크라이나, 이스라엘과 팔레스타인, 북한과 남한, 또는 북아일랜드와 아일랜드 공화국 사이의 분쟁(이는 우리가 이 글을 쓰는 시점에 일어난 브렉시트 위기로 인해 다시 시사적 주제가 된 고질적 분쟁이다)을 말이다. 미국·영국·유럽 대륙·아시아·아프리카 등, 우리 시대의 모든 주요 선거 운동에서 핵심 쟁점은 이주민·이민자·난민·외국인·침입자 등, 이들이 어떤 이름으로 불리건 국경선 경계에서 만나는 이방인들에 관한 것이다. 누가 안에 있고 누가 밖에 있는가? 누가 국가에 속하고 누가 속하지 않는가? 누가 보호받을 자격이 있고 누구에게는 그런 자격이 없는가? 누가 머물러야 하고 누가 떠나야 하는가? 만약 그들에게 돌아갈 곳이 있다면, 그들은 거기로 돌아가야 하는가? 이러한 질문들에 대한 답을 누가 결정하는가? 그리고 어떤 기준과 이해관계, 의도에 따라 결정하는가?

토머스 미니의 논쟁적 논고 「누가 당신의 댄스 파트너인가?」(2019)는 현재 유럽연합(이하 EU)의 이민 논쟁과 관련하여 이 문제를 부각시킨다.[1] 미니는 유럽 정치인들이 망명 적격자, 경제적 이주민, 기후 난민을 구분하려 애쓰는 동시에 정작 이들을 양산해 내는 권위주의 정권들과 결탁하는 역설에 빠져 있다고 본다. 따라서 그는 다음과 같은 또 다른 역설 — 즉, 지구가 모두에게 속한다는 칸트의 세계시민주의적 주장에 주목하여 아프리카·아시아인들이 유럽으로 와야 할 절박한 필요성은 줄이되, 그들의 이주 여정 자체는 더 안전하고 용이하게끔 보장하는 것 — 을 받아들이는 편이 더 현명하다고 주장한다. 그러나 이는 상호 협력의 가능성에 대해 창의적으로 생각하기보다는, 유럽과 영국이라는 "좁은 한 조각의 영토"를 고수하는 것으로 보인다. 영국 이민청의 차기 최고 책임자를 위해 제안된 명칭은 "우리의 삶의 방식을 보호하기 위한 의장"이며, EU 집행위원은 "방어하고 보호하는 유럽"의 필요성을 언급한다. 당연히 이는 피난처를 구하는 이주민들이 아닌, 기존 유럽 공동체 구성원들의 보호를 지칭하는 것이다. 보리스 존슨 영국 총리는 소잉글랜드주의자들을 위한 작은 영국을 옹호하면서 이민자들에 대해

1. Thomas Meaney, "Who's Your Dance Partner? Europe Inside Africa," 35~39.

더욱 명확한 입장을 보였다. 나아가 트럼프가 "다시 위대하게" 만들려 한 미국은, 그가 "강간범과 살인자들"이라 부른 멕시코인들과 "거지소굴 국가들"이라고 부른 곳에서 온 아프리카인들을 배제하는 미국이었다. 이 위기는 심각하며, 기후 상황이 더욱 우려스러워지고 모든 대륙의 전제군주적 지도자들이 점점 더 자국민들을 위험에 빠뜨림에 따라 급격하게 악화될 것으로 예상된다. 이방인들이 안식처와 생존의 기반, 그리고 인간다운 존엄성을 제공해줄 주인을 이토록 절실히 요구한 적은 없었다. 그러나 환대의 문은 그 어느 때보다도 더 굳게 닫혀 있다.

환대는 인간 문화만큼이나 오래된 개념이다. "문명은 악수와 함께 시작한다"는 주장이 있을 정도다.[2] 위대한 신화들과 지혜 전통의 근본 텍스트들을 간단히 살펴보는 것만으로도 이를 상기할 수 있다. 여기서 서구 문화의 고전적 예들을 몇 가지 언급해 보고 싶다. 아브라함과 사라가 마므레 상수리나무 아래에서 이방인들을 맞이한 성서의 이야기,[3]

2. Marina Warner, "The European Woman's Heritage," 41.

3. 한 민족의 이야기를 형성하기 위해 얼마나 많은 환대의 이야기들이 한데 모이는지를 상기하는 것은 흥미로운 일이다. 예를 들어, 성서의 이스라엘은 이방인들을 맞이했던 자신들의 이야기들을 기억하도록 요구받는다. 왜냐하면 그들 역시 출애굽 시기에 이방인들이었고, 집을 찾아 광야를 헤매는 이방인들이었기 때문이다(창세기 18~19장). 폴 리쾨르가 지적하듯이, "이스라엘"의 백성은 "이야기 환대"를 통해 형성되었다. "과부

예수가 엠마오로 가는 길에서 낯선 이들을 맞이한 이야기(그리스도의 사역은 가나의 혼인 잔치로 시작하여 예루살렘의 최후의 만찬으로 끝났다)를 생각해 보라.[4] 또는 호메로스의 고대 그리스 서사시들(시몬 베유는 『일리아스』에 대한 그녀의 탁월한 논평에서 이러한 형성적 환대의 윤리

와 고아와 나그네"에 대한 억압, 구원, 돌봄의 이야기들을 회상하면서 말이다. 이것이 바로 "책의 백성"이 의미하는 바이다. 이러한 이야기 환대의 역사적 기억과 재연이 없었다면 이스라엘은 존재하지 않았을 것이다(John Cavanaugh-O'Keefe, *Strangers*). 그리고 다른 아브라함 문화들에 대해서도 이와 같이 말할 수 있다. 복음서의 이야기들과 비유들이 없다면 그리스도교도 없고, 코란과 하디스가 없다면 이슬람도 없다. 비아브라함적 종교들에 관해서는, 『우파니샤드』와 『바가바드 기타』가 없다면 힌두교도 없다고, 또 부처와 보살, 달라이 라마의 이야기들이 없다면 불교도 없다고 말할 수 있을 것이다. Richard Kearney and James Taylor eds., *Hosting the Stranger*를 보라. 또한 여기서 주인과 손님의 역할이 상호 교환되고 순환되는 평등한 관계로서의 선불교의 이상(빈주호환[賓主互換, hinju gokan])도 참조하라. 현대 선불교 철학자 우에다 시즈테루는 "주인 역할의 자유로운 교환이 대화의 핵심"이라고 쓴 바 있다. 이는 다음 글에서 재인용한 것이다. Bret Davis, "Zen's Non-egocentric Perspectivism." 이야기 동일성과 책의 종교라는 개념에 대해서는 다음 책의 "결론"을 참조하라. Paul Ricoeur, *Time and Narrative*, vol. 3. [폴 리쾨르, 『시간과 이야기 3』]. 집단적 기념의 작업들과 관련된 이야기 환대의 문제에 대해서는 3장에서의 우리의 논의들을 참조하라.

4. 따라서 성찬례의 친교에서 "호스트"(host)라는 용어가 지닌 다의성은 퍽 다행스러운 것이다. 이는 먹이는 자, 먹는 자, 그리고 빵 자체를 의미한다. 심지어 레스토랑 운영자의 환대에 관한 용어에서도, 집의 주인(host)은 (역시 오뜨[hôte]라고 불리는) 손님인 고객에게 정찬 메뉴(table d'hôte)[주인의 식탁]을 제공한다. 우리는 이러한 주인됨-손님됨의 이중적 감수성을 다시 논의할 것이다.

를 주목한다), 또는 오비디우의 이야기에서 바우키스와 필레몬이 헤르메스와 제우스를 맞이하는 장면을 생각해 보라. 이후 서구 문학의 흐름은 초서와 라블레의 연회들에서부터 『레 미제라블』에서 미리엘 주교와 장 발장이 만나는 고전적 장면들, 그리고 『바베트의 만찬』에서의 기적적인 연회에 이르기까지 환대의 장면들로 가득하다. 하지만 우리의 종교들, 신화들, 그리고 문학들이 주인됨과 손님됨의 이야기로 가득한 반면 우리의 서구 사상사는 적어도 최근까지는 이 주제에 대해 이상하게도 침묵해 왔다. 폴 리쾨르의 말처럼, "상징이 사유를 일으킨다"는 것이 사실이라면, 이제 "사유"가 전면에 나서야 할 때이다. 적대감이 고조되는 시대에 우리에게는 새로운 환대의 해석학이 필요하다. 그리고 이 요구는 인식론적인 것이면서(우리는 무엇을 알 수 있는가?), 동시에 윤리적인 것이다(우리는 무엇을 할 수 있는가?).

우리 시대 환대에 관한 대화

환대는 오늘날의 세계에서 자주 듣는 용어이지만 서구 철학사에서는 거의 다루어지지 않았다. 레비나스의 『전체성과 무한』(1961 [2018])에서 주인host과 볼모hostage(인질), 그리고 전쟁의 극복에 대한 논의나, 리쾨르의 후기 사유인

『번역론』(2003 [2006])에서 암시적으로 나타나긴 하지만, 환대 개념 그 자체는 이들이나 다른 대륙철학자들에게서 온전하게 철학적으로 다루어지지 않았다.[5] 사실, 단일 저작에서 이 주제에 철학적으로 접근한 진정한 최초의 시도는 아마도 자크 데리다의 『환대에 대하여』(1997 [2023])일 것인데, 이는 1996년 파리 고등연구원에서 행한 두 번의 강연을 요약해서 기록한 짧은 논고로, 지속적이고 체계적인 논변이라고 보기는 어렵다.

『오이디푸스 왕』에서부터 포스트모던 사이버 세계를 자유롭게 넘나드는 데리다는, 이 주제로 진입하면서 그의 세미나 대화자인 안 뒤푸르망텔과의 실험적 논평 형식을 취하는데, 이는 그 특유의 물음을 제기하는 특징적 양식이다. 다만 이는 해당 주제에 대한 지속적인 분석이라기보다

---

5. 영미 철학에서도 마찬가지라고 할 수 있는데, 환대는 최근 아리스토텔레스적인 덕 윤리학의 재조명과 영구 평화에 관한 포스트-칸트적 성찰이 등장하기 전까지는 거의 또는 전혀 명시적으로 다루어지지 않았다. 그리고 심지어 이러한 최근의 재조명 — 7장에서 논의될 것이다 — 에서도 환대는 결코 환대 자체의 관점에서 환대 자체를 위해 다루어지는 중심 주제가 아니라, 오히려 응용 윤리학 내 담론을 지배하는 다른 물음을 뒷받침하는 차원에서 다루어진다. 이 글의 두 부분에서, 우리는 레비나스, 리쾨르, 그리고 데리다의 사상에 내재해 있는 환대에 관한 근본적 관심을 명시적으로 드러내기를 시도한다. 각각을 다른 이들과의 대화로 끌어오면서 이러한 주요 대륙 철학자들과 영미 윤리학의 최근 선구적 사상가들 간의 두 번째 대화에 대한 간략한 암시를 제공한다. 우리는 이 후자의 대화적 암시가 철학적 환대의 작은 몸짓이 되기를 지향한다.

는 단편적인 교환으로 읽힌다. 줄리아 크리스테바의 『우리 자신과 이방인들』(1988) 또한 타자 이해에 대한 풍부한 정신분석학적·문학적 자원을 제공한다. 하지만 그녀 역시 환대의 문제를 본격적으로 다루지는 않는다. 손님으로서의 이방인들에 대해서는 많이 다루지만, 특히 오늘날의 비환대적inhospitable 환경에서 그들을 우선적으로 환영해야 할 주인들에 대해서는 거의 다루지 않는다. 그리고 **실제적으로**in practice 주인이 된다는 것이 현실적으로 무엇을 의미하는지에 대해서는 거의 언급이 없다.

그러나 우리는 우리 시대 환대의 철학을 그 자체로 다루는 것에 더하여, 최근 이와 관련한 관심사들의 맥락에서 우리의 분석을 구성하는 것 또한 중요하다고 여긴다. 그래서 우리는 여기서의 분석을 다음과 같이 구성하고자 한다. (1) 선물의 현상학, (2) 성스러운 경제의 신학, 그리고 (3) 포스트-아포칼립스의 환영의 문화이다.

선물의 현상학

먼저, 자크 데리다(『죽음의 선물』과 『주어진 시간』), 장-뤽 마리옹(『주어진 것』), 존 카푸토(『신, 선물 그리고 포스트모더니즘』), 그리고 마르셀 에나프(『철학자들의 선물:상호성의 재검토』) 사이에서 진행된 선물에 관한 현상학적 논쟁에 대한 간략한 언급이 필요하다. 20세기 초 브로

니슬라프 말리노프스키와 마르셀 모스(『선물』)가 제시한 선물-주기의 고전 인류학으로부터 출발하여,[6] 이러한 현대의 선물 사상가들은 다음과 같은 새로운 방향을 제시한다. 사회경제적 상호성의 의례에서 벗어나 파열과 무사심성의 몸짓을 향해 나아가는 것 말이다.

이와 관련하여, 데리다는 선물을 주는 자나 받는 자 없이 이루어지는 불가능한 몸짓으로 제안하며, 절대적이고 무조건적인 무상성gratuity을 위해 모든 교환 경제를 중단하는 것으로 이해한다. "선물이 있기 위해서는 상호성이 없어야 한다"(『주어진 시간』).[7] 데리다는 여러 비유, 인용, 일화를 통해 선물과 주어짐이라는 주제에 접근하지만, 일관된 개념적 결론을 실제로 명확히 표현하지는 않는다. (그는 의

---

6. Marcel Mauss, *The Gift* [마르셀 모스, 『증여론』]. 경쟁하는 부족들 간의 원초적 선물 교환으로서의 "포틀래치"에 대해 모스는 다음과 같이 적고 있다. "오직 그때에야 비로소 사람들은 상호 이익을 창출하고, 상호 만족을 제공하며, 결국 무기에 의지하지 않고도 자신들을 방어하는 방법을 배울 수 있었다. 이처럼, 씨족, 부족, 그리고 민족들은 서로에게 희생되지 않으면서도 서로 대립하고 서로에게 주는 방법을 배웠다. 이것이야말로, 소위 문명화되었다는 우리 세계에서 내일의 계급과 국가들, 그리고 개인들이 배워야 할 바이다"(106). 또한 다음 문헌을 참조하라. Lewis Hyde, *The Gift* [루이스 하이드, 『선물』] ; João J. Miranda Vila-Chã eds., "O Dom, a Verdade, e a Morte / The Gift, Truth, and Death".
7. 자크 데리다의 말을 보자. "선물이 있기 위해서는, 선물이 심지어 나타나지도 않고, 선물로서 인식되거나 받아들여지지도 않는 것이 필요하다." Jacques Derrida, *Given Time*, 16. 또한 Jacques Derrida, *The Gift of Death*를 보라.

심할 여지 없이 이렇게 하는 것이 선물의 아포리아적 본성에 적합하다고 주장할 것이다.) 카푸토는 환영할 만한 명료함을 보여주면서 선물의 해체구성을 발전시키며, 모든 신용과 부채에 대한 추정을 초월하는 "급진적 해석학"의 방향으로 나아가고, 전통적으로 선물에 수반되었던 희생적 속죄의 표준적 신정론(여기서 구원자는 원죄와 축적된 죄의 몸값을 지불한다)을 거부한다. 이와 유사한 방식으로, 마리옹은 선물을 하나의 '포화된 현상'으로 파악하는 선물의 현상학을 제시한다. 포화된 현상이란 주체의 지향성이 압도적인 직관에 의해 전복되는 현상이며, 이 과정에서 선물을 받는 주체의 행위성, 계산, 판단은 무기력해지고 만다. 마지막으로, 에나프는 리쾨르의 한 타자로서의-자기-자신one-self-as-another에 관한 해석학과 조화를 이루며, 주는 자와 받는 자를 선물하기 과정의 상호 수혜자로서 정당하게 인정하는 앞선 입장과 일정하게 대립하게 되는 입장을 제시한다. 이는 곧 상호성이 다시 핵심으로 자리하게 되는 견해다.[8]

선물이 진정한 선물이 되기 위해서는 증여자가 자신이 주고 있다는 사실을 인식하지 못해야 하고, 수용자가 증여자의 정체성을 알지 못해야 한다는 해체주의적 주장을 반박하며, 에나프는 우리가 구체적인 사회 인류학에서 선물

8. Marcel Hénaff, *The Philosophers' Gift*.

의 원래 의미로부터 배워야 한다고 응답한다—즉, 선물은 자신selves과 이방인을 한데 모으고 평화의 이름으로 적대를 극복할 수 있는 능력이다. 이것이 이른바 포틀래치의 본질이었다. 적대를 환대로 전환하는 것 말이다. 에나프가 리쾨르의 대화 해석학에 기반하여 도출한 결론은 진정한 선물의 의례 및 제도의 근원이 '불가능한 무관심성'이 아니라 '가능한 상호성'에 있다는 점이다. 이러한 상호성은 서로 경쟁 관계에 놓일 수도 있는 행위자들 사이에 사회적·정치적 유대를 형성한다. 이처럼, 선물은 모든 기능하는 사회의 전제 조건이다. 그리고 선물의 이러한 근본적 기능에 대한 인식은 차례로 주인과 손님이 동등한 존엄성과 주체성을 부여받는 적절한 환대의 철학을 요구한다. 이 글은 가능한/불가능한 선물에 관한 이러한 대륙철학적 대화를 우리 시대의 환대에 관한 관련 질문들에 적용하려는 소박한 시도이다.

선물 경제를 향하여

「인류와 환대 : 이주 시대의 신학에의 접근」(2018)이라는 글에서, 르네 다우스너는 환대에 관한 대륙철학적 논쟁을 이민, 권력, 그리고 공포에 관한 우려와 연결한다.[9] 그의

---

9. 다우스너는 여기서 댄 불리와 알렉스 발치와 같은 현대 사상가들의 연구

목적은 유럽의 이주 위기를 고려하여 이 주제에 대한 도덕적, 종교적 기여를 탐구하는 것이다. 그는 다음과 같이 정당하게 지적한다. "이주, 즉 맨몸 외에는 거의 모든 것을 잃은 채로 상황이 개선될 것이라는 희망을 품고 유럽에 오는 사람들이 이동하고 있는 사태는 오늘날 가장 큰 윤리적, 정치적, 신학적 도전 중 하나이다."[10] 다우스너는 유럽에서 네오내셔널리즘 운동의 부상에 따른 최근의 보호주의적 관행을 거쳐 자신의 논의를 구성하는데, 그러한 관행은 그가 주장하듯이 타자에 대한 공포와 희생양 삼기에 그 뿌리를 두고 있다. 그리고 이는 미국에도 적용되는 바인데, 곧 난민과 국제 무역에 대한 대안우파적alt-right 태도를 지닌 포퓰리스트의 영향, 그리고 (트럼프 아래에서) 기후변화를 비롯한 다른 전지구적인 인도주의의 위기를 무시하는 충격적 태도에서 입증되고 있다.

다우스너는 "조건적" 환대와 "무조건적" 환대 사이의 표준적 논쟁을 검토하며, 전자의 경우 주인은 주인으로 남고 손님은 손님으로 남는다는 점을 관찰한다. "주인은 집, 국가, 민족의 주인으로 남아 있는데, 그는 문턱을 통제하고, 또 국경을 통제하며, 손님을 환영할 때도 자기의 주도권을

를 참고하고 있다.

10. René Dausner, "Humanity and Hospitality," 53.

유지하고자 한다."[11] 다시 말해, 많은 주인이 손님을 집 안으로 들이면서도 상황에 대한 "통제"나 "권력"을 완전히 포기하지 않고, 조심스럽게 손님과 거리를 유지한다. 칸트가 그의 고전적인 논고, 『영원한 평화를 위하여』[또는 『영구 평화론』]에서 환대에 관해 언급한 관찰 — 이 주제에 관한 모든 현대적 논의의 정전 — 은 (적어도 데리다의 설명에 따르면) 이 조심스러운 모형에 부합한다. 손님이 평화롭게 행동하는 한, 손님에게는 나타날 권리, 즉 **방문**할 권리가 부여된다. 그러나 그렇다고 해서 손님에게 체류할 권리가 부여되는 것은 아니다. 이는 손님의 권리가 등장할 수 있는 능력으로만 끝난다는 것을 의미하지만, 다시 말하면, **오직** 평화롭게 행동하는 경우에만 그렇다는 말이다. 따라서 환대는 주인의 집에서 손님의 처신에 따라 조건적인 것이 되며, 확립된 집안 규칙에 달려 있게 된다. 이는 독일이 외국인 노동자Gastarbeiter를 받아들이는 상황에서도 적용된다.

여기서 칸트의 근거가 결코 외국인 혐오에 기초한 것이 아니라, 상당히 실용적인 신중함의 지도를 받은 것이라는 점이 중요하다. (주인을 포함한) 서로의 존엄성에 대한 상호 인정이 없다면, 순수한 환대가 지닌 위험은 그것이 지닌 완전한 실행 불가능성이며, 이로써 기본적으로 전쟁으로

---

11. 같은 글, 54.

귀결된다. 칸트의 입장은 이 책의 2부에서 더 심도 있게 다루어질 것이다. 이는 칸트의 입장에 표면적으로 드러나는 것 이상으로 더 많은 '무조건성'이 내재해 있을 가능성이 있기 때문이며, 특히 도덕 심리학의 관점에서 그리고 보편적 권리의 원리를 행사하는 데 어떤 유형의 성향이 요구되는지를 분석할 때 그 가능성이 더 잘 나타나기 때문이다. "보편적"이 된다는 것은 일반적으로 특정한 조건 또는 당파적 조건에 얽매이지 않음을 의미한다.

무조건적 환대는 의문 없이 손님에게 문을 여는 일을 수반한다. 심지어 그 이방인이 "와서 그 장소를 파괴하고, 혁명을 일으키고, 모든 것을 훔치거나, 모든 사람을 죽일" 위험이 있을지라도 말이다(데리다).[12] 이는 누가 들어오든, 그리고 어떤 동기를 가지고 있든 상관없이 실제로 자신의 문이 열려 있음을 의미한다. 이는 순수하고 급진적인 개방성으로 특징지어진다. 데리다의 설명에 따르면, 무조건적 환대는 필수적이다. 왜냐하면 그것이 환대 자체의 조건으로 작용하기 때문이고, 또 환대가 있기 위해서는 절대적인 열림이 있어야 하기 때문이다. 그것은 무조건적이어야 하며,

12. 같은 글. 또 Richard Kearney and Mark Dooley, eds., *Questioning Ethics*, 65~104에 실린 Jacques Derrida, "Hospitality, Justice and Responsibility"와 John Caputo, "Reason, History and a Little Madness" 참조. 또한 John Caputo, *The Insistence of God* 참조.

따라서 불가능해야 한다. 즉, 새로운 것, 알려지지 않은 것, 아직 오지 않은 것 — 데리다가 "메시아적인 것"이라고 부르는 것 — 을 향해 열려 있어야 한다.[13] 우리는 여기서 다시 선물의 논리를 발견한다. 환대는 물론 자신의 집, 자신의 빵, 그리고 아마도 무엇보다도 자기를 주는 선물 이외의 다른 것이 아니다. 그러나 구체적으로 무엇이 메시아적 환영을 불가능하게 만드는가?

데리다에게 무조건적 환대는 모든 법, 규칙, 그리고 문법의 위반으로 특징지어진다. 그것은 — 『공포와 전율』에서 요한네스 데 실렌시오를 반향해 내면서 — "윤리적인 것"의 목적론적 중단, 즉 — 어떤 방식으로든 그 실행에 있어 도덕 법칙을 보존하는 더 상위의 목적을 위하는 — 순수 이성에 기반한

13. 다우스너는 이렇게 말한다. "환대라고 불릴 만한 환대는 무조건적이어야 하며 더 나아가 불가능해야 한다. 불가능성은 환대를 따라 정의되는데, 이는 환대가 단지 규칙, 법, 질서 그 이상이자 그와 다른 것이기 때문이다. … 우리는 환대가 무엇인지 알지 못하더라도 — 그리고 아마도 결코 알지 못할 것이라고 해도 — 환대할 수 있어야 할 의무가 있다. 이런 의미에서 환대는 불가능해야 한다. 왜냐하면 그것이 가능하다면 우리는 결정할 것이 없을 것이기 때문이다. 가능한 환대는 우리가 인간으로서가 아니라 기계처럼 환대의 권리와 정치를 따른다는 것을 의미할 것이다. 데리다는, 오직 환대의 불가능성만이 타자를 위한 공간을 열 수 있다고 확신한다. 불가능성은 단순히 비-가능성을 의미하는 것이 아니라 오히려 미지의, 필연적으로 혁신적인 환대의 형태를 찾는 것으로, 이는 도래할 새로운 세계에 열려 있다"(Dausner, "Humanity and Hospitality," 56). 데리다의 "메시아성"에 관한 논의는 다음 글을 보라. Richard Kearney, "Derrida and Messianic Atheism."

(칸트와 헤겔) 보편적 도덕 법칙을 포기하는 것이다. 이 역설은 인식 가능한 계약이나 대화가 아니라, 오히려 급진적인 노출이다. 즉, 자신을 무조건적으로 내어주는 것이다. 순수한 단절. 맹목적인 도약. 신앙의 한 형태. 데리다와 카푸토가 "광기"라고 부르는 것이다.

다우스너는 궁극적으로 순수 환대의 해체구성적 모형에 이의를 제기하며 리쾨르의 입장을 따르면서 환대의 법칙 자체를 저버리지 않는, 또 다른 더 실천 가능한 이해를 요구한다. 이것이 곧 "해석학적" 혹은 "언어적" 환대이다. 다시 말해, 이는 대화, 교환, 협상을 통해 공통 기반을 모색하는 데 뿌리를 둔 환대의 유형이라 할 수 있다. 이러한 유형의 환대는 가능할 뿐만 아니라 윤리적이기도 하다. 이러한 해석학적 환대는 환대가 항상 위험을 수반한다는 점을 인정하면서도, 주인이 진정으로 "아니요"라고 거부해야 하는 특정 상황들은 보호하고자 한다. 왜냐하면 이러한 거부가 합리적이면서도 책임 있는 행동이기 때문이다. 또한 이는 (이를테면 폭력적인 침입자와 도움이 필요한 난민 사이에서) 선별을 해낼 용기를 필요로 한다. 이러한 논점들은 이 책의 1부와 2부에서 더욱 상세히 개진될 것이다.

다우스너는 결론에서 레비나스의 윤리에 대한 논의와 타자의 타자성에 대한 종교적 경험에 관한 논의 — 레비나스가 불가능한 것이 가능한 것 안으로 침투하는 것으로 이해한 것 — 를 불러온다. 여기서 그는 환대에 상응하는 그리스어 필록세니아philoxenia를 언급하는데, 이 단어는 이방인들에 대한 환대뿐 아니라, 낯선 것에 대한 사랑도 포함한다. "신의 모방으로 이해되는" 사랑으로, 마태오의 복음서 25장과 일치한다. "너희는 내가 굶주렸을 때에 먹을 것을 주었고 목말랐을 때에 마실 것을 주었으며 이방인 되었을 때에 따뜻하게 맞이하였다. … 분명히 말한다. 너희가 여기 있는 형제 중에 가장 보잘것없는 사람 하나에게 해준 것이 바로 나에게 해준 것이다." 이러한 해석에 따르면, 환대를 통해 우리는 역설적으로 가능한 것과 불가능한 것 사이의 간극을 연결하면서, (신의 형상 안에서, 신에 의해 주어진) 신에게 접근한다.

리처드 로어는 『행동과 관조』 시리즈(2019)의 일련의 분석에서 그가 "선물 경제"라고 부르는 것과 관련하여 환대의 신학적 측면을 더 탐구한다. 대륙 현상학에서의 선물, 줌, 주어짐에 관한 논쟁과 병행하여, 로어와 동료 신학자들은 선물의 문제를 충족과 환대의 성스러운 경제 대 희소성과 경쟁의 자본주의 경제에 관한 논의에 적용한다. 이러한 분석이 지니는 효용 중 하나는, 현상학 연구에서는 때로 추상적인 관념으로 머무르거나 심지어 의도적으로 "괄호 치기"로 인해 간과되기도 하는 특정한 경험적 재화들empirical goods에 구체적인 물질적 맥락성을 부여한다는 점이다.

선물 경제는 소비자 자본주의의 지배 이데올로기에 도전하는 경제다. 이는 경쟁, 희소성, 탐욕에 기반한 자유 기업 시장 체제에서 벗어나 사회적 상호작용에 기반한 대항문화적 경제로의 전환을 약속한다. 이러한 선물의 포스트 소비자 경제는 공동선을 위한 계약을 촉진한다. 순수하게 상업적인 시스템이 돈, 자기 이익, 투자, 권리, 잉여를 따라 권력관계를 계층화함으로써 이웃 관계를 침해하는 반면, 선물 경제는 상호 교환 가능한 주인과 손님 사이에서 순환하는 선물로서의 재화와의 관계를 옹호한다. 이는 모든 것과 모든 인간이 "상품"으로 취급되는 화폐 교환이 평등한 기회와 분배의 권리를 누리는 시민들 간의 상호 환대 과정이 되는 사회적 공간을 창출한다. 그리고 이는 이방인들이 이웃이 되는 공간을 열어준다.

이러한 "성스러운" 대안 경제에서 환대는 푸드 허브와 협동조합에서부터 공동체적 사회적 기업, 기후변화 대응 운동, 건강 및 교육 행동주의에 이르기까지 협력하는 행위자들과의 공동 작업과 더불어 작동하는 실천적인 도덕적 가치가 된다. 이러한 환대의 윤리 틀 내에서 이웃 관계는 과거 시대의 향수적 잔재가 아니라 현재와 미래의 인간 번영을 위한 필수적 가치가 된다. 이는 자유 시장 소비자 이데올로기가 "인클로저"(공유지의 사유화)와 "자본"(모든 인간을 "사용", "교환", "잉여" 가치를 지닌 "임금 노동자"로 화폐화하면서 부를 소수의 손에 집중시키는 것)의 경제 정책으로 거슬러 올라가는 깊은 사회적 무질서를 초래했음을 인식하는 것이다. 따라서 시장 이데올로기가 모든 것을 비인격적, 국가적 또는 전 지구적 수준에서 상업화하는 반면, 선물 경제는 "공통장"의 복원을 향한 대항운동을 제안하는 것으로, 공동의 건강·부·영양·교육·정의로 이해되는 공동선을 위한 상호성의 공유 문화에 해당한다.[14]

환대의 윤리는 — 자원이 적절히 분배되고 순환되기만 한다면 — 모두를 위한 충분한 양이 항상 있다고 주장하는 반면, 희소성 모형은 자원이 결코 충분하게 존재하지 않는다고 주장한다. 전자는 경쟁과 계산의 분석보다 공유된 협력과 기여의 윤리를 지지한다. 희소성의 사고방식은 사물을 충분성sufficiency의 순환 속에서 받아들이고 전달되는 선물이 아니라 탐내고 획득해야 할 대상으로 본다. 여기서 충분성은 어떤 것의 양이나 금액을 의미하는 것이 아니라 정의

14. Peter Block, Walter Brueggemann, and John McKnight, *An Other Kingdom*을 보라. 공통장은 공기, 물, 거주 가능한 지구와 같은 자연 재화를 포함하여 사회의 모든 구성원이 접근할 수 있는 자연적, 문화적 자원 체계다. 이러한 자원은 인간 사회의 모든 구성원에 의해 공통으로 보유되며, 사적으로 소유되거나 사적 경제적 투기, 투자, 또는 착취에 이용될 수 없다. 우리는 이 선물 경제에 관한 논의를 소개해 준 리처드 로어에게 감사한다. 또한 Richard Kearney, *Touch* [리차드 카니, 『터치』]에서 "신체라는 공통장"에 관한 논의를 보라.

가 실현된다면 모두에게 돌아갈 충분한 양 이상이 있다는 감각을 의미한다. 이 모든 것은 실존적 태도와 환경의 문제이다. "우리가 충분성의 맥락에서 살 때, 우리는 자연스러운 자유와 정직함을 발견한다. 우리는 완전해지기 위한 절박한 갈망이 아니라 우리 자신의 온전함에 대한 감각에서 삶에 참여한다. 우리는 우리의 삶을 통해 흐르는 자원 — 그 자원이 어떤 수준으로 흐르든 간에 우리의 시간, 돈, 지혜, 에너지 — 을 우리의 가장 높은 헌신에 봉사하기 위해 자연스럽게 공유하도록 요청받는다." 이로부터 "존재 방식으로서의 충분성이 우리에게 엄청난 개인적 자유와 가능성을 제공한다"는 확신이 나온다.[15]

---

15. Lynn Twist and Teresa Barker, *The Soul of Money*, 74~75. 트위스트는 부에 대한 변화된 태도를 위한 환대와 충분성의 윤리의 함의를 상세히 설명한다. "충분성에 근거할 때, 돈이 우리 삶 속으로 들어오고 나가는 움직임은 자연스럽게 느껴진다. 우리는 그 흐름을 건강하고 진실한 것으로 볼 수 있으며, 그것에 대해 불안해하거나 그것을 축적하기보다 그 움직임을 허용할 수 있다. 충분성 속에서, 우리는 선을 위한 돈의 힘 — 그것으로 선을 행할 수 있는 우리의 힘 — 을 인식하고 축하하며, 우리의 가장 높은 이상과 헌신을 향해 흐름을 이끄는 일에 성취감을 경험할 수 있다. 우리가 세상을 이미 모든 것이 풍족한 곳으로, 그리고 우리 자신 역시 모든 곳의 모든 사람들을 위해 세상이 원활히 작동하도록 만들 충분한 역량을 지녔다고 인식하게 될 때, 그 누구도 소외되지 않으면서 우리가 사용하는 화폐는 에너지를 품게 되며, 이를 통해 모든 구성원이 각자의 경제적 여건과 무관하게 스스로가 유능하고 가치 있는 존재임을 느끼는 관계와 협력적 파트너십을 창출한다. 돈에 대한 이러한 대안적, 윤리적 접근은 우리에게 물신화된 상품을 다시 실제 물질적 재화로 전

요약하자면, 환대의 경제는 부유함보다 풍요를, 탐욕보다 무상성을, 무제한적 소비보다 자비를, 상품보다 재화를 가치 있게 여기는 경제다. 로어는 자유 기업 자본주의에 대한 다음과 같은 비판을 인용한다. "부를 창출하는 데는 좋지만 부를 분배하는 데는 그리 좋지 않다. … 이익 동기는 우리의 소유욕에 호소한다. 그것은 탐욕을 키우고 타인의 고통에 무감각하게 만들 수 있다. … 자체의 고유한 장치에 맡겨진 자유 기업 자본주의는 환경을 파괴하고 사람들을 굶주리게 할 것이다. … (따라서) 그것은 경제 성장을 추진하는 놀라운 엔진일 수 있지만, 이 엔진은 조향 장치steering

환하도록 초대하며, 정신과 물질의 분리 — 소수가 다수에 대한 가치 중립적 부의 축적과 집중을 이루는 자본주의 모형을 지지하는 상부구조와 하부구조 사이의 이분법적 분리 — 를 거부한다." 여기서 또한 다음 문헌을 보라. Charles Eisenstein, *Sacred Economies*. "성스러운 경제에서 나타나는 치유의 일부는 우리가 정신과 물질 사이에 만들어 낸 분리에 대한 치유다. 모든 것의 성스러움에 부합하도록, 나는 물질주의를 기피하는 것이 아니라 포용하는 것을 옹호한다. 나는 우리가 사물을 더 적게가 아닌 더 많이 사랑하게 될 것이라고 생각한다. 우리는 물질적 소유물을 소중히 여기고, 그것들이 왔던 곳과 갈 곳을 존중할 것이다. … 우리 물건이 저렴하다는 것은 그것들을 평가절하해버리는 태세의 일부로서, 우리를 모든 것이 일반적이고 소모품이 된 값싼 세계로 던져 넣는다. … 충족되지 않는 필수적 필요는 성스러움에 대한 필요 — 유일무이함과 연결성의 경험 — 이다"(27~28). 선물과 환대의 성스러운 경제의 목적은 "천사, 영, 그리고 신에 관해 떠들어대는 것"이 아니라 "관계, 순환, 그리고 물질적 삶 자체를 성스러운 것으로 다루는 것"(426)이다. 이는 리처드 로어가 자신의 블로그 게시물에서 인용하고 논평한 것이다. Richard Rohr, "Making Do with More."

wheel와 같은 것이 아니다."[16] 리처드 로어와 아서 사이먼은 조향 장치가 공공 정의에 기반하고 희소성보다 충분성의 원칙에 우선권을 부여하는 선물 경제여야 한다는 데 동의한다.

아이러니하게도, 선물 경제의 신학적 덕목 가운데 하나는 단지 주고받기, 주인 되기와 손님 되기의 긍정적이고 구체적인 '물질성'materiality을 회복하는 것일 뿐만 아니라, 현대 과학의 가장 급진적인 물질적 발견들 가운데 일부를 확인해 주는 데에도 있다. 자연을 경쟁적인 것으로 보는 전통적인 과학적 이해와는 달리, 천체물리학과 미시물리학의 최근 발견들은 상호성, 시너지, 공존, 그리고 협력이 큰 역할을 맡고 있음을 밝히고 있다. 적자생존은 가장 환대하는 자의 생존으로 대체되고 있다![17] 따라서 처음에는 단순한 유토피아적 이상이나 메시아적 약속으로 보였던 것이 사실은 우리의 물리적 우주의 가장 심오한 작동 원리와 부합하는

---

16. Richard Rohr, "Moral Capitalism"을 보라. 또한 Arthur Simon, *How Much Is Enough?*을 보라.
17. 저명한 진화생물학자 엘리자베트 사투리스의 주장을 참고하라. 그녀는 자연이 단순한 경쟁과 생존보다 협력과 호혜성을 촉진한다고 주장한다(로어의 블로그 Daily Meditations에서 인용됨). 신학자 캐서린 켈러가 새로운 물리학과의 대화에서 제시한 유사한 다음 논의들도 보라. Catherine Keller, *Cloud of the Impossible*; *Intercarnations*; *Political Theology of the Earth*.

세계관이었던 것이다. 결국, 선물 경제는 그렇게 "불가능한" 것이 아닐 수도 있다.

포스트-아포칼립스 환영 문화

린지 발푸어는 그녀의 저서 『공포 시대의 환대 : 문 앞에 선 이방인들』(2018)에서 신학적 또는 경제적 관점이 아닌 문화적 관점에서 이민자 문제에 접근한다. 그녀는 9·11 이후 세계에서의 환대를 탐구하며, 영화, 문학, 예술, 그리고 공공 추모물을 포함한 다양한 문화적 산물에서 나타나는 주인과 손님의 변증법을 강조한다 — 이는 이 책의 1부에서 상세히 다루어질 것이다. 그녀는 다음과 같이 묻는다. "9·11 이후의 문화적 아카이브는 우리가 타인의 삶에 어떻게 관여하는지, 또는 관여하지 않는지에 관해서 무엇을 시사하는가? 또한 이 텍스트와 문화적 산물들은 오늘날 환대의 가능성과 위험성에 대한 이해로 우리를 어떻게 데려갈 것인가?"[18]

에드워드 케이시와의 대화에서, 발푸어는 센트럴 파크의 "이방인들의 문"Strangers' Gate에 대한 감동적인 묘사로 논의를 시작한다. 이 공원 입구는 뉴욕시의 이민의 역사를 기념하고 경의를 표하는 장소이다.[19] 미국, 특히 뉴욕이나 로

---

18. Lindsay Balfour, *Hospitality in a Time of Terror*.

스앤젤레스와 같은 국제적 대도시 공간에서 독특한 점은 그 "시민들"의 "비非선주민" 지위가 거의 보편적이라는 사실이다. 미국에서 "선주민"이라는 것은 실제로 무엇을 의미하는가? 미국은 세계에서 가장 이질적인 국가 중 하나로, 지구 곳곳에서 온 이민자들로 구성되어 있으며, 다양한 형태의 박해를 피해 궁극적으로는 더 나은 삶, 기회, 그리고 무엇보다 자유를 추구하던 이들에 의해 건국된 나라이다. 발푸어와 함께 거의 모든 북미인들이 "비선주민"이라고 강하게 단언하는 것은 합리적으로 보인다. 이는 폐쇄적 공동체, 첨단 보안 시스템, 그리고 남부 국경에 더 거대하고 견고한 장벽을 요구하는 보수적 담론들의 부상 속에서 상기해야 할 요점이다. 우리는 현재 외국인 혐오증에 의해 조장되는 폭력과 증오 행위를 특징으로 지닌 시대에 살고 있다. 이러한 혐오는 종종 근본적 오해에 그 뿌리를 두고 있다. 이러한 오해들은 종종 "대화"의 부재에 기인하는데, 이것이 본 저서에서 다루고자 하는 점이다. 이 책은 대화야말로 이론적 환대가 실천적 환대로 전환되는 순간임을 제안하고자 한다.

발푸어는 환대가 결코 균일한 현상이 아니라고 올바르

19. 다음 문헌의 조명적인 현상학적 분석을 보라. Edward Casey, "Strangers' Gate."

게 주장한다. "환대는 결코 안정적이거나, 논쟁의 여지가 없거나, 또는 순수하게 이타적인 형태로 있지 않았다. 환대란 수천 년 동안 검토되고, 시험을 받고, 투쟁의 대상이 되어 온 윤리, 폭력, 약속, 위협, 그리고 불가능성의 복잡한 구조를 가진다."[20] 마치 "플라톤적 형상"과 같이, 환대는 우리 모두가 적어도 어느 정도는 **알고** 있는 어떤 것이다. 그러나 우리가 그것을 포착하고, 한계 짓고, 정의하려는 순간, 그것은 우리 손가락 사이로 빠져나가고, 우리는 그것의 무조건적 현시와 조건적 현시 사이의 상호작용과 씨름하게 된다. 우리는 환대 자체보다 무엇이 환대가 **아닌지**를 더 명확히 알고 있다. 국경을 봉쇄하거나 집단살해genocide를 피해 도망쳐 온 이들의 망명을 거부하는 것은 환대가 아니다. '내가 정말로 형제의 보호자인가?', '왜 이방인이 나의 문제인가?', '국경 너머에 뿌리를 둔 낯선 이들에게 내가 무슨 빚을 지고 있는가?'와 같은 질문도 환대와는 거리가 멀다. 이 책에서 우리가 주장하는 핵심적인 요점은, 우리 각자가 어느 시점에서든 손님이자 주인의 역할을 모두 경험했다는 것이다. 환대는 우리가 누구인지에 대한 바로 그 구조에 내재하여 있다. 태어남으로부터 시작하여, 우리는 받아들여지고, 양육되고, 돌봄 받고, 손님으로 대접받는다.

---

20. Balfour, *Hospitality in a Time of Terror*.

같은 맥락에서, 크리스타 티펫은 쿠바계 미국인 엔지니어이자 시인인 리처드 블랑코와 의미심장한 대화를 나누었다. 블랑코는 (스페인을 거쳐 쿠바에서 미국으로 건너온) 이민자로서, 장소, 가정, 망명, 피난처, 그리고 소속감의 의미에 대해 성찰하는 긴 시간을 보냈다. 많은 이들이 절망, 닫힌 문, 이방인에 대한 적대의 시대라고 묘사하는 이 시기에 어디에서 희망과 기쁨을 찾느냐는 질문을 받고 그는 다음과 같이 답했다.

> 제가 본 가장 아름다운 모습 가운데 한 가지는 사람들이 자신에게 직접적으로 영향을 미치지 않는 무언가를 위해 일어서는 장면이었습니다. 저는 이러한 장면을 무슬림 입국 금지령이 내렸을 때 처음, 제 평생 처음 보았습니다. 바로 이것이 민주주의입니다. … 저는 우리가 계속 나아가고 있다는 사실이 마음에 듭니다. 이 나라에서 삶의 질과 덕이 (어느 정도는) 모든 인간 존재의 이야기에 달려 있다는 것을 우리는 깨닫고 있습니다. 우리의 행복이 다른 사람들의 행복에 달려 있다는 것 말입니다. 우리는 의존성의 공간에서 상호의존성을 깨닫는 방향으로 나아가고 있습니다.[21]

---

21. Krista Tippett, "How to Love a Country"(팟캐스트).

실존적으로 말하자면, 이러한 상호의존성의 의미에 정초한 — 경쟁보다는 협력을 가리키는 물리학의 최근 발견들과 공명하는 — 환대는 단적으로 우리의 구성 요소이다. 그리고 그것은 종종 2017년 트럼프 행정부의 이민 금지와 같은 급진적 불의에 직면할 때 자신을 드러낸다. 바로 이러한 절망의 순간에 우리는 자신-으로서의-타자를 향해, 항상 이미 존재하는 "우애"fraternity에 이끌리지 않을 수 없다. 즉, 실제로는 이방인이지만, 그럼에도 불구하고 말하고 싸울 가치가 있는 타자들을 향해 이끌리는 것이다. 전 세계에서 볼 수 있는 이러한 우애의 일상적 이미지들은 우리가 타자를 맞이하고, 보호하고, 포용하고, 함께하고자 하는 본래적 욕망의 증거이다.

이 대화는 블랑코의 「상호의존 선언」에 대한 낭독으로 끝나는데, 이 작품은 그의 책 『어떻게 나라를 사랑할 것인가』의 서두를 장식한다. 「상호의존 선언」의 마지막 부분은 전체를 인용할 만하다.

> 우리는 다음과 같은 진리들이 자명하다고 믿는다. … 우리는 절망이 만들어낸 증오를 치유하는 치료제이다. 우리는 우리의 이름을 기억하는 버스 운전사의 상냥한 아침 인사이며, 지하철에서 자리를 양보하는 문신을 새긴 남성이다. 우리는 우리가 달을 바라보는 방식으로 서로의 눈을 들여

> 다볼 때 미소와 더불어 열려 있는 모든 문이다. 우리는 달이다. 우리는 하나의 민족, 하나의 숨결이 서로에게 선언하는 약속이다. 나는 당신을 본다. 나는 당신이 필요하다. 나는 당신이다.[22]

블랑코가 지적한 대로 우리가 절망으로 인한 증오의 치유제일 수 있다는 것이 사실일지라도, 우리가 또한 그 원인이라는 점을 부정할 수 없다. 그리고 여기에서 우리는 다시 조건적 환대와 무조건적 환대 사이의 핵심 논쟁 — 그리고 외견상 환대의 불가능성 — 으로 돌아온다. 이제 도전해야 하는 것은 계산된 교환 모형과 계산 불가능한 단절의 과장된 모형 사이에서 중도적 방안을 찾는 것이다. 환대가 환대가 되기 위해서는, 어떠한 이유도 없이 각자가 받은 것보다 더 많이 주고 준 것보다 더 많이 받는, 그러한 특별한 종류의 "대칭적 비대칭성"이 필요하다. 주인과 손님 사이의, 비상호성의 상호성 말이다. 이런 관계 속에서 주인과 손님은 각자의 모방할 수 없는 고유한 특이성을 결코 상실하지 않으면서도 서로 교환할 수 있게 된다. 환대는 수요와 공급, 대차credit and debit, 희소성과 잉여에 대한 계약적 협상으로 사물이 거래되는 시장에서 발생하는 어떤 것이 아니다. 진정한 환대

22. 같은 방송.

는 경제적 계산의 벽 너머에서 발생한다. 이는 누가 서로에게 무엇을 빚졌는지에 관한 것이 아니라, 투자와 빚을 넘어서 있는 그 무언가에 관한 것이다.

이는 환대를 때로는 다소 두려운 경험으로 만든다. 왜냐하면 무엇이 도래할지 항상 예측할 수는 없기 때문이다. 가장 끔찍한 가능성 가운데 하나는 타자의 요청 앞에서 자기를 비워버리는 것이다. 그러나 아래에서 상술하듯, 죽음에는 흔히 탄생 — 한나 아렌트의 용어를 빌리자면 **탄생성** — 이 뒤따른다. 이는 환대로 인한 자기의 **해체구성**이 흔히 자기와 타자 모두의 재구성을 수반한다는 것을 의미한다. 2부에서는 왜 이러한 과정 — 타자에 의한 자기의 교란 — 이 심리학적 관점에서 그토록 공포스러운지 탐구하고, 정확히 무엇이 그런 환대의 과정을 그토록 불가능하게 보이게 하는지, 그리고 어떤 의미에서 그 불가능성이 그럼에도 불구하고 가능한지를 풀어내고자 시도할 것이다.

발푸어의 시의적절한 연구와 궤를 같이하면서, 이 책은 해체론의 이론적 난제들을 면밀히 검토하여 이를 극복하고, **실천적으로** "이방인" 문제를 재고찰하는 것을 목표로 한다. 이는 인위적인 기후 변화의 위협이 드리운 "공포의 문화" 속에서, 예술과 미디어를 통해 그 어느 때보다 적극적으로 환대에 가담하는 것을 의미한다.[23] 생태적 변화의 문제는 또한 환대의 문제이다. 우리는 어떻게 비인간 타자들

을 대접하는가? 우리는 이 지구상의 손님으로서, 그리고 동

---

23. 리처드 루브는 최근 저서에서 인간과 동물이 어떻게 서로 연결되고, 서로를 보호하며, 서로를 치유할 수 있는지에 관한 여러 설득력 있는 사례들을 제시한다. Richard Louv, *Our Wild Calling*. "마음의 서식지에서 — 두 존재 간의 인식의 속삭임 속에서 시간이 멈추는 듯하는 그때, 공간이 다른 형태를 취하는 바로 그때 — 우리는 공유된 영혼을 감지한다. 이것이 여성과 곰, 다이버와 문어, 개와 아이, 소년과 재규어, 어부와 해안가의 황금독수리를 연결하는 것이다"(273). 루브는 생명이 있는 자연 세계와 인간의 재연결을 위해 열정적으로 호소한다. 자연결핍장애의 증가와 수천 종의 동식물의 급격한 감소 — 1970년부터 2014년 사이에 세계 야생동물 전체 개체수 중 60퍼센트가 감소했다(세계야생동물기금 통계) — 를 언급하면서, 루브는 그가 "마음의 습관"이라고 부르는 것에 호소하는데, 그는 우리 세계가 생존하기 위해서는 이를 부활시켜야 한다고 주장한다. 그는 나무와의 근접성과 동물 매개 치료가 질병의 증상을 상당하게 감소시키고 우리의 좋은 삶의 감각을 증진할 방법에 관한 다양한 생태심리학적 연구를 인용한다 — "이는 우리의 건강, 정신, 그리고 세계 속에서의 포용성 감각에 깊은 긍정적 영향을 미친다"(3). 디지털 및 게임 기술(예: 2016년 온라인 게임 '노 맨즈 스카이')이 무수한 새로운 "가상의 종"을 생성하고 우리를 창의적 상상력의 대담한 도약으로 초대할 수 있지만, 루브는 우리가 또한 이 행성에서 우리의 존재론적 손님들 — 우리의 동물과 자연의 "타자들" — 과의 접촉을 회복하기 위해 자연 세계에서 어떤 행동을 취할 필요가 있다고 주장한다. 그는 "생물다양성 붕괴와 기후변화를 역전시키거나 늦추는 것은 과학, 기술, 또는 정치만으로는 이루어질 수 없다"고 기술한다. 그런 것들이 필요는 하지만 그것들로 충분하지는 않다. "이러한 성공을 위해서는 오늘날 존재하는 것보다 훨씬 더 광범위한 지지 기반이 필요할 것이다. 이 지지 기반은 동물이라는 가족에 대해 더 깊은 정서적·영적 연결을 가지며, 모든 자연 안에서 마틴 루터 킹 주니어가 인간 사회에서 구현하고자 했던 '피할 수 없는 상호성의 망'를 인식하는 이들로 구성되어야 한다"(3). 이러한 상호 환대 원리의 이름으로, 루브는 '공생세'(Symbiocene)로 진입하기를 주장한다. 이는 탈육화를 넘어선 연결의 시대로서, 그는 이를 "상호성과 재분배를 포괄하며, 야생성이 설령 새로운 형태와 예상치 못한 장소에

물, 광물, 식물을 포함한 멸종 위기 종들의 목자이자 청지기로서 우리의 역할을 어떻게 존중하는가? 이러한 논의는 이제 점점 더 위험에 처해 있는 나무, 강, 생태계, 그리고 모든 감각 있는 존재에 대한 환경적 환대 윤리의 중심에 있다. 해수면이 불가피하게 상승함에 따라, 집이 바다에 삼켜져 추방된 이들은 갈 곳이 없게 될 것이다. 이는 그들이 음식, 물, 그리고 피난처를 요청하며 "이웃의 문을 두드리는" 일 외에 다른 선택지를 가지지 못함을 의미한다. 그렇다면 그 문을 열기 위해 필요한 것은 과연 무엇인가?

이 책의 궁극적인 목표는 텍스트를 행동에 적용하는 것, 즉 환대의 철학을 우리의 현대 세계에서 도출한 구체적인 사례들로 번역하는 것이다. 특히 갈등 해결, 카타르시스적 기념, 종교 간 대화, 그리고 마지막으로 이민·다양성·관용·평화에 관한 교실 교육학과 관련된 쟁점들에 관해서 그

서일지라도 살아남고, 우리가 다른 생명체와 균형을 이루며 살아가는" 시대로 묘사한다(272). 우리는 이러한 연결성이 루브가 "상호성 원리"라고 부르는 것에 기반한 "환대의 윤리"를 요구한다고 주장할 수 있을 것이다. 그 첫걸음은 다음과 같다. "인간이 다른 피조물로부터 치유를 받는 모든 순간에 대해, 인간은 그 동물과 그 동족에게 동등한 치유의 순간을 제공해야 한다. 교실 내 첨단 기술에 일 달러를 투자할 때마다, 아이들이 다른 동물, 식물 또는 사람과 깊이 교감할 기회를 창출하는 일에 최소한 그에 상응하는 일 달러를 투자해야 한다. 우리가 감내하는 모든 외로운 날들에 대해, 그 외로움이 가실 때까지 우리 주변의 생명체들과 교감하며 하루를 보내야 한다"(273).

런 번역을 이루고자 한다.

각 부와 장 소개

이 책의 구성에 관해 설명하고자 한다. "환대의 네 가지 얼굴 : 언어적, 이야기적, 신앙고백적, 육적"이라는 제목을 단 1부는 리처드 카니가 쓴 것으로, 그가 이끄는 국제 게스트북 프로젝트(www.guestbookproject.org)를 뒷받침하는 환대의 철학에 관한 최근 연구를 논의한다. 이 첫 번째 부분은 네 편의 짧은 장으로 되어 있으며 이방인을 맞이하는 윤리를 명확히 제시한다. 폴 리쾨르와 자크 데리다가 전개한 언어적 환대에 대한 논의로 시작하는 1장은 번역과 이야기의 교환으로서 환대의 모델이 최근의 교육학적 실험에 어떻게 적용되는지 설명한다. 우리가 살펴볼 세 가지 사례는 서로의 이야기를 교환하는 '게스트북 프로젝트', 이중의 기억을 찾고자 노력한 '트윈섬 마인즈'Twinsome Minds 기획, 그리고 뉴욕의 아일랜드 기근 기념관에서 진행된 '기억 교환' 프로젝트이다. 그런 다음 논의는 현대 정치철학, 특히 비판이론과 위르겐 하버마스에게서의 번역으로서의 종교적 환대에 관한 논쟁을 검토한 후, 말과 접촉 모두를 포함하는 "이중 환대"를 호소하는 것으로 마무리된다. 1부의 궁극적 목표는 이방인을 맞이하는 "언어적" 방식과 "육체적" 방식 사이의 가교를 탐색하는 데 있다. 이러한 탐색은 2부의 서곡 역할을 하는 정치적 환대에 관한 해명에서 그 절정에 이른다.

2부 "환대와 도덕 심리학 : 이론과 실천 사이의 경계 탐색"은 멜리사 피츠패트릭이 쓴 것으로, 1부에서 얻은 통찰력을 바탕으로 삼았다. 환대와 도덕 심리학 사이의 관계(즉, 우리가 우리 자신과 우리의 도덕적 동기를 이해하는 방식)를 분석하는 2부는 도덕법을 존중하고 따르는 경험과 관련하여 칸트의 고전적인 국제적 환대 개념에 대한 세심한 해석학으로 시작한다(5장). 여기서부터, 환대의 철학으로의 포스트칸트적 전환 — 특히 에마뉘엘 레비나스의 환대 — 에 대한 논의를 제공하면서, 1부에서 논의된 불가능한 환대와 가능한 환대에 관한 데리다/리쾨르/카니의 논쟁을 명확하게 해명한다. 그리고 아렌트의 조금 더 정치적/실천적인 입장에 대한 고찰로 마무리하면서, 칸트와 레비나스의 사잇길을 제시한다(6장).

7장은 우리 시대 앵글로-아메리칸 논의에서 아리스토텔레스 덕 윤리학의 실천적 복원에 대한 분석을 제공하며, 알려지지 않은 것과 타자에 대한 환대를 포함하는 실천적 지혜phronesis의 독해를 논증하면서, 브루어의 최신 덕 윤리학에 관한 재해석을 다룬다. 1부에서 다룬 현대 문화에서의 이야기적 환대 실험을 고찰하면서, 8장은 앞선 장들에서 도출되는 몇 가지 교육학적 적용 가능성을 탐구한다. 즉, 환대의 교육학pedagogy of hospitality이 무엇을 함축할 수 있는지를 간략히 추상화하면서, 저자가 미시시피 델타 지역과 미·멕시코 국경에서 수행한 대학 예비 철학 교육precollege philosophy 경험을 토대로 해당 논의를 전개한다.

이 책은 궁극적으로 복잡성, 다양성, 그리고 애매성을 받아들이는 길을 택하는 급진적 환대의 윤리가 무엇보다도 먼저 이야기 교환을 통해 자신이 아닌 다른 누군가에게 또는 어떤 것에게 자기 자신을 개방함으로써 일어난다고 제안한다. 즉, 우리가 이전에 보지 못했거나 만나지 못했거나 경험하지 못한 새로운 어떤 것에 관해 말이다. 이는 필연적으로 문자적으로나 비유적으로나 경계를 넘어서는 것을 포함한다. 즉, 국가적, 국내적 경계뿐만 아니라 우리가 알고 확신을 지닌 모든 것의 경계를 넘는 것이다. 우리는 이것이 게스트북 프로젝트가 전개한 모든 활동의 지향점이자, 탈경계적 이야기로 이루어진 평화 교육학의 본질이라고 이해한다.

우리가 제안하기를 희망하는 것은, 두려움에 사로잡혀 확실하고 익숙한 도그마에 매달리는 우리의 성향에도 불구하고 다른 길이 있다는 것이다. 즉, 그것은 알려지지 않은 것과의 내기를 하고, 예상치 못한 것으로 뛰어들며, 낯선 것을 향해 모험하고자 하는 본질적인 인간의 욕망을 따르는 것이다. 이렇게 함으로써, 우리는 우리 자신을—노출되고, 상처 입을 수 있으며, 타자들과 세계를 공유하는 용기를 가진—주인으로 이해할 뿐만 아니라, 우리 자신과 다른 어떤 것을 향한 환대의 성향을 기르는 것이 충만하고 번영하는 삶의 일부라는 것도 배우게 된다.

이를 넘어서, 우리는 전쟁과 전쟁을 종종 부추기는 외국인 혐오증을 극복할 가능성의 본질적 조건은 차이와 구별을 수용하고, 대문자 T로 시작하는 진리[Truth]가 무엇인지 알지 못하는 위험을 감수하며, 자신이 소중히 여기는 신들을 타자들의 신들과 교환할 용기를 가지면서, 이야기 교환 활동에 종종 참여하는 것이라고 주장한다. 이는 "자기 팔을 내밀어" 새로운 것을 받아들이는 대담함을 나타내며, 듣지 못했던 목소리들을 위한 소중한 공간을 열고 이방인들을 우리의 집으로 맞이하는 것이다.

우리는 이 책이 게스트북 프로젝트와 교실에서의 실천적 작업과 짝을 이루는 철학적 작업일 뿐만 아니라, 이 주제에 관해 이전에 출판한 다음 두 편의 저서와도 짝을 이루는 것이 되기를 바란다. 리처드 카니와 제임스 테일러가 편집한 『이방인 맞이하기 : 종교들 사이에서』(2011)는 다섯 가지 주요 지혜 전통(유대교, 기독교, 이슬람교, 불교, 힌두교)에서의 환대의 핵심 역할을 탐구한다. 또한 리처드 카니와 카샤 세모노비치가 편집한 『이방인의 현상학 : 적대와 환대 사이』(2011)는 다양한 해석학적 관점에서 적대와 환대 사이의 관계를 탐구한 책이다. 이 두 책이 환대에 대한 새로운 이해를 향한 종교 간 대화 및 현상학적 대화의 기반을 마련했다면, 본서는 이 이해를 현대 도덕 세계에서의 교육학, 예술, 그리고 기념과 관련한 구체적이고 생생한 사례들에 적용하고자 한다. 이는 환대의 궁극적인 목적이 평화의 실천임을 보여주는 것을 지향한다.

1부
환대의 네 얼굴
언어, 이야기, 신앙고백, 육
— 리처드 카니

1장

언어적 환대

번역의 위험

언어적 환대는 주인 언어와 손님 언어 사이의 매개체인 번역을 촉진한다. 여기에는 이중적 의무가 있는데, 이는 자신의 언어에 충실하면서도 동시에 외국인의 언어를 환영하는 것이다.

이 이중적 의무는 중요한 윤리적 책임을 수반한다. 이는 우리가 두 가지 유혹 중 하나에 굴복함으로써 실패할 수도 있는 도전이다. 첫째, 손님 언어의 특이한 차이를 주인 언어의 전체화하는 규범에 동화시키면서, 타자를 동일자에게로 흡수할 위험이 있다. 이는 나쁜 번역을 만들고, 도덕적·정치적 수준에서는 언어적 배타주의, 외국인 혐오증, 또는 제국주의의 극단으로 이어질 수도 있다. 둘째, 자신의 언어적 거주지를 들어오는 타자에게 전적으로 내줘버리는 반대편 유혹이 있는데, 이는 애초에 손님을 맞이할 주인이 아예 집에 있지도 않은 지경에 이르게 한다. 이렇게 항복하는 것은 압도적인 혹은 억압적인 타자에 대해 비굴한 노예가 되는 것으로 이어질 수도 있다. 언어적 헤게모니나 굴욕이라는 이 두 가지 변증법적 극단을 피하기 위해, 주인 언어와 손님 언어를 똑같이 존중하는 언어적 환대의 중간 길을 택할 수도 있다. 폴 리쾨르는 『번역론』에서 문학적이고 존재론적인 것에서 윤리적이고 종교적인 것에 이르는 이러한 언어적 환대의 광범위한 함의를 상세히 해명한다.

> 번역은 우리에게 지적 작업일뿐만 아니라 … 윤리적 문제를 제기한다. 독자를 저자에게 데려가고, 저자를 독자에게 데려가는 것은 두 주인을 섬기고 배반할 위험을 감수하는 것이다. 이것이 바로 내가 언어적 환대라고 부르고자 하는 바를 실천하는 것이다. 이는 또한 내가 보기에 다음과 같은 것과 유사하다고 생각하는 다른 형태의 환대를 위한 모형 역할을 한다. 신앙고백들, 종교들은, 자기들만의 어휘, 문법, 수사학, 문체를 가지고 있어서 우리가 그것들 안으로 들어가기 위해서는 반드시 배워야 하는, 서로에 대해서는 낯선 언어들과 비슷하지 않은가? 그리고 성찬례의 환대는, 번역-배반이라는 동일한 위험들을 감수하되, 동시에 완전한 번역에 대해서도 똑같이 단념하면서 받아들여져야 하는 것이 아닌가?[1]

완전한 번역의 유혹에 저항하는 중차대한 단계는 근접성(이방인을 우리 가운데 환영하는 것)과 거리(번역에서 무언가가 항상 상실된다는 것을 받아들이는 것. 타자의 의미들과 암시들은 결코 완전하게 우리의 것이 되지 않는다) 사이의 섬세한 균형을 관찰하는 것이다. 우리는 가장 근사한 등가성과 대응성을 목표로 할 수 있지만, 결단코 이것들이 적절하다고 가정할 수는 없다. 번역은 언제나 끝이 없는 과제다. 그것은 "천착 작업" — 정신분석학에서의 두르히아르바이퉁Durcharbeitung과 유사한 것 — 이며, 여기서 한 언어적 세계와 다른 언어적 세계 사이의 번역 노동은 애도의 요소를 포함한다. 이는 손님의 타자성을 우리 자신의 판타지로 환원하는 자기중심적 충동을 놓아버리는 것이다. 그러한 판타지는 번역에서 단 하나의 참된 언어, 즉 자신의 언어만이 존재한다는 거짓에 기초한다.

그러나 리쾨르가 반복적으로 주장하듯이, 언어language라는 것은 존재하지 않으며, 오직 언어들languages만이 존재한다. 언어적 환대는 언제나 복수형이다. 또는 "트라디토레, 트라두또레"Traditore, traduttore라는 오래된 격언이 말하듯이,

---

1. Paul Ricoeur, *On Translation*, 23 [폴 리쾨르,『번역론』]. 이 장의 첫 번째 부분에 포함된 내용의 초기 형태는 다음과 같은 형태로 출간된 바 있다. Ricoeur, *On Translation*의 "Introduction"; "Linguistic Hospitality"; "Double Hospitality."

번역한다는 것은 언제나 어떤 의미에서 배반하는 것이다. 이는 우리 모두가 "바벨 이후"를 살고 있음을 의미한다. 그리고 이것은 나쁜 일이 아니다. 우리의 언어적 타락성은 어떤 타락 이전의 로고스로 돌아간다는 가상(그곳에서 우리는 완전한 사물에 대한 완전한 단어를 가진 언어를 말하는 신의 역할을 담당한다)으로부터 우리를 구제해 주는 근본적 유한성을 나타낸다. 그리고 그것은 또한 미래의 완전한 로고스의 유혹 — 보편 기호characterística universalis나 범유럽적 에스페란토의 꿈과 같은 것 — 을 꺾어버린다. 환대의 번역 패러다임은 이러한 망상들에 저항하고, 다양한 토착어들의 다원성에 단일한 제국의 언어 — 그리스어, 라틴어, 프랑스어, 스페인어, 영어 — 를 부과하는 역사적 기획들에 저항한다. 모든 살아있는 언어는 다른 언어로 번역될 권리를 가지는 동시에 번역 불가능한 특정한 내밀함과 불투명성을 유지할 권리도 가진다. 모든 언어는 그 자신의 비밀을 가진다. 모든 말은 그림자를 드리운다. 여기서 주인을 마주한 모든 손님 언어의 정당한 이중 명령이 도래한다. "나를 번역하라! 나를 번역하지 마라!" 나를 번역하되, 완전히는 그렇게 하지 말라. 좋은 번역은 융합이 아닌 수혈이다. 그것은 둘 사이의 이행을 시사하는 것이지, 결코 하나로의 환원이 아니다. 그것은 차이에 대한 대화적 환영dia-legein이며, 추상적 보편주의의 스킬라와 편협한 지방주의의 카리브디스 사이의 통로를 제공한다.

좋은 번역은 자기충족성에 대한 요구를 포기하며, 우리가 옷을 나누어 입듯이 말을 나누어 사용한다는 것을 인정한다. 리쾨르의 말을 다시 진술하자면, 우리는 우리의 언어에 이방인의 겉옷을 입히는 동시에 이방인들을 우리 말의 직조 속으로 들어오도록 초대하라는 부름을 듣는다. 번역은 처음부터, 바벨로부터 도래한 의복 교환transvestitude이다. 태초에 해석학이 있었다. 즉, 다양한 의미들, 언어들, 의도들, 어휘들에 대한 해석이 있었다. 태초에 해석자가 있었다In principio fuit interpres. 순수하고 원시적인 로고스는, 그 로고스가 신의 것이 아닌 한 존재하지 않는다. 그리고 우리는 신들이 아니다. 인간이 된다는 것은 해석한다는 것이며, 해석한다는 것은 번역한다는 것이다. 타인 없는 인간, 손님 없는 주인은 결단코 존재한 적이 없다. 아담에게는 하와가 있었고 하와에게는 아담이 있었다. 태초에 환대가 있었다. 그리고 앞으로 우리가 보겠지만, 적대도 있었다.

이렇게 이해될 때 번역은 우리의 인간적 오류가능성에 대한 인식을 포함하며, 더 많은 번역이라는 절대 끝나지 않는 과제에 우리를 계속해서 열어 놓는다. 좋은 번역의 유일한 기준은 또 다른 번역이다. 이것이 바로 위대한 고전들이 번역 불가능하면서 동시에 무한하게 번역 가능한 이유이다. (호메로스나 셰익스피어의 번역본은 아무리 많아도 충분하지 않다.) 우리는 연약한 환대의 드라마를 다루고 있다. 리쾨르는 이를 다음과 같이 잘 표현한다. "번역자의 과제를 극적으로 만드는 갈등적 성격에도 불구하고, 번역자는 내가 언어적 환대라고 부르고자 하는 것에서 만족을 찾을 것이다. 언어적 환대의 곤경은 완전한 밀착 없는 대응이라는 것이다. 이것은 새로운 번역 외에는 … 번역 이후에 다시 번역하는 것 외에는 어떤 검증도 인정하지 않는 연약한 조건이다."[2] 그리고 리쾨르는 번역가능성의 패러다임을 이야기성 일반으로 확장하며 다음과 같은 말을 덧붙인다. "이야기하기에서 언제나 이야기를 다른 방식으로 전달할 수 있는 것과 마찬가지로, 번역에서도 등가성과 완전한 일치 사이의 간극을 메우리라는 희망 없이 언제나 다르게 번역하는 것이 가능하다. 언어적 환대는 타자의 말에 거주하는 행위인 동시에 타자의 말을 자기 집, 자신의 거처로 받아들이는 행위이다."[3] 그러나 주인은 결코 손님을 자신의 집에 포획할 수 없다. 손님은 손님으로 남기 위해 때로는 떠나야 한다. 그리고 주인은 주인으로 남기 위해 때로는 손님을 놓아 주어야 한다. 모든 번역에서 주인 언어와 손님 언어가 절대로 동일하지 않고, 결코 동일해서도 안 된다는 것을 상기

2. Ricoeur, *On Translation* [리쾨르, 『번역론』].

3. 같은 책. 또한 제임스 테일러의 세세한 해석학적 분석을 보라. James Taylor, "Translation as a Model for Hospitality."

시키는 "번역불가능한 핵심"이 존재한다.

환원할 수 없는 언어적 차이를 인정하는 것은 융합의 오류를 치유적으로 해소하는 동시에, 다원성과 탄생성의 도전을 일으킨다. (여기서 탄생성은 경이, 놀라움, 새로움이 주는 충격으로 읽을 수 있다. 이는 2부에서 더욱 상세히 논의될 것이다.) 정확하게 두 가지 구별되는 언어가 교차할 때 제삼의 언어가 탄생할 수 있다. 그리고 우리가 주목했듯이, 이러한 탄생은 위대한 고전들이 — 그리스어, 산스크리트어, 라틴어, 히브리어 — 수많은 언어로 번역되고, 이어서 각기 다시 자국어로 여러 판본으로 번역되는 과정에서 다중적인 것이 될 수 있다. 예를 들어, 우리는 베르길리우스나 프루스트에 관한 계속되는 번역들에 대해 한탄하기보다는 찬탄한다. 성서와 같은 텍스트도 마찬가지로, 히브리어에서 그리스어로의 칠십인 역 번역에서 시작하여 히에로니무스의 라틴어 번역, 위대한 킹 제임스판 영어 번역, 루터와 부버의 독일어 번역, 슈라키의 프랑스어 번역 등으로 이어진다. 각각의 번역과 더불어, 개별 언어들의 생산적인 충돌로 인해 "의미론적 잉여"가 창출된다. 두 문화를 상호 풍요롭게 하는 새로운 어떤 것이 탄생한다. 예를 들어, 출애굽기 3장 15절의 칠십인 역 번역 — "나는 존재할 수도 있는 자니라" — 에서 형상적이고 질료적 실체로서의 존재ontos on라는 그리스의 존재론적 개념이 역사적이고 종말론적인 생성의 약속으로서의 신이라는 히브리적 개념으로 말미암아 근본적으로 변형되는 것을 생각해 보라. 그 역도 마찬가지이다. 그래서 마이모니데스가 『방황하는 자들을 위한 안내서』에서 히브리-헬레니즘 형이상학을 저술할 무렵, 그리스인과 유대인 모두 세계 내 존재하는 것이 무엇을 의미하는지에 대한 각자의 개념을 재해석하고 있었다. 이러한 양문화적bicultural 교차는 인격성, 시간, 영원성, 관계, 유한성을 재사유하는 근본적으로 새로운 방식들을 열어준다. 다중 번역의 바벨 이후, 우리는 제임스 조이스와 함께 "그리스유대인은 유대그리스인이다"라고 말할 수 있다. 아테네와 예루살렘은 다시는 예전과 같지 않다. 바울로가 서신서에서 히브리어와 아람어를 그리스어로 번역하거나, 초기 교부들이 "존재 너머의 존재"에 대한 신비 신학을 전개할 때도 유사한 지적을 할 수 있다. 그리스도교 신플라톤주의와 교부 신비주의는 존재 의미에 관한 새로운 해석학적 도전을 제시한다. (물론 이러한 논의는 아브라함-헬레니즘 전통을 넘어 우파니샤드나 불교의 반야심경, 또는 다른 지혜 문헌들의 위대한 번역들로까지 확장된다.)

하지만 주의해야 한다. 번역이 항상 천사의 편에 있는 것은 아니다. 자기와 이방인 사이의 모든 전이는 오역의 가능성을 내포한다. 해석학적 금언이 말해 주듯, 모든 이해는 오해를 포함한다. 타자에 대한 적대는 환대만큼이나 실재하는 선택지이다. 평범한 인간적 착오는 말할 것도 없다. 에밀 벤베니스트는 『언어와 인도유럽사회』에서 환대hospitality와 적대hostility가 동일한 어근 호스티스hostis를 공유한다고 지적하는데, 이는 주인과 손님, 친구와 적 모두를 의미할 수 있다.[4] 따라서 번역을 하나의 극적 사건으로 이해하는 개념 — 적대(손님을 동일자로 환원)와 환대(자신과 타자 사이의 환원 불가능한 간극을 인정함) 사이에서 벌어지는 과제, 위험, 내기 — 이 등장한다. 이것이 앙투안 베르만이 번역을 "낯선 것으로부터 오는 시련"l'épreuve de l'étranger — 실존적인 이방인에 대한 시험 혹은 시련이라고 말하는 이유이다.[5] 이러한 시련 개념은 특별한 종류의 실천적 지혜나 판단(프로네시스)을 요구한다. 즉, 이는 외국인이나 이민자로서의, 이방인이나 난민으로서의, 적대자나 침략자로서의 이방인의 다양한 부름과 요구를 분별하는 능력을 말한다. 따라서 적대와 환대 사이, 경계와 환영 사이의 끊임없는 내기가 발생한다. 데리다는 이러한 진동을 "호스티피탤리티"[6]라는 신조어로 명

---

4. Emile Benveniste, *Le vocabulaire des institutions indo-européenes* [에밀 벤베니스트, 『인도·유럽사회의 제도·문화 어휘연구』].
5. Antoine Berman, *L'épreuve de l'étranger* [앙트완 베르만, 『낯선 것으로부터 오는 시련』].
6. [옮긴이] hostipitality. 환대(hospitality)와 적대(hostility)의 합성어. 데리다는 이 신조어를 통해 타자를 환영하는 행위 이면에 타자를 통제 혹은 배제하려는 주권적 긴장이 잠재해 있음을 폭로한다.

명한다. 더욱이 서로 구별되는 인격들과 관점들 사이를 향해하는 능력은 단지 언어 간(모어와 외국어 사이)에서만이 아니라 언어 내(같은 언어를 사용하는 존재들 사이)에서도 작동한다. 모어는 많은 아이들infants을 갖는다. 실제로 정신분석학이 보여주듯이, 번역은 종종 우리의 의식적 자아와 무의식적 자아 사이에서 작동한다. 우리는 자주 우리 자신의 모어 내에서 — 그리고 우리 자신의 정신 깊은 곳에서 — 외국인임을 발견한다. 크리스테바가 우리에게 상기시키듯이, 우리는 저 깊은 곳에서부터 우리 자신에게 이방인들이다.[7]

자크 데리다는 여기서 순수한 환대의 "불가능성"에 대한 급진적 논점을 제시한다. 그가 주장하기로, 모든 번역은 타인에게 자신을 나의 기획, 편견, 관점의 용어로 표현하도록 요구하는 한에서 타자에 대한 어느 정도의 적대를 감수한다. 우리는 자연스럽게 모든 이방인을 우리의 문화적 지평의 생활세계와 관련하여 읽는다. 내가 주인으로서 "당신은 누구입니까?"라고 묻는 순간, 나의 손님은 나의 용어로 응답할 의무를 진다. 실천에서의 모든 해석학은 타자를 환영하는 동시에 그 타자성을 "나와 같은" 누군가로, 곧 내가 인식할 수 있고 동일시할 수 있는 자기로 번역하는, "호스티피탤리티"라는 혼합된 행위이다. 리쾨르가 이 "같은"을

---

7. Julia Kristeva, *Strangers to Ourselves*.

나 자신과 동일한même 누군가가 아니라 유사한semblable 누군가의 관점에서 해석하는 반면, 데리다는 유사성에 대한 어떤 요구도 이미 이방인의 낯섦을 타협시켜 버리는 것이라는 해체론적 입장을 고수한다. (데리다 자신의 인정하는바, 이것은 후설이 『데카르트적 성찰』의 다섯 번째 성찰에서 타자 인식에 대해 수행한 현상학적 분석을 철저화한 것이다.)

그러므로 우리는 리쾨르와 데리다 사이의 차이를 다음과 같이 요약할 수 있다. ("호스티피탤리티"라는 혼합된 양상에 관한 어떤 해석적 판단에 관여하는) 번역의 해석학이 조건적 환대를 실천하는 곳에서, 해체는 무조건적 환대를 요구한다. 나는 타자를 그것의 기원이나 동일성 — 인간이든, 동물이든, 신적인 것이든 — 과 무관하게 받아들인다. 데리다가 주장하기로, 순수한 환대는 신분증이나 여권을 요구하지 않는다. 그것은 국경 통제나 계약에 관심을 두지 않고 타자성에 대한 순수한 노출로 초대하며, "이유 없이" 이방인을 환영한다. 문을 두드리는 소리가 있다면, 그것이 메시아인지 괴물인지 묻지 않고 문을 연다. 일단 환대를 법, 규칙, 그리고 규범의 영역으로 편입시키는 순간, 그것의 내재적 위험성은 제거되며 모든 도래하는 것에 대한 무조건적인 긍정이라는 근본적인 비결정성의 대담함은 타협된다. 데리다는 이러한 상황에도 불구하고 흔들리지 않는다. "누가 또는 무엇이 나타나든 예라고 하자"고 데리다는 『환대에 대하여』에서 쓰고 있다. "어떤 규정이나 기대 이전에, 그것이 외국인이든, 이민자든, 초대받지 않은 손님이든, 예상치 못한 방문자든, 새로 도착한 이가 다른 나라의 시민이든, 인간이든, 동물이든, 신적인 피조물이든, 살아있는 것이든 죽은 것이든, 남성이든 여성이든 간에 말이다."[8] 요컨대, 절대적 환대는 모든 법적, 정치적, 인식론적 관습과 무관하게 이방인을 환영하며, "절대적 타자"를 향한 순수한 신앙의 도약을 요구한다. 또는 데리다가 모방할 수 없는 그의 과장법으로 표현하듯이, "모든 타자는 모든 타자다."tout autre est tout autre. 이방인은 언제나, 근본적으로, 절대적으로 낯선 자다. 그리고 어떤 이방인도 배제되지 않는다.

이제 대부분의 사람들은 그러한 "순수한" 환대가 일상적 실천의 관점에서는 가능하지 않다는 데 동의할 것이다. 거기서 유일하게 실행할 수 있는 환영의 형태는 언제나 이런저런 조건들에 의존한다. 절대적인 무조건적 환대는 "불가능"하지만, 데리다가 주장하기로, 그럼에도 불구하고 그것은 여전히 "바람직한" 것이다. 비록 사람들 대부분에게 그것이 "맹목적"이거나 "광적"이거나 "신비적"인, 순전한 "꿈"으로 보일지라도 말이다.[9] 불가능한 것을 가능하게 하

---

8. Jacques Derrida, *Of Hospitality*, 77 [자크 데리다, 『환대에 대하여』].
9. 데리다는 이 말들을 다음 글에서 언급한다. Jacques Derrida, "On the Gift."

려는 어떤 시도도 이미 배신, 타협, 그리고 오염에 관한 문제가 된다. 해석학적 환대가 주인과 손님 사이의 전환에 대해 말하는 곳에서, 해체론적 환대는 오염에 대해 말한다. 이것은 두 접근법 사이의 차이가 "어려운"과 "불가능한"이라는 단어들 사이의 차이라는 리쾨르의 고백을 설명해 준다.[10]

나는 여기에는 타자성의 현상학(레비나스와 데리다)과 공감의 해석학(리쾨르) 사이에 작동하는 근본적인 긴장이 있다고 생각한다. 전자는 타자의 절대적이고 환원 불가능한 차이를 주장한다. 이는 또한 "동일자"로의 어떤 환원이나 심지어 "유사성"의 정립조차도 정의상 부당하다는 입장을 함축한다. 후자는 타자의 이야기에 귀 기울이고 그것에 공감함으로써 공감과 상상을 발전시킬 것을 제안한다. 이 긴장은 또 다른 차원에서 심화되는데, 한편으로 정의를 요구하는 부름("나는 여기 서 있다")이, 다른 한편으로 개방성과 끝없는 번역 가능성("항상 더 많은 것이 있다")을 요구하는 부름 사이의 긴장이 있다. 대체로 이것은 20세기 대부분 동안 유럽대륙철학의 핵심에 있었던 결정적인 긴장이었으며, 나는 이를 『이방인, 신, 괴물』 같은 이전 저작들에서 다루고자 노력했는데, 특히 그 책의 두 부분, 곧 1부의 이야기적 공

10. Paul Ricoeur, "Epilogue."

감의 해석학 편과 2부의 단절의 타자성 편에서 자명하게 제시된다.

이러한 긴장은 다음과 같은 복잡한 질문을 제기한다. 자기와 타자 사이의 유사성은 그것이 어떠한 형태의 유사성이든지 간에 항상 적대의 양태인가? 그리고 이방인이 항상 절대적으로, 또 알 수 없을 정도로 낯설다고 주장하는 것이 정말로 타당한가? 우리가 신중하고 세심하게 인정해야 할 다양한 종류와 정도의 낯섦이 존재하지 않는가? 실제로, 타자가 진정으로 절대적인 타자, 즉 나와 아무것도 공유하지 않는 존재라고 주장하는 것이 극단적으로 나아갈 경우, 이는 오히려 일종의 적대로 기능할 수도 있지 않은가? 레비나스와 데리다가 주장하는 것처럼 보이는, 그것이 어떤 형태를 취하든 유사성은 필연적으로 그 어떤 형태의 차이보다 더 적대적인 것이라는 가정은 현명한 논지가 아니라고 나는 생각한다. 예를 들어, 외국인 혐오증은 종종 이방인의 타자성에 대한 집착에서 비롯되며, 이로부터 적대와 폭력이 야기된다. 타자가 실제로 나와 유사한 많은 희망, 꿈, 두려움을 공유한다는 것을 깨달음으로써 — 이는 예를 들어 다른 문화의 이야기를 읽음으로써 분명해진다 — 극복될 수 있는 두려움이 이따금씩 존재한다. 타자를 나와 중요한 것들을 공유하는 나 자신과 같은 누군가로 인식하는 것이 반드시 전유나 식민화의 움직임으로 귀결되지는 않는다. 오히려 종종 그 반대이다. 식민주의의 많은 부분은 정확히 피식민자들이 그들의 정복자들과 철저히 다르다는 전제의 뒷받침을 받아 왔다. 이것이 악명 높은 "오리엔탈리즘"의 유혹이다.

나는 공감이 항상 어떤 "닮아 있음"의 감각, 즉 나와 타자 사이 최소한의 기본적 유사성을 전제하는 "함께" 느낌sym-pathein을 요구한다고 주장하고자 한다. 이는 타자의 이야기를 들으면서 내 안의 어떤 부분이 "그것은 나의 이야기이기도 하다"라고 말할 수 있는 감각이다. (나는 다음 장에서 이 문제로 돌아올 것인데, 2부에서는 아렌트의 렌즈로 이를 더 자세히 다룰 것이다.) 이러한 언어적 공유의 사례들에서, 타자의 말에 대한 나의 번역은 적대의 형식이 아니라 그 반대로 여겨진다. 서로 다른 정신들 사이의 상호 전이로서의 번역은 어느 정도 전유의 요소를 포함한다. 즉, 타자를 어떤 측면에서는 **나 같은** 자기로 받아들이면서도, 다른 측면에서는 나와 다른 자로 남아있게 하는 것이다. 비록 지나치게 공감하여 자신이 타자라고 믿고 그들이 보는 것과 정확히 같은 방식으로 사물을 볼 수 있다고 생각하며, 그들의 경험의 고유한 단독성을 부정하는 지점까지 가는 것은 경계해야 하긴 하지만, 공감은 공동체에 필수적이다. 언어는 어떤 가정된 공통 근거에 의존하며, 이런 것 없이는 소통 자체가 존재하지 않는다. 만약 당신이 빼앗긴 이들의 고통에 공감할 수 없다면, 윤리에서 윤리라 불릴 만한 희망을 찾을 수 있겠는가?

마지막으로, 무한한 번역가능성을 위한 주장에 한 가지 우려가 있다. 가능한 한 많은 해석을 갖는 것 자체가 필연적으로 더 윤리적인 태도를 낳을 것이라는(비록 그것이 하나의 가능성이기는 하지만) 보장은 없다는 점을 인정해야 한다. 그리고 더 문제가 되는 것은, 만일 이야기들을 다시 말하는 무수히 많은 대체로 동등한 방식들이 존재하고, 이러한 다양성이 그 자체로 칭송되어야 한다면, 어떤 번역이 더 낫고 또 어떤 번역이 그렇지 못한지를 주장하기가 어려울 것이라는 점이다. 여기서 어떤 비판적 뉘앙스가 요구된다. 즉, 번역 가능성과 번역 불가능성 사이의 중간길, 달리 표현하자면 한편으로는 공감적 대화로 이해되는 환대, 다른 한편으로는 끝없는 읽기의 산포dissemination로 이해되는 환대 사이의 중간길 말이다. 이어지는 논의에서 우리는 현대 문화와 정치에서 추출해낸 일련의 사례들에 환대의 중간길을 적용하면서, 겉으로 보이는 여러 모순을 생산적인 긴장으로 전환하고자 할 것이다.

2장

이야기 환대

세 가지 교육학적 실험

이 두 번째 장에서 나는 세 가지 실천적 사례와 관련하여 환대 윤리의 가능성을 탐구한다. 이야기를 교환하는 게스트북 프로젝트, 이중적 기억에 관한 트윈섬 마인드 프로젝트, 그리고 교차적 기념에 관한 아일랜드 기근 추모 프로젝트가 그것이다. 이 세 가지 모두는 아일랜드 문화사에 대한 나 자신의 "해석학적 귀속"에서 비롯된다.

다만 먼저 이야기 환대의 해석학에 대해 조금 더 말해보겠다. 폴 리쾨르는 그의 주제적 텍스트인 「유럽을 위한 새로운 에토스에 대한 성찰」(1996/2004)에서 언어적 환대의 모형을 그가 "이야기 환대"라고 부르는 것으로 좀 더 구체적인 형태로 확장한다. 그는 이를 "타자와 관련된 삶의 이야기들을 통해 상상력과 공감 속에서 타자의 이야기에 대한 책임을 지는 것"으로 기술한다.[1] 추모비의 경우, 이는 우리가 이웃이나 적대자의 이야기를 환대할 수 있게 하는 전이의 기술을 실천하면서 서로 다른 국가적 또는 집단적 역사들 간의 교환 형태를 띠게 된다. 한 국가의 영광의 이야기는 종종 다른 국가의 고통의 이야기가 되곤 한다. 승자와 희생자는 이야기를 교환함으로써 서로의 자리를 바꿀 필요가 있다. 그리고 이야기를 교환하는 것은 이미 역사를 바꾸려는 초대로서, 우리의 "죽은 자들에게 진 빚"으로부터 망각된 이야기들을 다시 불러오는 일이다.

우리는 이 장의 세 번째 절에서 기억을 주제로 논의할 때 이야기 환대의 윤리학으로 돌아올 것이지만, 여기서 일단 그 세 가지 핵심적 특징을 요약해 보고자 한다.

이야기의 다원성. 모든 이야기는 다양한 관점에서 서술될 수 있다. 역사적 사건들 — 예를 들어 프랑스 혁명, 아일랜드 기근, 아메리카 발견 — 에 대한 복수의 독해들이 이러한 사건들의 단독성에 대한 존중의 결여를 의미하지 않는다. 오히려 각 역사적 순간의 과거성과 타자성의 너무나도 풍부한 성격을 존중하는 것이 바로 이야기 설명의 다양성일 수 있을 것이다. 역설적으로, 다르게 서술하는 것은 그러한 순간들의 독특한 특수성과 낯섦에 대한 더 깊은 이해를 위한 보

---

1. Paul Ricoeur, "Reflections on a New Ethos for Europe," 7. 이 글은 다음 문헌에서 재간행되었다. Richard Kearney ed., *Paul Ricoeur*.

증인 역할을 할 수 있다. "한 국가 역사를 창건하는 사건들을 다양한 방식으로 서술할 수 있는 능력은 문화적 기억들의 교환에 의해 강화된다. 이러한 교환 능력은 다른 국가 문화들의 창건 사건들뿐만 아니라 그들의 소수 민족들과 소수 종교 교파들의 창건 사건들을 기념하는 데 상징적이고 존중 어린 마음으로 참여하려는 의지를 시금석으로 삼는다."[2] 또 덧붙이자면, 그러한 기념들은 영광의 순간들만큼이나 트라우마의 순간들에도 적용된다. 역사에 관한 모든 해석에는 해석학적 위험 — 쟁점이 되는 정의와 부정의에 대한 윤리적 인식 — 이 수반된다. 역사는 결코 순결하지 않다. 거의 언제나 승자와 희생자가 있으며, 이야기하는 힘과 이야기하기에 대한 허용은 모든 이에게 평등하게 주어지지 않는다. 따라서 많은 이야기가 필요하며 그것들을 계속해서 말해야 할 의무가 있다.

이야기 변형. 역사적 과거는 경험되지 않았거나 탐구되지 않은 "가능성들"의 관점에서 다시 진입될 수 있으며, 그럼으로써 과거에 미래를 부여할 수 있다. 리쾨르가 표현했듯이, "과거는 지켜지지 않은 약속들의 묘지이다." 이야기 환대는 그러한 약속어음들을 현금화하기 위해 말해지지 않은 이야기들을 다시 말하는 방식이며, "에스겔의 예언에 묘

2. 같은 글, 8.

사된 골짜기의 마른 뼈들처럼 그것들을 다시 살려내는 것이다."[3] 여기서 기억의 해석학적 모형은 치유의 카타르시스적 모형과 만난다. 우리는 아래에서 이야기적 기억의 구체적 사례들을 탐구할 것이다.

이야기 용서. 우리는 자비와 선물의 순간들을 열어젖히기 위해, 이야기 교환을 통해 타자들과 공감함으로써 과거의 상처들을 극복해 갈 수 있다.[4] 이는 계약적 교환의 상호성을 넘어서 계산 불가능한 자비의 질서로 나아가는 것을 포함한다. 이는 "그 이상의 어떤 것"의 이름으로 정의의 규칙들을 초월하는 도약이다. 즉, 적을 용서하고 "빚을 계산하지 않는 것"이다. 여기서 법은 사랑으로 보충된다. 그리고 용서의 시학을 향한 이 대담한 발걸음에서, 역사들, 기억들, 증언들에 관한 이야기 교환이 종종 행동으로 보충되어야 하는 지점이 온다. 이야기 환대는 수행적 환대를 요구한다. 텍스트는 행위로 전환된다. 말은 몸짓이 된다.[5]

우리는 아래에서 이러한 논점들로 더 자세히 돌아올 것이다. 이제 우리의 세 가지 사례로 넘어가자.

---

3. 같은 글, 9.
4. Richard Kearney, "Memory and Forgetting in Irish Culture.".
5. 후기와 4장에서 다루는 만짐과 악수의 역할에 대한 논의를 주목하라. 또한 Kearney, "Double Hospitality."

게스트북 : 이야기 교환하기, 역사를 바꾸기

게스트북 프로젝트는 2009년에 이야기 환대에 대한 학문적 실험으로 시작되었다. 이는 "이방인 환대 : 적대와 환대 사이"라는 주제에 초점을 맞춘 학제간 세미나로 시작되었다. 이 프로젝트는 대부분의 인도유럽어에서 "손님"과 "적"을 나타내는 단어가 동일하다는 사실에서 지적 영감을 받았다. 예를 들어, 라틴어의 호스티스hostis는 "적대"hostility와 "환대"hospitality 양자 모두의 공통 어원이다. 그리스어의 제노스xenos(외국인 혐오증xenophobia과 외국인 애호증xenophilia), 옛 독일어의 가스트Gast(친근한 손님 또는 끔찍한 적) 등도 마찬가지이다. 게스트북 프로젝트의 목표는 이야기 교환 행위를 통해 적의가 어떻게 공감으로 번역될 수 있는지를 탐구하고, 폭력의 순환을 이방인을 환영하는 상상력을 급진적으로 발휘하는 순간으로 변화시키는 것이었다. 프로젝트의 첫해(2009년~2010년)는 세미나 발표, 학술회의(철학 및 신학), 국제적으로 송출된 시 축제(이방인의 시학), 음악 콘서트(성스러운 낯섦의 노래), 그리고 노엄 촘스키부터 앤 카슨에 이르는 지식인과 예술가들의 연속 강연으로 구성되었다. 이러한 활동들은 게스트북 프로젝트 웹사이트(guestbookproject.org)에 기록-보존되었으며, 두 편의 저널 특집과 세 권의 학술 서적 출판으로 이어졌다.[6]

수년에 걸쳐 나는 공동 디렉터인 실라 갤러거, 멜리사 피츠패트릭과 함께 게스트북 프로젝트를 학술 프로그램을 넘어 "이야기를 교환하고 역사를 바꾸다"Exchanging Stories Changing Histories라는 포괄적 제목 아래 오대륙에 걸친 국제적 파트너십으로 확장하는 10여 년의 여정에 동참했다. 이는 분열을 사이에 둔 두 사람이 마주 앉아, 각자의 이야기를 나누며 '제3의 이야기'를 공동으로 창출하는 과정을 디지털로 기록하는 이야기 환대 프로젝트로 구성되었는데, 이 프로젝트는 이제 우리를 대표하는 활동으로 자리 잡게 되었다. 이 기록들은 그후 짧은 텍스트와 영상물로 편집되어 게스트북 웹사이트에 게시되어, 다양한 교육적 맥락에서 활동하는 평화 운동가·교사·지역사회 활동가들이 자유롭게 접근할 수 있는 담장 없는 교실의 기능을 수행했다(도판 1a와 1b 참조).

언젠가 누군가 내게 게스트북을 설립하게 된 동기가 무엇인지 물었을 때, 나는 파리에서의 나의 스승들, 곧 리쾨르, 레비나스, 데리다로부터 배운 환대를 형성하는 철학

---

6. Tom Epstein, ed., "On Hosting the Stranger"; Chris Yates, ed., "Hospitality"; Kearney and Taylor, eds., *Hosting the Stranger*; Richard Kearney and Eileen Rizo-Patron, eds., *Traversing the Heart*; Richard Kearney and Kascha Semonovitch, eds., *Phenomenologies of the Stranger*. 이 책은 여러 측면에서 이어지고 있는 일련의 대화를 기록한 다섯 번째 출간물이다.

을 언급했다.[7] 그리고 나는 1998년 4월 성금요일 평화협정에서 대부분 해결된 30년간의 종파적 분쟁 시기(1960년대~1990년대)에 아일랜드에서 자랐다는 나의 조금 더 전기적인 사실을 덧붙였다. 북아일랜드에서 일어난 두 명의 전직 준군사조직 수감자들 간의 극적인 이야기적 만남의 경험은 내게 깊은 인상을 남겼다. 한 인터뷰에서 나는 이를 다음과 같이 묘사했다.

> 1980년대 북아일랜드 "분쟁" 시기가 절정에 달했을 때, 나는 젊은 철학 교수로서 전쟁으로 분열된 도시인 데리Derry로 초청받아 공화파와 왕당파 수감자들 간의 워크숍을 진행하게 되었다. 워크숍 중에 IRA[아일랜드 공화국군] 수감자 중 한 명이 어느 날 밤 자신이 침대에서 자고 있을 때 왕당파 무리가 집에 침입해 그를 묶고 재갈을 물리고 눈을 가린 뒤 차 트렁크에 던져 넣고 데리시 외곽의 헛간으로 데려갔던 일을 이야기했다. 의자에 묶여 총살당하기 직전, 그는 마지막 담배를 피울 수 있는지 물었다. 그를 붙잡은 사람은

7. 파리에서 만난 세 스승, 리쾨르, 데리다, 레비나스에 대해 내가 진 빚에 관해서는 다음 글을 보라. Richard Kearney, "'Where I Speak From'." 환대에 관한 리쾨르/데리다/레비나스 논쟁에 관한 분석을 재차 다루는 본서 1장을 참조하라. 이는 내가 다음과 같은 이전 연구에서 논했던 바이기도 하다. "Linguistic Hospitality"; "Double Hospitality."

도판 1a와 1b. 게스트북 프로젝트

이에 동의하여 담배를 건넸다. 그리고 그가 담배를 피우는 동안 — 아주 천천히 — 그는 자신이 어떻게 공화파의 폭력에 연루되었는지에 대한 이야기를 들려주었다. 그의 할아버지가 영국 경찰에 의해 잔혹하게 살해당한 일, 또 아버지가 투옥되고 고문당한 일, 그의 어머니가 알코올 중독자가 되어 신경쇠약을 겪은 일, 그의 형제가 무릎을 총에 맞아 평생 장애인으로 살게 된 일 … . 담배를 다 피울 때까지 그는 계속 이야기했다. 그런 다음 그는 총성이 울리기를 기다렸다. 하지만 총성은 없었다. 아무 소리도, 아무 움직임도 없었다. 5분, 10분, 15분, 20분을 기다렸는데, 아무런 일도 없었다. 결국 그는 결박을 풀고 주위를 둘러보았다. 거기엔 아무도 없었고 헛간은 비어 있었다. 그는 집으로 걸어갔다. 내가 진행하던 워크숍에서 IRA 수감자가 이 이야기를 마쳤을 때, 왕당파 준군사조직 수감자인 또 다른 남자가 홀 뒤편에서 일어나 말했다. "내가 당신에게 그 담배를 준 암살자였습니다. 그리고 나는 당신을 쏘려고 했습니다. 하지만 나는 당신을 쏠 수 없었습니다. 왜냐하면 당신의 이야기를 들었을 때, 나는 그것이 나의 이야기라는 것을 깨달았기 때문입니다."[8]

---

8. Richard Kearney, "Be the Difference"를 보라. 또한 게스트북 홈페이지(guestbookproject.org.)에 있는 이 이야기의 비디오 버전을 참조하라.

이 이야기 교환을 목격하며, 나는 '이야기의 상상'이라는 기초적인 행위가 철천지 원수 사이에서 공감의 전이를 일으킬 수 있으며, 예측 불가능한 용서와 화해의 과정으로 이어질 수 있음을 확인했고, 그로부터 깊은 감명을 받았다

역사적 관점에서 게스트북에 대한 나의 이해를 형성한 두 번째 아일랜드 이야기는 "팔 걸기"chancing your arm에 관한 것이었다. 이는 훨씬 더 오래된 이야기로, 1492년 아일랜드에서 피비린내 나는 내전이 격렬하게 벌어지던 시기로 거슬러 올라간다. 당시 킬데어 백작 게어로이드 모르 피츠제럴드는 더블린의 성 패트릭 대성당에서 그의 숙적인 오르몬드 백작 제임스 버틀러를 포위하고 있었다. 많은 시간이 지난 후, 피츠제럴드는 폭력의 순환이 계속될 수 없으며, 이 악랄한 유혈사태가 끝나야 한다는 것을 깨달았다. 그래서 그는 버틀러에게 문에 구멍을 뚫으라고 요청하며 이렇게 말했다. "나는 갑옷을 벗고 틈새로 손을 내밀 것이오—당신은 내 손을 잡거나 잘라낼 수 있소. 잘라내면 전쟁은 계속되고, 악수하면 전쟁은 끝나오." 피츠제럴드는 속담처럼 "팔을 걸었다." 버틀러는 그의 손을 잡았고 평화가 찾아왔다.[9]

9. 이 이야기의 중요성을 상기시킨 나의 좋은 친구이자 작가 로난 시한에게 감사의 뜻을 표한다.

전쟁으로 황폐해진 나의 조국 아일랜드의 역사에서 가져온 이 두 이야기는 적대로부터 환대로 변형되는 번역 행위들을 다룬다. 적들이 동맹이 되고 이방인들이 손님이 되는 행위들 말이다. 우리 시대를 위해 이러한 이야기들을 재전유하는 방법들을 설명하는 것은 기본적인 해석학적 물음, "당신은 어디에서 말하는가?"d'où parlez-vous?에 응답하려는 소박한 노력이었다.[10]

게스트북은 이제 국제적 비영리단체로 운영되며, 공감적 상상의 작업을 통해 평화 이야기들을 촉진하는 데 헌신하고 있다. 유럽, 아시아, 아프리카, 미국, 중동 등 멀리 떨어진 여러 지역에서 종교, 계급, 권력, 문화의 분열을 가로지르며 활동하고 있다. 데리/런던데리Derry/Londonderry에서 두 젊은 학생 — 한 명은 개신교 신자, 다른 한 명은 가톨릭 신자 — 이 교복을 바꿔 입고 서로의 문화적 영역을 횡단하는 비디오로 시작하는 우리의 첫 번째 환대의 실험 이후, 여러 후속 사례들이 나왔다. 젊은 터키인들과 아르메니아인들이 금기시된 욕설을 공유하고, 이스라엘과 팔레스타인 학생들이 상징물들(다윗의 별과 히잡)을 교환하며, 콩고와 르완다 난민들이 트라우마를 털어놓고, 방갈로르의 무슬림들과 힌두교도들이 교차 의례를 가지며, 한국과 일본 청년들이

---

10. Kearney, "Where I Speak From."

역사적 갈등의 기억을 나누고, 시리아 이민자들과 그리스 호스트들이 탈출과 환영의 이야기를 들려주는 것들이 포함되었다. 이러한 교환들 각각은 분열된 공동체의 젊은이들이 대안적 이야기들을 상상함으로써 대담하게 역사를 재구성하려 했던 마음과 정신의 경계 횡단을 담고 있다.[11] 젊은 스토리텔러들은 세대 간 상처의 깊은 유산을 치유의 이야기 형태로 번역함으로써 과거에 미래를 선사하기로 선택했다. 요컨대, 게스트북의 목표는 젊은이들이 "담대하게 시도하도록" — 평화의 불가능한 가능성들을 향해 상상력의 과감한 도약을 하도록 — 힘을 실어주는 것이었다.

트윈섬 마인즈 : 분열된 역사에 관한 교차적 이야기

11. 시리아와 아프간 난민에 관한 앙겔로스 부가스의 〈두 섬 사이에서〉(2018)와 멕시코 이민자들에 관한 클레이 베네티스의 〈보호하는 태양 아래에서〉 등과 같은 게스트북 다큐멘터리들을 웹사이트 guestbook-project.org에서 찾아보라. 또한 여기서 종파간 환대에 관한 연구는 다음 문헌을 보라. Helen Boursier, *The Ethics of Hospitality* ; "The Great Exchange." 이러한 작업들은 주로 과테말라, 엘살바도르, 온두라스의 북부 삼각 지대인 중미의 자기 고향에서 일어난 폭력으로부터 벗어나 미국으로의 망명을 추구한 이민자들을 위한 종교 간 환대 기획을 기록하고 탐구한다. 이 논증은 이민자 가족 구금 시설 내부의 돌봄 사목 사역에서 비롯한 예술 기반 연구와의 대화 속에 위치하며, 망명 신청자들을 도운 종교 간 자원봉사자들에 관한 질적 연구를 포함한다. 이에 대한 더 자세한 내용은 마지막 장에서 다룬다.

내가 말하고자 하는 이야기 환대의 두 번째 적용은 트윈 섬 마인즈 기획이다. 이는 아일랜드의 1916년 반란을 "이중 기억" 행위로 다시 이야기하는 기획이다. 이 기획은 예술가 실라 갤러거와 공동 연출한 멀티미디어 공연의 형태로 이루어졌는데, 이는 정치적으로 분열된 양 진영에서 나온 "이중 이야기들"을 극화한 것이다. 즉, 그것은 더블린 부활절 봉기(1916년 4월)와 솜 전투(1916년 7월)에서 서로 반대 진영의 군복을 입고 싸운 이들의 이야기를 다룬 것이다.

기억과 망각에 관한 복잡한 물음들이 처음부터 우리에게 들이닥쳤다. 우리의 일화들과 이미지들은 숨겨진 비밀들, 고통들, 역설들에 다시 다가서기 위해 역사의 결을 거슬러 더듬어가고자 했다. 진정한 회고가 공식 역사의 큰 이야기 아래로 들어가 무시되어온 **작은 이야기들**micro narratives — (반복 강박에 얽매인) "후향적 기억"을 (과거의 미완의 가능성들에 주의를 기울이는) "전향적 기억"으로 바꿔낸 이야기들 — 을 찾아간다는 것을 보여주려고 했다. 우리는 "우울을 애도로" 바꿔놓을 목적으로 역사적 트라우마의 이야기적 관통 작업을 전개시키고자 했다.[12] 우리는 각 세대가 역사

---

12. 프로이트가 쓴 Sigmund Freud, "Mourning and Melancholy" [지그문트 프로이트, 「애도와 멜랑콜리」] 그리고 Paul Ricœur, "Memory and Forgetting"을 보라. 우리가 주장하기로, 이러한 작업은 치료적 회상의 어려운 과정을 수반한다. "사면은 결코 기억상실이 아니다"라는 점을 항상 염두

가 재구성되기 전에 "죽은 자들에 대한 빚"을 갚아야 한다고 주장했다. 그리고 그러한 재구성은 이야기 상상의 환대를 요구했다.

트윈섬 마인즈의 핵심 명제는 1916년이 위대한 봉기인 동시에 거대한 분열이었다는 점이다. 아일랜드와 영국, 북부와 남부, 민족주의와 연합주의 사이의 단절이 그때 시작되었다. 그 분열을 다시 경험하는 두 가지 방식이 있었다. 하나는 세대에서 세대로 되풀이되는 분열의 방식이고, 다른 하나는 이야기 교환의 행위에서 대립하는 기억을 받아들이는 기회로 삼는 방식이다. 그러한 환대는 양쪽의 잊혀진 이야기들—두 민족, 두 장소, 두 사람, 우리 자신의 두 부분—을 되찾고, 파묻힌 갈등들을 새로운 상상의 양식들로 번역하는 일을 포함했다. 우리는 1916년이 힘의 혁명일 뿐만 아니라 마음의 혁명이기도 했다는 것을 보여주려고 했다. 그것은 군사적 봉기만큼이나 문화적 상상에 관한 일이었다.

더블린 봉기 100주년인 2016년에는 여러 군사적 기념행사가 열렸는데, 이 행사들은 1916년 봉기의 지도자 중 절반이 시인들이었다는 사실과 봉기를 낳은 혁명 세대가 예술가들과 지식인들, 화가들과 극작가들, 작가들과 이야기

에 두면서 말이다.

꾼들로 가득했다는 사실을 무시했다. 그래서 트윈섬 마인즈는 군사적 예포를 넘어서서 예이츠의 말로 "시인들이 상상했던 아일랜드"를 회복해 보고자 할 때라고 제안했다.

영국 또는 아일랜드의 민족주의-군국주의적 기억은 항상 1916년이 얼마나 복잡했는지, 특히 그 시대를 살았던 사람들에게 그것이 얼마나 복잡했는지를 과소평가하는 경향이 있었다. 결국 부활절 주간의 더블린 봉기로 거의 500명에 가까운 사람들이 사망한 바로 그해에, 3,500명의 아일랜드인이 솜 전투에서 하루 만에 사망했다. 두 전투에서 사망한 이들 중 일부는 형제들이었다. 1916년은 거대한 의문과 혼란의 시대였으며, 당시 지도자들 자신이 "모든 아이들이 평등하게 소중히 여겨지는" 아일랜드를 선언했음을 상기한다면, 아일랜드 가족의 절반만을 기억하고 다른 쪽은 기억하지 않는 것은 옳지 않아 보였다. 이는 영국에 맞서 싸운 아일랜드 의용군과 영국과 함께 싸운 왕립 아일랜드 퓨질리어 연대 모두를 기억하는 것을 의미했다. 이는 더블린에서 죽은 이들을 상징하는 부활절 백합과 플랑드르에서 죽은 이들을 상징하는 붉은 양귀비꽃 모두를 기리는 것을 의미했다. 아일랜드 작가 숀 오파올레인이 아일랜드-영국 역사를 전형화하여 일컬은 "샴쌍둥이 같은 정신의 이중성"Siamese duality of mind을 인정하는 것을 의미했다.

제임스 조이스가 말했듯이, 아일랜드의 상상력은 두

"트윈섬" 정신을 오갈 때 — 즉, "한 번에 두 가지 생각을 할 때" — 그런 다음 세 번째 것에 열려 있을 때 언제나 최고의 모습을 보여 왔다. 아일랜드인들은 양자 모두의 논리를 따를 때, 즉 종교적, 민족적, 심리적, 문화적 이중 충성의 혼합을 수용할 때 가장 창조적이다. 이러한 이중성은 새로운 매개를 요구한다. 아일랜드는 섬의 곁에 있는 섬이며, 수로로 연결된 군도의 일부로서 모든 주민을 "혼혈 섬사람들"로 만든다. 토머스 킨셀라가 말했듯이 "우리는 우리 그대로, 순수한 혼혈"이다. 또는 아일랜드 국경에서 자란 자신의 이중적 성장 배경에 대해 언급한 또 다른 시인 셰이머스 히니가 첨언하듯이, "양동이 두 개가 하나보다 나르기 쉬웠고, 나는 그 사이에서 자랐다." 핵심은 히니가 "아일랜드성, 영국성, 유럽성, 지구성, 피조물성, 기타 등등"의 새로운 가능성에 열려 있는 "아일랜드의 상징적 재질서화"라고 부른 것을 불러일으키는 그 사이between였다.[13]

"트윈섬" 정신의 철학은 극단적 대립을 풍요로운 개방성으로 전환해 내고자 했다. 그것은 역설에 대한 기초적 환대를 포착하고자 했으며, 우리가 믿기로는 이러한 환대가 궁극적으로 영국과 아일랜드 양국의 승인을 받게 된 1998

---

13. Seamus Heaney, *The Redress of Poetry*, 200. 나는 이 이중 소속 및 다중 소속에 관한 분석을 다음 책에서 발전시켰다. Richard Kearney, *Postnationalist Ireland*.

년 성금요일 협정을 끌어냈다. 이는 사람들이 "아일랜드인이거나 영국인이거나 혹은 둘 다" 될 수 있도록 허용함으로써 아일랜드 정치에서 총을 제거한 평화협정이었다. 1916년 선언문 자체와 마찬가지로 1998년 문서 역시 여전히 약속어음으로 있는 상태다. 하지만 우리는 우리 시대 아일랜드와 영국 사람들이 임시방편적 해결책에 안주하기보다는 그러한 약속을 이행하도록 초대받는 것이 중요하다고 느꼈다. 2016년에는 충격적이게도 북아일랜드에 여전히 80개가 넘는 "평화 장벽"이 종파적 경계선을 따라 공동체들을 분리하고 있었고, 교육의 거의 80퍼센트에 가까운 내용이 여전히 종교적으로 분리되어 있었다. 전쟁의 상처는 국경 남쪽에서도 곪아가고 있었다. 그리고 유감스럽게도 옛 긴장들의 일부가 브렉시트의 그림자 속에서 다시 등장했다.

그러한 분열을 넘어서는 상징적 제스처로서, 실라 갤러거와 나는 "그 사이에서 자란" 사람들의 이야기를 공연하자고 제안했다. 이는 종종 기념비적 역사에 가려진 교차된 정체성에 관한 이야기였다. 기념에 대항하는 진정한 적들은 복잡성과 혼란이 아니라 순수성과 확신이라고 우리는 주장했다. 브라이언 프리엘이 그의 희곡 『번역들』에서 상기시켜 주듯이, "혼란은 비열한 조건이 아니다." 진정한 카타르시스는 서로 다른 이야기들의 교차로부터 나오며, 이분법적 정체성들을 다중적 소속으로 변환시킨다. 그래서 우리는 이야기 환대의 새로운 행위들로 1916년의 기억을 복잡하게 만들고 복수화하기로 결심했다.

이를 위해 우리는 트윈섬 마인즈 공연(도판 2a와 2b 참조)을 1916년 사건에서 대립하게 되는 분열된 형제자매들의 이야기로 시작했다. 예를 들어, 우리는 경쟁하는 군복 — 카키색과 녹색 — 을 입고 서로 다른 전투를 치르게 된 시릴과 윌리엄 스티븐스 형제의 이야기를 들려주었다. 하나의 퍼마나 벽에서 서로 다른 두 개의 — 하나는 영국군 입대를, 다른 하나는 아일랜드 의용군 입대를 권유하는 — 모병 모집 광고를 보고 각기 다른 진영을 선택한 조지와 윌리엄 어빙 형제의 이야기도 있었다. 그리고 이오인 캘러헌과 그의 어린 시절 학교 친구가 더블린 거리에서 서로에게 총을 겨누게 된 사건 등이 있었다. 우리는 아일랜드 전역에서, 북부와 남부를 가리지 않고 이러한 사례들을 다양하게 접했다. 이중 충성 사이에 분열된 가족들은 세대 간 기억의 치료적 작업을 요구하는 역사적 상처를 남겼다. 억압된 상처가 정신에 흉터를 남기고 되돌아와 반복해서 우리를 괴롭히기 때문이다. 트윈섬 마인즈의 핵심 가정은 1916년의 트라우마가 후속 세대의 예술가들과 사상가들에 의해 새로운 이미지와 언어로 다시 작업되어야 한다는 것이었다. 역사들에 대한 환대를 위한 때가 온 것이다.

우리는 보통 역사적 혼란을 고정된 이분법적 대립의 거

대 서사로 회고적으로 분할한다. 아일랜드 대 영국, 북부 대 남부, 연합주의자 대 공화주의자와 같은 방식으로 말이다. 기억의 제작자들이 당시에는 큰 수수께끼였던 것에 정교한 이데올로기를 부과하는 것은 사후적인 일after the event이다. 지금은 의도적인 군사 작전으로 기념되는 것들이 종종 안개 낀 이슬과 소용돌이치는 연기 속에서 수행되었다. 단순화에 대한 탐욕 속에서 많은 정치가들은 역사의 혼란을 부정했고, 그들의 조잡한 군국주의적 기념물들은 인간 행동과 정념이 담고 있는 당혹감을 은폐했다. 그러나 베네딕트 앤더슨과 더불어 모든 국가가 "상상된 공동체"임을 상기한다면, 우리는 1916년을 더 도전적이고 복합적인 방식으로 다시 상상할 수 있다. 1916년에 태어난 "끔찍한 아름다움"(이것은 예이츠의 표현이다)을 기억할 때, 그와 동시에 사산 혹은 조산된 것, 탄생하지 못한 것과 빛을 보지 못한 것들을 함께 기억해야 하는 이유가 여기에 있다. 진정한 기념은 단순히 발생한 일뿐만 아니라 발생하지 않은 일에도 주목하는 것을 의미한다. 과거는 단지 지나간 것이 아니라, 미래를 향한 화살이 빗나가거나 그 궤적이 중단되어 기억 속에 살아남은 것들을 포함한다. 폴 리쾨르가 우리에게 상기시켜 주듯이, 역사는 일어난 일 그 이상이다. 그것은 과거 속에 여전히 잠재해 있는 실현되지 않은 "잠재적" 열망들을 포함한다. 이러한 이유로 공동체의 근본적인 사건들은 특

도판 2a와 2b. 트윈섬 마인즈

히 중요한 순간마다 미완의 가능성들을 열기 위해 다시 상상될 필요가 있다. 진정한 기억은 군사적 영광의 순간들뿐만 아니라 역사로 인해 단념된 꿈들로도 되돌아가는 이야기 환대를 포함한다. 그것은 "예기적 기억"anticipatory memory의 작업을 의미한다.

트윈섬 마인즈에서 우리가 관객들과 함께 탐구한 질문들은 다음과 같다. 우리는 어떻게 좋은 기념과 나쁜 기념을 구별할 것인가? 프로이트가 말한 치유적 작업인 "애도"와 "우울증"의 병리학 사이를 어떻게 구분할 것인가? 감금시키는 서사와 해방하는 이야기 사이를 어떻게 구분할 것인가?[14]

트윈섬 마인즈는 세대를 거치면서 소실된 이야기들을 재구성하고, 트라우마를 드라마로, 고통과 혼란을 이방인들 간의 시적 환대의 가능성으로 변환하는 것을 목표로 하였다. 프로이트가 언급하였듯이 트라우마는 당대에 처리될 수 없을 정도로 깊은 "상처"를 지칭하며, 사후적nachträglich 이미지와 언어를 통한 "심화 작업"을 요구한다. 이는 프로

---

14. Richard Kearney and Sheila Gallagher, *Twinsome Minds*을 보라. 또한 이 주제에 대한 나의 확장된 분석을 담고 있는 다음 글도 보라. Richard Kearney, "The Ethics of Narrative Remembrance"; Richard Kearney, "Memory in Irish Culture", 그리고 Michael D. Higgins, "Reflection on the Gorta Mór"를 보라.

이트가 "말하기 치료"talking cure라 명명한 것으로, 그는 저서 『쾌락 원칙을 넘어서』에서 어린 에른스트의 유명한 포르트/다 놀이 장면을 통해 예술의 기원을 설명한 바 있다. 우리의 트윈섬 마인즈 실험에서, 1916년 (더블린과 플랑드르에서의) 갈등하는 역사들이 카타르시스와 치유를 가능케 하는 이야기들로 어떻게 번역될 수 있는지에 대한 방법론을 제시하고자 했다. 우리는 유령들을 1916년의 조상이나 환영들로 바꾸어내고, 이를 통해 여전히 살아 숨쉬는 사람들이 각자의 "지역적 거주지와 이름"을 획득할 수 있는 방식들을 모색했다. 이는 우리가 수많은 현대 아일랜드 작가 및 예술가들과의 협업을 통해 진행한 디지털 상영회와 낭독회에서 암시하고자 했던 것이다. 해당 프로젝트는 1916년의 미완의 사건들과 더불어 아일랜드 역사의 다른 기념적 순간들(보인 전투, 데리 성벽, 대기근, 아일랜드 독립 전쟁, 아일랜드 내전, 아일랜드 공화국 건국 등)에 대한 지속적인 재해석에 특정 형태의 이야기 환대를 제공하려는 노력이었다. 이러한 지속적인 재해석 프로젝트들은 작업을 수행한 소수의 작가와 예술가를 넘어 그러한 기념행사의 참여자들을 대상으로 한다. 실제로 아리스토텔레스가 『시학』에서 강조하였듯이, 카타르시스를 경험하는 이는 다른 누구보다도 이야기된 행위muthos mimesis를 목도하는 **관객들**이다.

좋은 기념이란, 우리가 결론지었듯이, 이것이냐/저것이

냐의 대립의 양극성을 넘어서 더욱 투과성 있는 양자 모두의 문화로 나아가는 길을 열어준다. 1916년에 대한 백 주년 기념은 아일랜드와 영국 시민들에게 이분법적 충돌 — 민족주의자 대 연합주의자, 양귀비 대 백합, 개신교 대 가톨릭 — 을 넘어설 기회를 제공하여, 아일랜드-영국 군도가 모방적 적대감의 역사적 순환에서 벗어나 더 초국가적인 집합체(지역적, 유럽적, 전지구적)로 진화할 수 있게 하였다. 우리는 이것이 계승된 경계의 봉쇄를 초월하는 탈민족주의적이고 탈연합주의적 상상계의 가능성을 열어줄 수 있으리라 기대했다. 이는 우리가 "환대의 제5주第五州"라고 명명한 것, 곧 아일랜드의 네 주인 북부·남부·동부·서부와 잉글랜드·스코틀랜드·얼스터·웨일스의 네 민족을 넘어서는 것이었다.[15] 우리는 이를 상상력의 새로운 순례를 위한 희망의 땅끝으로 보았으며, 또한 다음과 같은 1916년의 위대한 문화적 계몽을 되새겼다. 20세기 1/4 분기 선구적 저작들의 확산에서 목격되는 진정한 다원주의적 기획 — 1916년 지도자들인 피어스, 코놀리, 그리피스(이들은 모두 지성적인 잡지를 편집했다)에서부터, 제임스 조이스가 "유럽의 하이버니아화와 아일랜드의 유럽화"를 외쳤을 때 선언한 대담한 세계시민주의에 이

15. 이 장의 후반부에 나올 아일랜드 기근 기념비 분석에 나타난 제5주 개념의 전개에 대해서는 필자의 논의를 참조하라.

르는 과감한 작업들 — 로 이어졌다. 그것은 모든 이가 다음과 같이 말할 수 있는 정신적 상태였다. 문다누스 숨mundanus sum, 나는 세계에 속해 있다.

이것은 다원가능성plurabilities의 전달자인 조이스의 안나 리비아가 노래한 다중 번역가능성의 정신으로, 그녀의 음악은 "모든 생동하는 영국적이고 아일랜드적인" 것들을 "강물을 따라 어둠 속에서 반짝이며 흘러가는 번쩍거리는 광채" 속에서 가시화했다.[16] 조이스의 작품에서 "메메모르미, 메메모르미"Mememormee, mememormee라고 노래하는 빨래하는 여인들의 합창은 역사를 다시 이야기하고 과거를 용서함으로써 마침내 "그대로 두라"lave it so고 말할 수 있을 때까지 계속된다. 여기서 레이브lave는 씻다와 치유하다는 의미의 레이버laver와 연결되어 과거의 상처를 씻고 치유한다는 뜻을 내포하며, 이는 또한 그대로 두다to let be라는 의미도 지닌다. 브라이언 프리엘이 상기시킨바, "너무 많은 기억은 광기의 한 형태"라고 한 데서 보듯, 어떤 것을 되찾을 때와 놓아줄 때가 있다. 1916년의 100주년은 이 두 가지 모두를 위한 시기였다. 양방향으로 번역하는 이야기 환대의 도전이었으며, 최소한 "두 가지 생각을 동시에" 할 수 있는, 즉 쌍

---

16. James Joyce, *Finnegans Wake*, 3권, 1장, 403 [제임스 조이스, 『피네간의 경야』].

둥이처럼 나아가는 과정이었다. 과거의 상흔을 치유하기 위해 적절히 기억하고 망각하는 것이 필요했던 것이다. 이는 너무 많이 기억되어 온 승리주의적 신화들은 망각하고, 너무 많이 망각되어 온 약속의 증표들을 기억하는 것을 의미한다.

회복의 작업은 그 사이에 있다. 모든 문화는 이야기들의 환대를 통한 역사의 치유를 필요로 한다.[17] 이야기의 끊임없

---

17. 이야기 환대에 대한 우리의 "트윈섬 마인즈" 실험 전체에 대해서는 다음 책을 참조하라. Kearney and Gallagher, *Twinsome Minds*. 그런데 아일랜드 작가들이 1916년의 트라우마에 대해 특별히 카타르시스적인 반응을 보였다면, 이는 결코 아일랜드만의 고유한 경험이 아니다. 아파르트헤이트의 트라우마에 대한 가장 강력한 증언 중 하나인 『내 두개골의 나라』가 남아프리카 시인 안치에 크로그에 의해 쓰여진 것은 우연이 아니라고 생각한다. 여기서도 시와 예술은 이야기 치유와 환대의 강력한 형태를 대표한다. 나는 또한 아톰 에고얀이 영화 〈아라라트〉에서 아르메니아 대학살의 트라우마에 대해 보여준 특별한 증언을 떠올리게 되며, 홀로코스트의 기억을 살려둔 수많은 작가, 예술가, 영화제작자들 — 아모스 오즈, 파울 첼란, 밀레나, 에티 힐레숨, 클로드 란츠만, 스티븐 스필버그, 아트 스피겔만, 그리고 다른 많은 이들 — 을 생각하게 된다. 이들은 모두 "아우슈비츠의 이야기를 계속 다시 말해서 그것이 다시는 일어나지 않도록 하라"는 프리모 레비의 간청을 지키고 있다. 다만 우리는 또한 아도르노의 물음 — "아우슈비츠 이후 누가 시를 쓸 수 있는가?" — 을 존중하면서 이야기 카타르시스의 한계를 인정해야 한다. 공포에 대한 가장 적절한 반응이 때로는 침묵이 아닌가? 그럼에도 불구하고 치유의 지칠 줄 모르는 부름을 부인할 수는 없다. 그것은 사라지지 않는다. 역사는 과거를 다시 생생하게 되살리기 위해 — 그렇게 해서 우리가 "비참한 자들이 느끼는 것을 느끼고", 박해받는 자들의 고통에 공감하며, 그 모든 것의 공포에 충격을 받을 수 있도록 하기 위해 — 정서

는 재구성. 이야기를 교환하고, 역사를 변화시키는 것. 과거를 거듭거듭 재발명하는 것을 통해서 말이다.

아일랜드 기근 기념비, 뉴욕 : 트라우마의 수용

이야기 환대의 세 번째 사례에서 나는 "고통의 이야기들을 교환하는" 해석학적 모형을 검토한다.[18] 나는 트라우마의 특정 지형학적 기념물들(그리고 그러한 트라우마 배후의 폭력적 역사들)이 치유의 윤리학을 전형적으로 보여준

적 감화와 인지적 이해를 결합하는 이야기를 필요로 한다. 이것이 바로 카타르시스의 이중적 힘이다. 또는 아리스토텔레스의 『시학』의 교훈을 반복하자면, 우리는 종종 과거의 고통을 유의미한 정서적 카타르시스의 행위로 재구성하기 위해 이야기 플롯(뮈토스 미메시스)을 필요로 한다. 즉, 우리의 가장 깊은 "연민과 공포"의 "정념들"(pathemata)을 상상적으로 다시 들어가는 것이다. 그렇게 하지 않으면 정화도, 청산도, 해방도 없을 것이다. 단지 사실들의 메마른 연대기, 곧 저항할 수 없는 숙명성만 있을 뿐이다. 이야기와 역사는 말할 수 없는 상처가 눈에 보이는 흉터가 되기 위해, 과거의 고통이 느껴지고 받아들여지기 위해 서로를 필요로 한다. 기록보관소가 예술이 되기 위해서는 카타르시스적 치유가 앎과 느낌의 문제이면서, 정신뿐만 아니라 몸의 문제이며, 정보를 얻는 것뿐만 아니라 접촉하여 만지는 것의 문제가 되어야 한다. 나는 4장에서 이 논점으로 돌아갈 것이다. 해당 주제를 추가적으로 발전시킨 연구로 Brian Becker, John Panteleimon Mannousaki, and David M. Goodman eds., *Unconscious Incarnations*에 수록된 다음 글들을 참조하라. Richard Kearney, "A Hermeneutics of Wounds"와 Elizabeth Corpt, "Encountering the Psychoanalyst's Suffering."

18. Ricoeur, "Reflections on a New Ethos for Europe."

다고 주장한다. 나는 뉴욕시 배터리 파크에 있는 아일랜드 기근 기념비를 선택하는데, 이 기념비는 1840년대의 아일랜드 대기근과 그 이후 북미로의 이주를 기념하기 위해 브라이언 톨이 2001년에 설계하고 설치한 상호작용적 기념물이다.

기념은 언어적 매체와 비언어적 매체 모두에서 형태를 갖는다. 기본적으로 정적인 물리적 기념물이 논란을 가장 많이 불러온다고 할 수 있다. 그것의 견고한 현존은 시간이 지나면서 관람자들이 경험하는 무수한 의미들과 해석을 둘러싼 특별한 문제들을 제기한다. 예컨대 뉴욕의 9·11 추모비나 워싱턴의 베트남 전쟁 기념비를 둘러싼 어려움 같은 기념화의 어려움의 근원에는 다음과 같은 물음이 놓여 있다. 정확히 무엇이 기억되어야 하는가? 기념물은 사람들의 과거 행동들에 대해 말할 것인가, 아니면 현재의 다른 여러 해석의 관점에서 그 과거를 되찾는 쪽으로 나아갈 것인가? 기념이 폭력이나 재난의 행위에 응답할 때, 이러한 핵심 물음들은 더더욱 윤리적으로 골치 아픈 것이 된다. 문제의 핵심에 있는 긴장은 기억의 남용 가능성과 관련한다. 즉, 트라우마의 복잡한 현실을 기억하지 않거나 재난의 희생자들을 평가절하하거나 잘못 해석하는 방식으로 그것을 기억하는 것 말이다.[19]

먼저 기념물 자체에 대해 말해보자(도판 3 참조). 아일랜

도판 3.
아일랜드 기근
기념물, 뉴욕시

드 기근 기념 설치 작품은 아일랜드 서해안에서 뉴욕 시내 중심부의 배터리 파크 시티로 이식된 석조 오두막으로 구성되어 있으며, 쌍둥이 빌딩이 한때 서 있었던 곳에서 그리 멀지 않은 곳에 위치한다. 이 기념물은 그림엽서 버전의 전통적인 초가지붕 오두막에서 흔히 풍기는 고풍스러운 아일랜드의 과거 향수에 대한 복원을 시도하지 않는다. 오히려 그것은 기근의 과거를 현재의 궁핍과 폐허 상태에서 재상상하려고 한다. 이런 점에서 톨의 작품은 19세기 아일랜드 대기근을 기념함과 동시에, 세계 기아 문제라는 지속되는 비극을 나타내는 세 번째 천년기의 뉴욕 도심 내 장소특정적site-specific 예술 설치물로서, 이중적 성격을 지닌 하이브리드 구조물이라 할 수 있다. 분리된 시간들, 공간들, 그리고 의제들에 대한 이러한 이중적 충실성은 기억의 행위가 과거에 대한 어떤 종류의 감상적 고착(리쾨르가 "막힌 기억"이라고 부르는 것)으로의 기억 퇴행 작용을 방지하는 방향성 상실의 감각을 불러일으킨다.[20] 마찬가지로 그것은 또한 전시물이 현재의 관광객 관음증이라는 이국적 호기심거

---

19. 이러한 윤리적 난제들은 홀로코스트를 기억하는 방식에서 설득력 있는 비판적 논의를 끌어낸다. Elizabeth Ann Ellsworth, "The U. S. Holocaust Museum as a Scene of Pedagogical Address"; Caroline Wiedmer, *The Claims of Memory*; Tony Judt, *Postwar* [토니 주트, 『포스트워 1945~2005』 1, 2]를 보라.

20. Paul Ricoeur, *La mémoire, l'histoire, l'oubli*, 82 이하.

리로 기능하는 것을 방지한다. 역사의 시간성을 열어젖힘으로써, 그것은 과거에 의해 전형상화된prefigured 가능한 미래들에 대한 이야기 환대를 수행한다.

이것은 차이를 내포하는 기근 기념물이다. 기근에 대한 대부분의 전통적인 기념물들이 (보통 아일랜드에서 배를 타고 떠나거나 아메리카 대륙에 내리는) "자기 땅이 없는 사람들"을 특징으로 했던 반면, 우리는 여기서 "사람 없는 땅"이라는 기이한 경험에 직면한다. 설치 작품이 세계에서 가장 인구 밀도가 높은 도시 중 하나의 바로 그 중심부에 위치해 있음에도 불구하고, 인간은 전혀 등장하지 않는다. 그래서 그것은 작가의 작품에 대한 주요 영감의 원천이었던 메이요 주州 아킬 섬 슬리브모어의 "버려진 마을"을 떠올리게 한다. 대서양을 향해 바라보고 있는 버려진 석조 오두막들의 섬뜩한 무인 행렬이 묘사된다. 그리고 그것은 폐허와 내버려짐에 대한 다른 기념물들 — 예를 들어 페루 마추픽추의 벌거벗은 벽들이나 마리 셀레스트호의 잔해가 바다를 떠다니는 것 — 을 연상시킨다. 어떤 경우든 그것은 폴 헨리나 제임스 오코너 같은 낭만주의 풍경화가들의, 아일랜드 농촌 오두막을 이상화한 초상화들과는 거리가 멀다.

톨의 설치 작품은 시간적 "지금있음"에 대한 감각과 뒤섞여 있는 공간적 "거기있음"의 불안한 감각을 우리에게 제시함으로써 신비화에 저항한다. 우리가 그 장소에 들어설 때, 아일랜드에서 돌이 이식되어 뉴욕시의 4분의 1에이커 토지 위에 재건된 야석 오두막과 마주하게 된다. 그런데 이곳에서 편안함을 느끼는 것은 불가능하다. 이것은 오두막을 방문하는 오늘날 시대의 관람자인 우리에게 결코 거주지가 될 수 없다. 가장 분명하게 이러한 부유감不浮感을 야기하는 원인은 의심할 여지 없이, 기념물이 번잡한 메트로폴리탄 경관의 한가운데에, 문자 그대로 그리고 상징적으로 **부적절한** 위치에 자리하고 있다는 점이다. 또한, 오두막과 주변의 감자밭이 그 자체로 부유하는 석회암과 콘크리트 기단 위에 조성되어 있다는 사실은 이질적인 부조화의 감각을 더욱 증폭시킨다.[21] 이러한 공간적 방향상실의 감성은 결과적으로 우리에게 역설을 성찰하게 한다. 즉, 세계 내에서 우리의 소속감은 종종 상실과 이탈에 대한 예리한 감각을 전제한다는 것이다. 셰익스피어의 『헨리 5세』에서 아일랜드인 맥모리스 대위가 "내 나라란 무엇인가?"라고 묻는 것처럼 말이다. 그의 질문은 그가 국가적 정체성을 상실했기 때문에(그는 영어를 말하고 영국 군복을 입고 있다) 바로 그 정체성에 몰두하고 있음을 드러낸다. 마찬가지로, 데클란 키버드, 로이 포스터, 루크 기번스와 같은 아일랜드 비

21. 줄리아 크리스테바의 섬뜩한 고향상실에 관한 독해는 다음 문헌을 보라. Kristeva, *Strangers to Ourselves*.

평가들은 아일랜드 전통이 여러 면에서 근대의 발명이라고 지적해 왔다.[22] 마찬가지로, 과거에 대한 우리의 감각은 거의 항상 현재의 역사적 의식에 의해 구성된다.[23]

---

22. Declan Kiberd, *Inventing Ireland*; Luke Gibbons, *Transformations in Irish Culture*; R. F. Foster, *The Irish Story*, 23 이하를 보라.

23. 이러한 공간적, 시간적 발명의 감각은 지붕 없는 오두막이 복원되지 않은 채 맨해튼의 날씨에 노출된다는 사실로 인해 더욱 증폭된다. 대부분의 예술 작품과 달리, 이 설치 작품은 절반은 인공물이고 절반은 자연으로, "실재하는" 돌과 흙, 그리고 건축적-조각적 디자인이 인위적으로 결합된 형태다. 방문객이 지하에서 오두막으로 진입하는 지하 고분과 통로는 오두막이 어둡게 묻힌 역사를 가지고 있음을 상기시키는데, 이는 아일랜드 미스주 뉴그레인지(Newgrange)에 있는 있는 신석기 아일랜드 매장실뿐 아니라, 아일랜드와 그 밖의 지역에서 수천 명의 기근 희생자들이 묻힌 무표식 집단 매장지를 떠올리게 한다. 이 지하 통로 자체가 다양한 역사적, 정치적, 허구적, 수사적, 영적, 변증적, 증언적 텍스트와 하위 텍스트로 뒤덮인 유리 패널로 마감되어 있다는 사실은 다수의 목소리라는 감각을 더욱 증폭시킨다. 톨의 기념물은 즉각적인 해결책을 제시하기를 거부한다. 이 장소 없는 장소, 시간 없는 시간, 안식처 없는 주인에게는 단일하고 확실한 접근 방식이 없다. 그것은 풍경의 문자적인 회복으로서 "자연화"될 수 없다. 그러나 또한 어떤 박물관 공간에 있는 순전히 "미학화된" 조각품으로 치부될 수도 없다. 이 장소는 주변 기후에 따라 계속해서 변화하며, 한 계절에는 잡초, 감자 싹, 들꽃으로 뒤덮이고, 다른 계절에는 눈이나 진흙으로 덮이며, 항상 도시의 냄새, 반사, 그림자, 소리를 기록하기 때문이다. 우리는 이로써 시간의 흐름과 어떠한 기념비적 고착물도 멈출 수 없는 역사적 일시성을 명백히 상기하게 된다. 영원한 켈트 풍경이라는 신화는 우리 눈앞에서 해체된다. 톨의 설치 작품은 이방인(stranger)과 낯선 것(the strange)에 대한 환대를 상징한다.

   그렇다고 특정 행정가들이 익숙한 신화들을 유포하려는 노력이 없었던 것은 아니다. 예를 들어, 뉴욕 주지사 파타키는 부지 개방 행사에서 이곳이 "우리 유산의 잔디를 만질 기회"를 제공한다고 말했고, 줄리아니 시

트윈섬 마인즈처럼, 톨의 설치 작품은 "애도"(상실된 대상을 상실했음을 인정하는 것)로의 초대이지, "멜랑콜리"(상실된 대상에 대한 강박적인 집착을 통해 그것을 놓아주지 않으려 하는 것)로의 초대가 아니다.[24] 톨은 방문객들이 상징적 재창조라는 진행 중인 드라마의 일부로서 작품에 참여하도록 유도함으로써, 작품이 영속적인 진행 상태

장은 취임 연설을 "이 아름다운 기념물이 아일랜드 그 자체처럼 영원히 자유롭고, 영원히 푸르기를 바랍니다"라는 말로 끝맺었다. 그리고 일부 아일랜드 관광청 관계자들은 이 설치 작품의 "옛 아일랜드의 완만한 언덕"을 떠올리게 하는 힘을 칭찬하면서, 아기자기한 감자밭이 콘크리트 슬래브 위에 심겨 있고 고층 건물에 둘러싸여 있다는 사실은 아무렇지 않게 잊었다. 일부 아일랜드계 미국인 단체들 역시 수사적 향수의 몫을 재빨리 보탰다. 심지어 아일랜드 정부마저도 개입하여, 어느 시점에는 아일랜드의 모든 카운티에서 가져온 진짜 "돌"(총 32개, 그리고 고대 순례자의 입석 하나도 함께)을 제공하겠다고 제안하기도 했다. 톨은 처음에는 그러한 감상적인 전유에 저항했지만, 곧 이러한 해석들을 부적절하다고 일축해서는 안 된다는 것을 인정하게 되었다. 대신 그는 이러한 종류의 모든 상호작용적인 설치 작품은 다양한 대립적 시각들을 작품 자체의 해석의 열린 텍스트 과정에 통합하는 법을 배워야 한다는 것을 깨달았다. 이는 오히려 무조건적인 환대의 장소로서, 다수의 심지어 모순적인 관점들까지도 수용해야 한다. 따라서 톨은 많은 방문객들이 아일랜드의 옛 카운티들을 재배치하고자 하는 바람을 수용하여, 돌들을 받아들인 다음 풍경 곳곳에 무작위로 배치하기로 결정했다. 현장 곳곳에 흩어진 돌들은 오두막 자체의 벽과 상인방에 있는 돌들의 역할을 반복하는 기능을 했다. 즉, 그것들은 근원적 현전의 "아이콘들"이라기보다는 망각된 거주자들의 상실된 방향을 나타내는 "지표들"(indices)로서 기능했다.

24. Freud, "Mourning and Melancholy."

에 머무르고 본질적으로 상호텍스트적으로 미완성된 상태를 유지하도록 한다. 방문객들이 지하 통로를 지날 때 듣는 목소리들의 사운드트랙과 유리 패널 위의 시각적 명문銘文 모두에 톨이 새로운 해석, 이야기, 반응들을 정기적으로 포함시킨다는 사실은 능동적인 서사 과정의 강력한 증거이다.[25] 이 상호작용적인 작품은 수많은 상충하는 여러 해석을 품고 있으며, 우리 각자 — 손님/참여자/방문객/독자로

---

25. 로빈 리덴버그는 그녀의 논고에 톨의 디자인이 지닌 이런 급진적 해석학의 의미를 포착해냈다. Robin Lydenberg, "From Icon to Index." 그녀의 분석은 길게 인용할 만한 것이다.

> 톨은 모호한 향수나 고정되고 감상적인 고정관념의 도상(iconography)이 아니라, 관람객들이 땅과 그 역사에 적극적으로 참여하도록 유도하고 통합하도록 기념물을 설계했다. 기념물로 들어가는 한 입구는 방문객들을 지하 통로를 통해 폐허가 된 오두막으로 이끈다. … 통로의 벽은 돌과 젖빛 유리가 번갈아 겹쳐 있는 퇴적층으로 구성되어 있으며, 그 위에는 기근을 경험한 이들의 공식적 및 비공식적 증언이 그림자처럼 드리워져 있다. 이 조각적인 층위는 아일랜드 풍경의 지질학적, 역사적 퇴적적 측면을 환기시킨다. 이곳에서 굶주림은 자연화되거나 미학화되지 않고 역사적, 정치적으로 맥락화되며, 예를 들어 대규모 기아를 완화하지 못한 영국 관리들의 실패에 대해 강력하게 목소리를 낸다. 이 묻힌 역사를 통해 4분의 1에이커의 아일랜드로 들어서면서, 관람객들은 이상화된 도상으로서의 풍경만을 단순히 즐길 수 없다. 오두막 내부는 비좁고 노출되어 있으며, "완만한 언덕"은 경작되지 않은 감자 골의 잔해이다. 방문객들은 경사진 흙 위로 직접 발을 딛고 풍경을 따라 폐허가 된 오두막과 그 전망대로 올라가 설치 작품에 들어갈 수 있다. 그곳에서 그들은 뒤늦게 지하에 묻힌 텍스트 역사를 발견한다. 기념물이 위에서든 아래에서든 진입되든, 풍경의 매력과 그 폭력적인 역사는 생산적인 긴장 관계 속에서 존재한다.(131)

이 주제에 대한 더 발전된 논의는 다음 글을 보라. Richard Kearney, "Exchanging Memories."

서—에게 가장 중요한 것은 초대에 대한 우리의 반응임을 일깨워 준다.

톨은 석조 오두막을 아일랜드 시골에서 탈영토화하여 뉴욕의 도시 번잡함 한가운데에 재영토화함으로써, 트라우마의 장소가 항상 애도의 비장소no-place of mourning에 의해 유령처럼 출몰된다는 것을 상기시킨다. 이러한 애도는 과거의 문자적 풍경을 놓아줌으로써 상상력의 새로운 가능성에 그 풍경을 개방할 것을 요구한다. 이는 고향에 대한 물신주의에서 고향상실homelessness의 혼란으로 나아가는 움직임이다. 이러한 맥락에서 우리는 이 예술가가 앞서 언급된 아일랜드의 공식적인 네 개의 주(먼스터, 얼스터, 렌스터, 코노트)와 함께 유명한 "다섯 번째 주"의 해방적 잠재력을 불러일으키고 있다고 말할 수 있다. 흥미롭게도, 아일랜드어로 주를 의미하는 코케드coiced는 다섯 번째를 의미한다. 그렇다면, 이미 존재하는 지리적 장소가 네 곳뿐인데, 다섯 번째 주는 어디에 존재하는가? 전설적인 답변은 그것이 장소 없는 장소, 애착이 아닌 분리의 공간, 위치가 아닌 성향을 상징한다는 것이다. 가장 오래된 아일랜드 신화에서 이 다섯 번째 주는 원래 서로 전쟁을 일삼던 아일랜드 지역들에 평화, 지혜, 치유의 통찰을 제공하는 상상적인 환대의 장소를 의미했다.[26] 톨의 기념비는 우리가 아일랜드인이든 아니든, 선주민이든 이방인이든, 생존자이든 희생자이든 상관없이,

우리 모두의 삶이 언제나 되찾을 수 없는 부재와 상실감에 시달리며, 어떤 "회복 불가능한 다른 어딘가"에 대한 동경에 사로잡혀 있음을 상기시킨다고 말할 수 있을 것이다.[27] 이는 곧 섬뜩한 고향상실이다.

톨은 그의 설치 작품이 해석학적 환대의 장 — 다양한 관점들의 상호작용적인 멀티미디어적 놀이의 장 — 으로 남아있도록 함으로써 다섯 번째 주를 입증한다. 단일한 큰 이야기의 지배력은 불연속적이고 상충하는 해석들의 다성음악 속으로 해방된다. 톨은 서면 해설 및 오디오 해설로, 아일랜드 대기근에 대한 통계 자료를 역사상 다른 파괴적인 기근들과 전반적인 세계 기아에 대한 충격적인 정보들과 나란히 배치하여 보여준다. 그는 아일랜드 및 다른 지역의 역사와 정치적 단편들을 이야기, 노래, 시의 단편들과 뒤섞는다. 이러한 방식으로 그는 놀랍도록 다양한 토착 예술 양식 및 포스트모던 예술 양식 — 자연주의, 민속 공예, 개념 미술, 극사실주의, 조경 건축, 테마 조각, 팝 아트, 대지 미술 — 을 수용한다. 더욱이, 이 설치 작품이 기후에 민감한 유기적 재료의 사용과 유연하고 (투명한 플렉시글라스 스트립에 실크스크린 처리된) 가변적 텍스트의 배치 덕분에 성장하고 변이할

26. Kearney, "The Fifth Province," 99~100을 보라.
27. Lydenberg, "From Icon to Index," 132.

수 있다는 사실은 역사적 기념물 또한 새롭고 대안적인 관점의 첨가를 따라 변화할 수 있다는 톨의 신념을 잘 보여준다.[28]

메이요와 뉴욕, 즉 버려진 돌 오두막과 포스트모던 콘크리트 거대 도시 사이의 대서양 횡단 교류는 대부분의 방문객들에게 심오한 질문과 호기심을 불러일으킨다. 이는 우리가 장소에 들어설 때 행위에서 텍스트로 이행한다면, 나갈 때는 다시 텍스트에서 행위로 돌아온다는 점을 상기시켜 준다. 시적인 이식transplantation은 우리 주변의 현실 세계 내에, 즉 세 번째 천 년기 맨해튼에 일상적인 기억의 환대를 요구한다.

---

28. 리덴버그는 이렇게 쓰고 있다. "이 기념비는 아일랜드 기근을 총체화하는 이야기로 방문객들을 계몽하겠다는 식으로 주장하지 않는다. 텍스트들은 사실, 정치적 선전, 그리고 개인적 경험 — 환상, 욕망, 희망의 상상적 작업 — 의 혼합물을 만들어 낸다. 톨의 설계는 내장된 텍스트들과 그에 수반하는 오디오 콜라주 속의 파편화되고, 종종 익명의 목소리들을 거치는 이행적 통로를 제공하는데, 이 둘 모두 세계 기아의 지속적인 위기들에 대응하여 주기적으로 수정되고, 갱신되며, 확장될 것이다. 이야기는 불연속적이고 공백과 침묵으로 가득 차 있다. 톨은 고정된 이야기 순서가 아니라 변화하는 병치 속에 조각들을 배치함으로써 다층적 의미들을 끌어낸다. 역사를 복구 가능하고 반복 가능한 과거로서 '호박 속의 파리처럼' 고정시키려는 유산 산업(heritage industry)의 방식은 이곳에서 불확실성과 의심을 증폭시키는 '터무니없는 역사'(preposterous history)로 대체된다. 이러한 대안적인 역사 양상은 손쉬운 가독성과 소비자의 만족을 거부하며, 대신 불만족, 복잡성, 그리고 상실감을 전달하는 대안적인 기념 방식을 요구한다." 같은 글, 131.

마지막으로, 톨의 기념비는 다양한 역사적 및 지리적 이야기들을 한데 모은다는 점에서 "상호텍스트"intertext라고 할 수 있지만, 동시에 인접하거나 그리 멀지 않은 주변의 다른 기념물들을 반영함으로써 "대항텍스트적으로"countertextually 기능한다는 점을 언급할 수 있겠다. 가장 주목할 만한 것은 워터프론트 기념비 남쪽으로 보이는 엘리스 아일랜드와 자유의 여신상이다. 이 둘은 수 세기 동안 수많은 이민자의 염원을 상징해 왔다. 그러나 이 기념비는 또한 불타 무너진 세계무역센터 자체의 트라우마와도 연결된다. 기념비는 맨해튼 하단부, 그 빌딩들의 그림자 속에서 처음 세워졌고, 이제는 그 폐허의 흔적 속에 서 있다. 나아가, 이 기념비는 보스턴과 퀘벡, 그리고 북미의 다른 이민항구에 있는, 너무나 다르면서도 놀랍도록 유사한 다른 아일랜드 기근 기념비들을 참조하고 있으며, 홀로코스트부터 베트남전쟁에 이르는 비아일랜드 역사의 트라우마 기념물들—특히 배터리 파크 시티에 위치한, 쇼아를 생생하게 기억하는 기념관인 유대인 유산 박물관이나 워싱턴의 마야 린의 유명한 베트남 참전용사 기념비—과도 연결된다.[29] 배터리 파크 시

---

29. 더 나아가 우리는 상호텍스트적 암시의 범위를 토마스 오플래허티와 톰 머피 같은 작가들의 허구적 기근 증언으로까지 확장할 수 있을 것이다. 혹은 마틴 스코세이지와 같은 감독들의 작품까지 포함할 수 있는데, 그의 영화 〈갱스 오브 뉴욕〉에서 아일랜드 이민자들의 싸움을 묘사한

티 기근 설치물과 같은 기념물들이 바로 그러한 치유적 환대의 작업을 요청할 수 있으며, 환대는 지속적인 기념적 연민의 과정임을 우리에게 상기시킨다.[30] 모든 이방인들이 환영받는다.

요컨대, 톨의 설치작품은 서로 다른 정체성을 가진 사람들 — 아일랜드인, 미국인 그리고 비미국인(아시아인, 아프리카인, 중동인, 히스패닉 등) — 간의 치유적 기억 교환의 역할을 한다고 이해할 수 있다. 또한 이 작품은 장소들 사이의 교환으로 초대한다. 고향과 타향 사이, 구세계와 신세계 사이, 아칠섬과 맨해튼섬 사이에서 말이다. 그리고 지리에서 역사로 다시 돌아가면, 이는 과거와 현재 사이의 양방향적 교환을 포함한다. 기억을 자연화하거나 미학화하기를 거부함으로써, 톨은 역사가 과거로 함몰되는 것을 방지하는 비판적 "틈"을 열어둔다. 그의 기념물은 지금과 그때 사이의 기

장면은 배터리 파크 바로 지척에 파이브 포인츠가 있었다는 사실을 상기킨다. 그곳은 1860년대에 복수와 집착에 사로잡힌 기억들이 피비린내 나는 갈등 속에서 발현되었던 악명 높은 싸움터였다. 토착주의자들(Nativists)과 아일랜드 이민자 집단(Hibernians)은 서로 증오에 갇힌 채 애도, 카타르시스, 용서의 작업을 도외시했다.

30. Jacques Derrida, *Specters of Marx* [자크 데리다, 『마르크스의 유령들』], 그리고 Jacques Derrida, *On Cosmopolitanism and Forgiveness*을 보라. 용서와 폭력에 대한 해석학과 해체론 사이의 긴장을 대조하는 한 관점에 대해서는, "어려운 용서"라는 제목을 단 다음 책의 에필로그 부분을 참조하라. Paul Ricoeur, *Memory, History and Forgetting*.

이한 긴장감을 품음으로써 물화를 저항하며, 오늘날 뉴욕 생활의 일상적 현실과 한 세기도 훨씬 전에 고향을 떠난 이민자들의 마음 사이를 오가며 이동한다. 바로 이 고향 없는 "사이"에서 현재 이 장소를 방문하는 이들이 기억의 진정한 환대를 경험할 수 있는 것이다.

보론 : 윤리, 이야기, 그리고 기억

그렇다면 이러한 기념 행위들을 구체적으로 환대의 **윤리적** 패러다임과 어떻게 연관 지을 수 있을까?

이 장의 서두에서 살펴본 바와 같이, 리쾨르는 기억의 교환이 "타자와 관련된 삶의 이야기를 통해 타자의 이야기에 대한 책임을 지는" 환대의 윤리를 제공할 수 있다고 제안한다.[31] 우리가 살펴본 세 가지 사례 — 게스트북, 트윈섬 마인즈, 그리고 기근 기념물 — 와 관련하여, 이는 서로 다른 사람들의 역사 간 교환의 형태를 취하며, 이를 통해 우리는 타자, 이방인, 희생자, 망각된 자의 이야기를 환영할 수 있게 하는 "전이의 기예"art of transference를 실천한다. 「유럽을 위한 새로운 에토스에 대한 성찰」에서 리쾨르는 각각의 사건이 서로 다른 서술자들에 의해 서로 다른 세대에서 서로 다

31. Ricoeur, "Reflections on a New Ethos for Europe," 7.

른 방식으로 이야기될 수 있음을 보여줌으로써 역사적 사건의 교조적 고착화에 저항하는 유연함의 윤리를 제안한다. 그렇다고 모든 것이 상대적이고 자의적인 것이 되는 것은 아니다. 오히려 트라우마와 고통의 행위들은 정의를 요구하며, 이 정의를 달성하는 한 가지 방법은 이야기 관점들의 다원성을 품어줌으로써 이방인들과 적대자들에 대한 공감을 불러일으키는 것이다. 그 결과로 나타나는 중첩은 가다머가 말하는 "지평 융합"으로 이어질 수 있으며, 여기서 의식의 다양한 지평들이 공통 기반을 추구하고 대립하는 정신 사이의 상호적 전이가 일어난다.[32] 리쾨르는 "집단, 문화, 민족, 또는 국가의 정체성은 불변의 실체나 고정된 구조가 아니라, 오히려 서술된 이야기의 정체성이다"라고 쓰고 있다.[33] 이야기들의 해석학적 교환은 이야기성의 과정 — 즉 "전해 내려온 모든 이야기를 수정할 가능성과 동일한 과거를 향하는 여러 이야기를 위한 자리를 마련할 가능성" — 을 차단하는 경직된 정체성 개념에 효과적으로 저항한다.

이러한 다원성의 윤리적 원리는 다양한 기억 행위들을 통해 사건들의 특이성을 존중한다. 특히 서술되는 사건이 시간, 공간, 또는 문화적 기원에서 우리에게 낯선 것일 경

---

32. Hans-Georg Gadamer, *Truth and Method* [한스 게오르그 가다머, 『진리와 방법 1, 2』].

33. Ricoeur, "Reflections on a New Ethos for Europe," 7.

우, 그것은 특이성에 대한 우리의 인식을 증진한다고까지 말할 수 있을 것이다. "사건의 무궁무진한 풍요로움이 그것으로부터 만들어지는 이야기들의 다양성과 그러한 다양성이 불러일으키는 경쟁으로 인해 존중되는 한, 다르게 서술하는 것은 특정한 역사적 경외심과 대립하지 않는다."[34] 그리고 리쾨르는 여기서 우리 국가 역사의 규범적canonical 사건들을 다양한 방식으로 서술할 수 있는 능력이 국가 내 서로 다른 집단들 간의, 또는 자국과 외국 간의 기억 교환에 의해 강화된다는 중요한 점을 상기시킨다. 우리의 세 가지 사례가 시사하듯이, 교환할 수 있는 능력은 자국의 민족국가 내 소수 종족 및 종교 문화들의 건국 사건들뿐만 아니라 자국의 민족국가를 넘어선 다른 문화들의 건국 사건들을 기념하는 일에 상징적으로 또 존중 어린 방식으로 참여하려는 의지를 시금석으로 삼는다.[35] 이 점은 승리와 영광의 사건들(프랑스 혁명이나 미국 혁명)에 못지않게 (전쟁이나 기근 기념물들에서 기념되는) 고통과 트라우마의 사건들에도 적용되며, 한 공동체의 승리가 다른 공동체의 재앙이 될 수 있다는 점을 항상 기억해야 한다. 권력의 물음—누가 역사를 소유하는가?—은 끊임없는 윤리적 분별을 요구한다.

34. 같은 글, 8.
35. 같은 글, 9.

기억 환대의 또 다른 양상은 과거의 초형상화다. 이는 배반당한 역사의 약속들을 창조적으로 회복하는 것을 포함하며, 이를 통해 우리는 "죽은 자들에 대한 빚"에 응답하고 그들에게 목소리를 부여하려고 노력할 수 있다. 이러한 관점에서 기념화의 목적은 역사를 윤리적이고 시적으로 더 나은 방식으로 기억하려고 시도하는 것이다. 전승된 전통들을 재해석하는 것의 핵심적 측면은, 앞서 언급했듯이, 존중받지 못한 과거의 약속들, 아직 실현되지 않은 역사의 가능성들, 모든 의도와 목적상 "미완의 기획들"로 남아있는 것들을 식별하는 과업이다.[36] 다시 말해, 역사의 실현되지 않은 잠재력들은 전통의 가장 풍부한 부분을 나타낼 수 있으며, "과거의 이러한 미완의 미래 해방은 우리가 기억들의 교차와 이야기들의 교환으로부터 기대할 수 있는 주요한 이익이다."[37] 다시 말해, 특별히 — 트라우마적이든 극적이든 — 공동체의 설립 사건들은 역사의 후속 전개가 억압하고, 망각하고, 또는 왜곡시킨 여러 잠재력과 기대를 풀어주기 위해 이러한 비판적 방식으로 재독해되어야 한다는 것

36. 같은 글, 8 : "과거는 지나간 것(이미 일어나 더 이상 바뀔 수 없는 것)만을 뜻하지 않는다. 과거는 기억 속에서도 살아가는데, 이는 아직 발사되지 않은, 혹은 그 궤도가 멈춰 버린 미래성의 화살 덕분이다." 나는 또한 여기서 위르겐 하버마스가 유럽의 계몽주의를 "근대성의 미완의 기획"으로 해석한 것도 염두에 두고 있다.

37. 같은 글.

이다. 이것이 바로 모든 진정한 기념이 고통이나 희망의 핵심적 순간들, 공식적 역사로 인해 너무나 자주 감춰져 버린 원초적 사건들(그리고 그러한 사건들에 대한 반응들)을 회복하는 일을 수반하는 이유이다. 그리고 바로 이것이, 리쾨르의 용어를 빌리자면, 좋은 기념이란 잃어버린 순간들을 지금-여기에서 다시 살아나게 하는 행위인 이유이기도 하다.[38]

기억의 환대에서 마지막 순간에 있는 것은 용서이다. 타인들에 대한 공감이 기억의 윤리학에서 핵심적 과정이라면, 여기서 종종 무언가 더 많은 것이 요구된다. 이야기 상상력을 넘어서 용서로 나아가는 것을 수반하는 무언가가 있다. 간단히 말해, 과거 상처들의 윤리적 교환은 동감과 의무 이상의 것을(비록 동감과 의무가 어떤 종류의 정의에든 필수적이지만) 요구한다. 그것은 또한 "빚의 파쇄"를 요구할 수도 있다. 여기서 정당한 상호성의 질서는, 비록 결코 대체되지는 않겠지만, "사랑과 선물"charity and gift의 질서에 의해 보완될 수 있다. 그러한 용서가 일어난다면, 그것은 거대한 인내심 — 애도하고 놓아주는 지속적인 실천 — 을 요구한다. 그러나 그것은 망각하는 용서가 아니다. 용서는 결코 기억상실에 기초할 수 없다. 그것은 죽은 자들에 대한 우리의 부채

38. 같은 글, 9.

를 기억하는 동시에 다른 무언가를 — 즉, 때로는 불가능한 지점에 이를 정도로 어려우면서도, 바로 그렇기 때문에 더욱 중요한 과거의 그림자들에 대한 환대를 도입한다. 바르샤바에서 무릎 꿇은 브란트, 수데텐 독일인들에 대한 하벨의 사과, IRA와 존 흄의 대화, 예루살렘을 방문한 사다트, 자신을 증오하는 박해자들을 미워하고자 하지 않은 힐레숨을 생각해 본다. 모두 정의의 윤리학이 용서의 시학에 의해 건드려진 순간들이다. 그러나 다시 말하지만 하나가 다른 하나를 대체하지는 않는다. 과거의 트라우마를 받아들이는 데에는 정의와 용서가 모두 중요하다. 리쾨르가 우리에게 상기시켜 주듯이, "사랑이 정의를 초과하는 정도만큼 우리는 사랑을 정의의 대체물로 삼지 않도록 주의해야 한다. 사랑은 잉여로 남아있다. 이 공감과 온화함의 잉여는 기억들의 교환에 그 심오한 동기, 용기, 그리고 추진력을 부여할 수 있다."[39]

결론적으로, 원초적 트라우마로부터 떨어진 장소에 위치한 기념물들 — 예를 들어, 뉴욕의 홀로코스트나 아일랜드 대기근 또는 아르메니아 대학살 기념물들 — 이 특정한 국가적 사건들의 관련자들(희생자들, 생존자들, 후손들)로부터만이 아니라 국적이나 문화와 무관하게 그 장소를 방문하는 모

39. 같은 글, 11.

든 방문자로부터 공감을 끌어내는 목적을 수행할 수 있다는 점을 재차 강조해야 한다. 간단히 말해, 이러한 각각의 기념화 작업에 참여하기 위해 유대인이거나, 아일랜드인이거나, 아르메니아인일 필요는 없다. 그리고 이것이 바로 이야기 환대의 시학이 역사적 판단의 정치학을 보완할 수 있는 지점이다. 왜냐하면 (우리 자신의 것이 아닌) 다른 민족과 공동체에 헌정된 추모 공간을 방문하게 될 때, 우리는 갑자기, 잠재적으로, 상상 속의 찰나적인 순간이나마 모든 기아 희생자가 되고, 홀로코스트의 그 모든 희생자가 되며, 아르메니아 대학살이나 베트남 전쟁의 그 모든 희생자가 되기 때문이다.[40]

40. 나는 여기서 1968년 다니엘 콘-벤디트의 유명한 연대 집결 구호를 생각하고 있다. "우리는 모두 독일 유대인들이다"(Nous sommes tous des Juifs allemands). 또한 1847년 아일랜드 기근 희생자들과 자신들을 동일시하여 관대한 기부를 했던 촉토우족의 사례를 떠올릴 수 있다. 이는 상호 공감의 제스처로서, 2020년 코로나바이러스 팬데믹 시기에 아일랜드가 촉토우족에게 보답함으로써 되갚아졌다. 물론, 그러한 초국가적 제스처에서는 다른 누군가의 역사적 트라우마를 자신의 것처럼 전유함으로써 또 다른 종류의 폭력을 저지를 수 있는, "동일함"(sameness)에 대한 무분별하고 수사적인 단정을 피하도록 주의해야 한다. 무관심이 기념의 적이라면, 너무 쉬운 전유 또한 또 다른 적이다. 좋은 기억은 지나치게 냉담한 거리두기와 피상적인 과잉 동일시 사이의 중간길을 모색한다.

3장

신앙고백적 환대

신앙 문화들을 서로 번역하기

1장에서 나는 언어적 환대의 가능한 귀결로서 리쾨르가 제시한 "성찬례적 환대"를 인용한 바 있다. 「유럽을 위한 새로운 에토스에 관한 성찰」의 결론 부분에서 리쾨르는 『번역론』에서 처음 개략적으로 제시했던 "교파 간 환대"interconfessional hospitality라는 개념을 재고찰한다.

리쾨르는 특히 (자신의 자유주의적 개신교 신앙을 포함한) "그리스도교 교파들"이라고 불리는 것을 언급하며, 이들이 교차적 이야기, 상호 번역, 그리고 공감이라는 삼중의 작업에서 중차대한 에큐메니컬[교회일치적]ecumenical 역할을 시행해야 한다고 제안한다. 리쾨르는 종교 간 대화에 대한 이러한 책임을 이웃 사랑이라는 복음 메시지와 연결한다. 하나의 문화적/교회적 언어를 다른 언어로 번역하는 행위가 동기화될 때, 그것은 공감으로의 부름이 된다. 프랑스 개신교도인 리쾨르는 수 세기 동안 유럽 대륙을 황폐화시킨 "종교 전쟁들"의 파국적 역사에 특히 민감하다. 이러한 갈등들은 서방 교회들 — 가톨릭, 루터교, 칼뱅주의, 감리교 — 간의 폭력뿐만 아니라 서방 기독교계와 동방 교회들 사이의 폭력, 그리고 그리스도교 전체와 이슬람교 간의 폭력을 포함한다. (다른 대륙들에서 벌어진 비아브라함계 종교들과의 전투는 더 말할 것도 없다.)

에큐메니컬 대화에 참여하기 위한 하나의 전제조건은 권력의 단념이다. 이러한 권력은 로마 제국의 유산으로 이해될 수도 있고, 18세기와 19세기 이래 중앙집권적 민족국가들이 행사해 온 헤게모니적 정치로 이해될 수도 있다. 특히 유럽 영역 내에서 리쾨르는 일종의 "신학적 정치"를 권력과 무관한 다른 유의 것으로 대체할 것을 촉구한다. 그리스도교 교파들은 그동안 지배를 정당화해 온 위계적 신학, 즉 그리스도교 질서체제Christendom, 식민주의, 국가 종교 체제와 같은 상하 관계적 구조에서 벗어날 필요가 있다. 이를 통해 "교회가 자기 스스로를 구원을 목적으로 하는 상호지원mutual aid의 장소라고 함으로써, 참으로 다른 모든 기관에 대해 우애의 모형이 되는" 다른 신학을 포용하는 것이 필요하다.[1] 그런데 세속 사회는 그리스도교가 과거의 상처를 치

1. Ricoeur, "Reflections on a New Ethos for Europe," 12~13.

유하고 용서하는 것에 대한 "교파 간 교류"를 자체적으로 수행하기 전까지는 평화와 환대에 대한 그리스도교의 이야기에 귀 기울이지 않을 것이다.[2] 종교에 관한 한, 환대는 집에서 — 종교들 사이에서 — 시작된다. 신앙고백적 환대는 복수로 존재한다. 혹은 리쾨르가 표현하듯이, "그리스도교 공동체들이 상호 용서를 실행해야 하는 것은 주로 서로에 대해서인데, 이는 박해, 종교재판, 억압, 그리고 일부 공동체들이 다른 공동체들에 대해 혹은 모든 공동체들이 비그리스도들과 비신자들에게 자행했던 폭력 행위들의 오랜 역사로부터 물려받은 '빚을 청산하기' 위한 것이다."[3]

때때로, 지난 장에서 언급한 바와 같이, 용서의 환대는 우리가 정의의 법칙들을 "추가적인" 어떤 것 — "사랑과 선물"의 은총 — 으로 보완할 것을 요구한다.[4] 과거 죄악들에 대한 그리스도교적 용서는 망각을 의미하지 않는다. 반대로, 그것은 용서할 수 없는 것을 용서하기 위해 올바른 방식으로 기억하는 것을 의미한다. 이 내용을 앞서 논의한 주인 언어와 손님 언어 간 번역이란 주제와 연결해 보면, 우리는

---

2. 환대에 관한 그리스도교와 아브라함 이야기에 관한 나의 분석은 다음 책을 보라. Richard Kearney, *Anatheism* [리처드 카니, 『재신론』]의 1부. 또한 비범한 다음 연구를 보라. Claudio Monge, *Dieu hôte*.

3. 같은 책, 13.

4. 같은 책, 10.

다음과 같은 핵심 명제를 다시 떠올릴 수 있다. "전이의 예술과 언어적 환대의 윤리를 수반하는 번역 행위를 실행하는 차원에서 진정한 소통이 이루어지기 위해서는, 한 단계 더 나아간 실천이 필요하다. 그것은 바로 타자의 이야기, 즉 그 타자와 관련된 삶의 이야기에 대해 … 책임을 지는 것이다."[5]

또한 고백적 환대에 관한 논의에 시의적절하게 기여하는 담론으로 위르겐 하버마스가 자크 데리다, 그리고 요제프 라칭거와 전개한 종교와 세속성의 역할에 대한 논쟁을 들 수 있다. 흥미롭게도, 이들 모두는 현대 정치 담론에서 "환대"의 중심적 필요성에 대해 리쾨르와 의견을 같이한다.[6] 이들은 각기 다른 관점 — 하버마스는 세속적으로, 데리다

---

5. 같은 책, 6~7. 또한 이 주제와 관련해서 다음 책에 실린 마리안느 모이여아르트의 탁월한 연구를 보라. Marianne Moyaert and Joris Geldhof eds., *Ritual Participation and Interreligious Dialogue*. 또한 그녀의 다음 논고도 보라. "The (Un)translatability of Religions?."

6. Jurgen Habermas and Jacques Derrida, *Philosophy in a Time of Terror*, 55 [지오반나 보라도리 엮음, 『테러 시대의 철학』] 이하. 또한 Hent de Vries and L. E. Sullivan, *Political Theologies*을 보라. 이 저작은 종교의 정치적 장악이 얼마나 위험해졌는지를 보여준다. 이 주제와 관련된 여러 연구 문헌에 대해 로비사 베르달에게 감사를 표한다. 그녀의 다음 연구를 참조하라. "Lost in Translation"(2008년 매사추세츠주 웬햄에 있는 고든 칼리지에서 열린 SCPR 콘퍼런스에서 발표된 논문). 하버마스-데리다 논쟁에 대한 이 논의의 더 긴 언급은 나의 다음 문헌을 보라. *Anatheism*, 172 [카니, 『재신론』] 이하.

는 메시아적으로, 라칭거는 가톨릭적으로 — 에서 논의를 전개하지만, 그리고 조금 복잡한 논의이긴 하지만 이들 모두가 환대가 9·11 이후 새뮤얼 헌팅턴에 의해 대두된 악명 높은 우정-적대friend-enemy 대립에 대한 급진적 대안을 제시한다고 믿는다(여기서 나는 정치적 열광주의자들이 "악의 축"의 양편에서 불러일으킨 분열적 분할을 언급하고 있다).[7] 헌팅턴이 "우리가 누구인지를 알 수 있는 유일한 방법은 우리가 누구를 적으로 삼는가를 아는 것"이라고 주장한 데 맞서,[8] 환대 윤리의 옹호자들은 이방인이 바로 우리에게 — 적

---

7. 9·11에 대한 나의 반응은 다음 문헌을 참고하라. Richard Kearney, "On Terror" [리처드 커니, 「테러에 대하여」].
8. Samuel Huntington, *The Clash of Civilizations and the Remaking of the World Order*, 21 [새뮤얼 헌팅턴, 『문명의 충돌』]. 나는 도나시앙 시쿠라가 다음 문헌에서 언급한 말에 감사한다. Donatien Cicura, *Identity and Historicity : Hermeneutics of Contemporary African Marginality*.

헌팅턴에 의하면, 적을 만들어 내는 과정은 자기가 되는 과정, 즉 정체성을 획득하거나 전유하는 과정의 본질적 구성 요소이다. 정체성은 동맹(내 집단에 속한 자들)과 적대자(개인적으로 혹은 집단의 일원으로 경쟁하는 자들)로 구성된다. 이러한 맥락에서 헌팅턴의 정체성 개념은 프랜시스 후쿠야마가 『역사의 종말과 최후의 인간』(*The End of History and the Last Man*[프랜시스 후쿠야마, 『역사의 종말』])에서 플라톤의 튀모스[기개](thumos)를 해석한 방식과 유사하다. 인간은 튀모스적 관점에서 자신을 규정하는데, 곧 자기 존중, 인정, 승인의 욕구를 가진다. 이런 의미에서 적과의 갈등은 집단 내에서 위의 특성들을 강화하고, 위안과 만족감을 제공한다.

헌팅턴 자신이 말하듯이, "개인들이 자기 존중감을 필요로 한다는 것은 곧 그들로 하여금 자신의 집단이 다른 집단보다 우월하다고 믿게 만든

이 아니라 오히려 주인으로서 — 자기가 결코 고립된 정체성이 아니라, 주인과 마주한 손님임을 상기시켜 주는 자라고 역설한다. 실천적 차원에서 환대의 윤리학은 히틀러와 스탈린, 부시와 빈 라덴, 트럼프와 김정은 등 십자군적 인물들이나, 시대를 막론하고 수없이 등장한 이념적 열광주의자들이 자주 소환한 순수/불순의 묵시론적 이원론에 저항한다. 환대의 윤리학은 신이 나의 편이고, 타자는 변장한 악마라는 식의 영지주의적 분할에 반대한다.

하버마스는 시민적 세속 사회의 평등한 구성원들 간의 상호 존중이라는 이름으로 자연 상태를 극복하기 위한 환대의 모델을 제안하는 반면, 데리다는(그의 일관된 방식대로) 환대의 "메시아적" 구조를 "불가능성"의 긍정으로 규정한다. 이 차이는 매우 중요하다. 좀 더 명확히 말하자면, 하버마스는 환대의 종교적 뿌리를 이성적 규범과 보편화할 수 있는 법칙의 "담론 윤리"로 승화시키고자 한다.[9] 그는 종

다. 이들의 자기에 대한 감각은 다른 사람들이 자신의 집단에서 얼마나 배제되는가의 정도에 따라 … 높아지거나 낮아진다." Samuel Huntington, *Who Are We? The Challenge to America's National Identity*, 25 [새뮤얼 헌팅턴, 『새뮤얼 헌팅턴의 미국, 우리는 누구인가』]. 정치와 종교의 이러한 적대 모형에 관한 최근 비판으로 다음 연구를 보라. Amartya Sen, *Identity and Violence* [아마르티아 센, 『정체성과 폭력』]; Homi Bhaba, *The Location of Culture* [호미 바바, 『문화의 위치』]; Martha Nussbaum, *For Love of Country* [마사 누스바움, 『나라를 사랑한다는 것』]; Kearney, *Strangers, Gods and Monsters*, 23~40 [커니, 『이방인, 신, 괴물』].

교를 "삶 전체를 구조화한다고 주장하는 포괄적 세계관"으로 정의하며, 종교가 세속적 문화의 언어로 번역되어 평가되고 협상될 수 있을 때, 즉 이성적으로 논의될 수 있을 때 정당해진다고 본다. 따라서 종교는 이성적 윤리 담론으로 "승화되는" 조건 아래서 현대 민주주의에 수용될 수 있다. 하버마스는 정치적 자유주의가 종교적 신앙인들의 공적 영역으로의 참여를 허용하지 않을 경우, 이는 지나친 것임을 인정한다. 그는 종교적 정체성이 은밀한 것이 아니며, 사회정치적-규범적 존재와 완전히 이질적이거나 양립 불가능한 것도 아님을 시인한다.[10] 그는 자유주의 국가가 "신앙을 따르는 시민들에게 종교와 정치의 필수적인 제도적 분리를 부당한 정신적, 심리적 짐으로 부과해서는 안 된다"고 조언한다.[11] 바로 이 지점에서 하버마스는 가장 결정적인 입장을 제시한다. 그는 이를 "제도적 번역 조건"이라고 부른다. 이 조건은 종교적 신자들이 "제도적 문턱을 넘어서는 영역에서는 오직 세속적 근거만이 유효하다"는 점을 받아들인다면, "자신들의 믿음에 대한 세속적 번역"이 가능한 한에

---

9. Habermas and Derrida, *Philosophy in a Time of Terror*, 55 [보라도리 엮음, 『테러 시대의 철학』].

10. Habermas, "Religion in the Public Sphere," 6.

11. Habermas and Derrida, *Philosophy in a Time of Terror*, 55 [보라도리 엮음, 『테러 시대의 철학』].

서 그들의 고유한 신앙고백적 언어로 표현할 수 있도록 허용한다.[12] 이러한 조건하에서, 하버마스가 "사적 이성"이라고 부르는 종교적 신념 역시 기능적 또는 담론적 목적으로 공적 영역에 수용될 수 있다. 번역 조건은 사적인 종교적 신앙과 공적인 정치적 이성 사이에 불가해한 심연이 생기는 것을 방지하는 데 목적이 있으며, 이는 신앙의 확신이 이성의 언어로 추가적으로 번역되는 일과 그러한 언어에 동화될 가능성에 열려 있다는 전제 위에서 작동한다는 점을 다시금 강조한다. 이처럼 신앙고백적 믿음이 공적 영역에 수용된 이후에는, 민주적 자유주의 사회에서 "종교적 의식이 반성적인 것이 되고, 세속적 의식이 상호 학습 과정에서 자신의 한계를 넘어설 수 있도록" 장려하는 것이 과제로 남는다.[13] 이러한 양보는 원리상 상호적이다.

그런데 이러한 책임 분담이 공정해 보일 수는 있으나, 실제로는 평등하지 않다. 신앙과 이성 사이에 상호 이동성이 존재하는 것처럼 보이지만, 실상 그 본질을 면밀하게 들여다보면 이는 일방통행에 가깝다. 하버마스의 논의를 세세히 읽어보면, 그가 말하는 "상호 학습"의 궁극적 목표는 종교가 점차 이성적 규범의 교육 과정에 더 잘 번역될 수 있

12. Habermas, "Religion in the Public Sphere," 9~10.

13. 같은 글, 18.

도록 하는 데 있으며, 공정하게 보자면 세속적 이성이 동시에 "자신의 한계를 초월하는 것"(곧, 거래의 또 다른 절반)은 실제로 이루어지지 않는다. 세속적 교육 과정은 분명 바람직한 것이지만, 나는 이 과정이 반드시 양방향으로 동시에 작동해야 한다고 주장한다. 세속성은 규범적 합리성의 한계를 넘어서는, 번역 불가능한 어떤 잔여 혹은 의미의 잉여가 있을 가능성을 겸허하게 인정할 필요가 있다. 그러나 하버마스는 이 점을 깊이 파고들지 않는다. 오히려 그에게 민주주의 사회의 궁극적 목표는 신앙 문화의 다양성을 명확하게 공유되어 접근할 수 있는 제도적인 숙의의 담론 속으로 통합하는 데 있는 것으로 보인다.[14] 그리고 이 지점에서 — 라칭거와의 대화 속에서 — 그는 유대-그리스도교를 이러한 진보적 교육의 이상적 후보로 언급한다. 왜냐하면 이 종교적 유산의 상당 부분이 이미 서구 민주주의의 계몽의 설립 원리들로 번역되어 왔기 때문이다. 그리스도교 신학과 철학은 역사를 거치며 그 역량을 입증해 온 것으로 보인다. 하버마스는 이 점을 다음과 같이 분명하게 밝히고 있다.

> 근대성의 규범적 자기 이해에 있어, 그리스도교는 단순한 선구자나 촉매 이상의 역할을 해 왔다. 자유의 이상과 연대

---

14. 같은 글, 10.

> 속에서의 공동생활, 자율적 삶의 영위와 해방, 양심의 개별적 도덕성, 인권과 민주주의 등에서 비롯된 보편적 평등주의는 유대교의 정의 윤리와 그리스도교의 사랑 윤리의 직접적 유산이다.[15]

그는 다음과 같이 결론짓는다. "이 유산은 … 지속적인 비판적 재전유와 재해석의 대상이 되어 왔다. 오늘날까지도 이에 대한 대안은 존재하지 않는다. 포스트내셔널적 상황이라는 현재의 도전에 비추어 볼 때, 우리는 과거와 마찬가지로 지금도 이 실질적 사태로부터 자양분을 얻어야 한다. 그 외의 모든 것은 무의미한 포스트모던 담론에 불과하다."[16] 여기서 "무의미한 포스트모던 담론"이란, 하버마스가 포스트휴머니즘적 상대주의뿐만 아니라 뉴에이지 영성주의와 혼합주의까지도 염두에 두고 있음을 시사한다.

여기서 여러 가지 난점이 일어난다. 첫째, 하버마스의 세속적 환대 모형은 종교를 얼마나 환대하는가? 이러한 합리화 시나리오에서, 우리는 근본적으로 새롭고 놀라운 것에 어떻게 반응해야 하는가? 신비롭고 불가사의한 것에 대

---

15. Habermas, "A Conversation about God and the World," 148~149.
16. 같은 글. 세속적 시민과 종교적 시민 사이의 보충적인 합리적 대화의 필요성에 대해서는 다음 문헌을 보라. Jurgen Habermas and Joseph Ratzinger, *The Dialectics of Secularization*, 43~47.

해서는? 신성하고 초월적인 것에 대해서는? 우리는 이방인을 서구적 이성의 공인된 언어로 그/그녀를 번역하려 하지 않으면서도 어떻게 수용할 수 있는가? 데리다와 벤야민이 말하는 "메시아적인" 것에 우리는 어떻게 응답해야 하는가? 요컨대, 하버마스에게 사회적 이성의 궁극적 목표는 "바람직한 모든 종교적 내용을 완전히 동화시키고, 번역하며, 재구성하고, 지양하는 것"으로 보인다.[17] 그렇다면, 스스로를 계시하는 초월적 타자로서의 신성에 대한 믿음을 어떻게 존중할 수 있는가? 우리를 부르고 요청하며, 도래하고 초대하는 이방인, "우리의 이해를 능가하는" 징표들을 드러내는 존재를 어떻게 대할 것인가? 이러한 세속적 포섭의 시나리오 속에서, 우리는 어떻게 '합리적' 집의 경계를 넘어, 호레이쇼나 하버마스의 철학에서는 상상조차 할 수 없었던 예기치 못한 현현에 문을 열어 방문객을 맞이할 수 있는가? 말하자면, 세속적 이성은 타자성이라는 과잉 — 정확하게는 외적이고, 신성하며, 메시아적인 것으로서 — 이 항상 부분적으로 우리의 규범적이고 정상화하는 파악으로 동화불가능하고 접근 불가능한 채로 남겨지는 것을 어떻게 설명할 것인가? 또는 정치적 이주의 관점에서 말하자면, 외국인

---

17. 하버마스에 대한 이 인용은 로비사 베르달의 글에서 가져온 것이다. Bergdahl, "Lost in Translation," 3~4. 이러한 논증들과 텍스트들에 관심을 가지게 해준 베르달에게 깊이 감사한다.

들은 오직 외국인 노동자Gastarbeiter로서만 손님이 될 수 있으며, 그들은 자신들의 환원 불가능한 특이성을 집의 주권적 주인에게 양도하는 한에서만 관용되는 것인가? 사실 하버마스의 "이성의 공적 영역"이 과연 철저히 소외된 이방인들을 진정으로 환영할 수 있는지는 확실하지 않다. 그는 벤야민이 모든 손님 언어의 핵심에 있다고 부르는 "번역 불가능한 핵"—즉, 주인을 의문시하고, 자기 안전을 산산조각 내며, 다가오는 타자에게 자신을 노출시키는 그 환원 불가능한 초월성을—을 존중하지 않는 것으로 보인다. 왜냐하면 그에게는 그 핵을 충분히 고려하는 주인 언어가 결여되어 있기 때문이다.[18] 한마디로, 하버마스의 환대 윤리는 그 한계 지점에서 지나치게 조건적일 뿐 아니라, 조건을 부여하는 경향이 있다. 데리다, 벤야민, 레비나스의 "메시아적" 관점에 충분히 열려 있지 않은 것으로 보인다. 멜리사 피츠패트릭은 2부에서, 번역할 수 없는 타자성을 맞이하는 것과 관련된 이 물음을 탐구할 것이다.

더 나아가 문제점들이 명백하게 드러나는데, 나는 하버마스가 이슬람과 다른 종교들에 대한 언급을 생략한 것에 의구심을 갖는다. 사실 하버마스의 "보편적인 합리적 번역

18. Walter Benjamin, "The Task of the Translator" [발터 벤야민, 「번역자의 과제」]. 그리고 Jacques Derrida, *The Ear of the Other*을 보라.

가능성"이라는 텔로스를 진정한 종파 간 환대와 일치시키는 것은 쉽지 않다. 어떻게 유대-그리스도교적 휴머니즘이라는 유럽 전통과는 다른 종교들을 맞이해야 할 시민사회의 책임을 무시할 수 있는가? 동양의 종교들은 어떻게 할 것인가? 또는 더 가까운 곳에서, 서구 사회의 경계 안팎에 있는 무슬림 신자들은 어떻게 할 것인가? 신앙에서 이성으로의 번역은 "정치적 공적 영역 자체에서 … 이미 생겨난" 신자들만이 받아들여져야 한다는 말인가?[19] 이 점에서, 나는 로비사 베르달이 하버마스의 종교 다원주의 개념이 유럽중심적이며, 익숙한 종교적 이웃을 낯선 타자보다 우대한다고 지적한 것은 옳았다고 생각한다. 이에 비해, 베르달이 상기시키듯, 진정한 번역의 과제는 타자의 이중적 부름 ― "나를 번역하라/나를 번역하지 말라!" ― 을 인식하는 데 있다. 현실적 도전은 가능한 한 많은 공유된 의미를 만들어내면서도 "헤아릴 수 없는 것, 신비로운 것, 그리고 시적 의미의 잉여"를 존중하는 데 있다.[20] 요컨대, 신앙고백적 환대

---

19. Habermas, "Religion in the Public Sphere," 10~12. 이 글은 다음 문헌에 수록되어 있다. Jürgen Habermas, *Between Naturalism and Religion*. 또한 이는 베르달의 글에서 인용되고 비평된 것이다. Bergdahl, "Lost in Translation," 3.

20. Benjamin, "The Task of the Translator," 70 [벤야민, 「번역자의 과제」]. 대칭적 대화의 가능성이자 불가능성으로서의 종교 간 번역가능성의 한계에 대해서는 다음 문헌을 보라. Catherine Cornille, *The Im-Possibility*

의 윤리를 실천하는 번역자에게 가장 큰 유혹은, 손님인 타자의 이질성에 의해 진정으로 변형되는 것을 허락하지 않고, 주인 문화의 현상 유지를 보존하는 데 있다.[21] 종교의 경우, 이러한 유혹에 굴복하는 것은 신앙고백적 이방인에게 문을 닫는 것이며, 신앙고백적 환대의 모험을 거부하는 것이다.

마지막으로, 하버마스의 계몽주의에 입각한 환대는 항상 "주인"의 역할만을 가정하고, 결코 "손님"의 역할을 가정하지 않는다는 반론이 제기될 수 있다. 유럽의 세속적 이성이 종교적 이방인의 문화에 의해 번역되고 환대받는 손님이 된다는 것이 무엇을 의미하는가에 대해서는 전혀 고려하지 않는 것 같다. 결국, 우리가 앞서 언급했듯, 아브라함적인 책의 종교에는 당대의 종교가 멀리서 온 이방인을 맞

of Religious Dialogue. 또한 Edith Stein, *On The Problem of Empathy* (*Collected Works of Edith Stein*, Vol 3에 수록)을 보라. 여기서 슈타인은 타자와의 현상학적 마주함을 "비-원초적인 것에 대한 원초적 경험", 즉 우리가 마주치는 모든 사람 안에 있는 "이방인"의 간접성에 대한 직접적 경험 — 그들이 친숙하든 낯설든 상관없이 — 에 대해 말한다. 이 주제에 관해서 다음 문헌을 참조하라. Max Scheler, *The Nature of Sympathy* [막스 셸러, 『공감의 본질과 형식』]. 또한 후설의 『데카르트적 성찰』의 다섯 번째 성찰에 나오는 파악하기 어렵고 환원 불가능한 타자에 대한 데리다의 논의는 다음 연구를 보라. Derrida, "Hospitality, Justice and Responsibility."

21. Benjamin, "The Task of the Translator," 75, 81 [벤야민, 「번역자의 과제」].

이하는 이야기들 — 마므레의 세 이방인, 아가서의 술람 여인, 모압 여인 룻, 동방박사 세 사람, 시로페니키아 여인, 그리고 유대-그리스도교 경전 전반에 걸쳐 찬양되는 수많은 외국인, 이방인, 이주민들 이야기 — 로 충만하다. 그리고 신비주의 이슬람은 외부인에 대한 환대로도 잘 알려져 있으며, 이는 루미Rumi가 신적 이방인을 "초대받지 않은 손님"으로 묘사한 시학에서 전설적으로 표현된다. 그뿐만 아니라, 유대교, 그리스도교, 이슬람 모두가 아테네의 위대한 사상가들 — 즉 그리스 철학의 천재성 — 을 예루살렘의 세 가지 신앙 전통 속으로 초대한 대담한 방식을 언급하지 않을 수 없다. 마이모니데스, 아우구스티누스, 아퀴나스, 아비센나, 아베로에스를 떠올려 보라. 환대를 서구 세속 이성의 주인 특권 — 즉 신앙을 지닌 손님들hostes에게 일방적으로 제공되는 것 — 으로만 보는 한, 자유, 우애, 평등이라는 목표를 추구하는 하버마스적 휴머니즘의 프로젝트는, 환대가 주인과 손님 사이의 가역적 관계임을 제대로 이해하는 데 있어 한계를 드러낸다.

참된 환대란 우리가 모두 서로에게 타자이며, 언제나 자기 자신에게는 이방인임을 인정하는 쌍방향의 길이다.[22]

---

22. 이 주제에 대한 줄리아 크리스테바의 분석은 다음 문헌에 나온다. Kristeva, *Strangers to Ourselves*.

4장

육의 환대

아파르트헤이트를 넘어선 몸짓

내가 보여 주고자 했듯이, 환대의 윤리는 이야기, 기억, 신앙의 교환을 통해 타자들과 공감하는 것에 관여한다. 그 의도는 역사의 상처를 치유하고 사랑과 선물을 위한 공간을 여는 것이다.[1] 우리가 보았듯이, 이는 단순한 교환의 상호성을 넘어서는 것을 포함한다. 즉, 거의 불가능에 가까운 은총의 질서로의 도약, 곧 엄격한 정의의 법칙을 초월하여 "그 이상의" 어떤 것을 추구하는 행위—이를테면, 적을 용서하고 빚을 없애는 행위—를 의미한다. 여기서 법은 사랑에 의해 보완되며, 용서의 더 높은 시학으로 나아가는 이 단계에서는 이야기 교환, 곧 역사, 전통, 고백, 증언의 교환만으로는 충분하지 않은 지점에 이르게 된다. 이 지점에서 이야

1. Kearney, "Memory and Forgetting in Irish Culture," 148~150을 보라.

기 환대는 육의 환대carnal hospitality를 요구하게 되며, 텍스트적 차원이 촉각적 차원을 요청하고, 말word이 접촉touch으로 대체되는 순간이 온다.

마리나 워너는 문명이 악수로 시작한다고 주장한다.[2] 즉, 칼을 집어 드는 대신, 손을 내미는 것 말이다. 주먹을 펼쳐 손바닥이 열린다. 적hostis-enemy은 친구hostis-friend가 된다. 우리는 이러한 육적 환대의 원초적 장면들을 시간의 기원에서부터 읽어낼 수 있다. 예를 들어, 호메로스의 『일리아스』에서 숙적인 글라우콘과 아데이만토스가 적대의 창을 던져버리고, 복수의 고리를 반복하는 대신 서로를 포옹하는 장면을 떠올려보라. 혹은 성서에서 아브라함과 사라가 세 명의 이방인에게 직접 만든 빵을 대접하는 장면, 야곱이 천사와 몸싸움을 벌인 끝에 이스라엘이라는 이름을 얻게 되는 장면, 혹은 그리스도가 손의 접촉으로 이방인들을 치유하는 장면도 있다. 그리고 이러한 접촉의 힘은 우리 시대의 위대한 악수들 속에서 반복적으로 나타나는 이야기이기도 하다. 즉, 물리적인 마주함의 순간이 적대의 상처를 "환대의 경이"로 전환시키는 장면들 — 만델라와 드 클레르크, 맥기니스와 페이즐리, 라빈과 아라파트, 간디와 마운트배튼 — 을 떠올려보라. 사람은 전쟁을 벌이거나 그렇지 않으면 자기

2. Warner, "The European Woman's Heritage."

팔을 그냥 내밀기도 한다.[3]

육의 환대는 오감을 통해 작동하지만, 타자에 대한 우리의 가장 근원적인 노출은 아마도 촉각에서 일어난다고 할 수 있다.[4] 현상학은 후설이 『이념들 2』에서 공감이 어떻게 촉각의 "이중 감각" — 즉, 만지는 것이 동시에 만져지는 것이라는 가역성의 현상 — 을 통해 작동하는지를 보여줄 때, 이에 대한 실마리를 제공한다. 손이 무언가를 만지면서 동시에 만져지는 능동적-수동적 경험이라는 이 단순한 통찰은, 메를로-퐁티가 신체-주체의 현상학에서, 그리고 크리스테바가 기호적 의존reliance 개념을 제시할 때 더욱 발전한다. 그러나 이러한 기본적인 생각은 아리스토텔레스가 인간 심리에 관한 최초 저작인 『영혼에 관하여』에서 "촉각은 가장 철학적인 감각이다"라고 선언할 때 이미 제시된 바 있다. 아리스토텔레스가 이 놀라운 주장을 통해 의도한 바는, 촉각이 모든 감각에서 작동하는 가장 "보편적인" 감각이라는 점이다. 즉, 빛은 눈을, 소금은 혀를, 소리는 귀를 "만지는" 식으로, 모든 감각에서 촉각이 작동한다는 것이다. 인간 인격에서 촉각적 감각이 없는 부분은 오직 머리카락과 손톱뿐이

---

3. 나는 나의 다음 책 첫 장에서 이런 성서적이고 정치적 예시를 세부적으로 논의했다. Kearney, *Touch* [카니, 『터치』].

4. 이 논의의 전개는 앞서 언급한 책의 2장 「촉각의 철학 : 아리스토텔레스에게서 현상학까지」에서 자세히 다루어진다.

다. (이 둘은 고통 없이 자를 수 있다.) 촉각적으로 감지되고 만질 수 있는 신체는 곧 상처 입기 쉬운 신체이며, 이는 우리를 타자성, 즉 우리 자신과 다른 것에 대한 경험에 노출시킨다. 아리스토텔레스는 "촉각은 차이를 식별한다"고 말하면서 그리스어 동사 크리네인krinein(구별하다, 식별하다)을 사용한다. 이는 곧 서로 다른 사물들 사이를 육체적으로 판별하는 것이다. 몸은 자신보다 더 뜨겁고 차가운 것을 느낀다. 우리는 우리 자신과 다른 것을 느낀다. 멜리사 피츠패트릭이 2부에서 우리에게 상기시키듯이, 우리는 우리의 존재를 중단시키는 낯섦을 받아들인다. 친숙함은 무관심을 낳는다. 자기중심주의에는 감각이 없다sense-less. 요컨대 촉각은 우리를 위험과 모험에, 새로움과 탄생성에, 우리가 타자들(인간, 광물, 동물, 또는 신적인 것)을 만지고 그들에게 접촉당할 때 일어나는 일에 노출시키는 것이다. 그래서 아리스토텔레스는 매끄러운 피부를 가진 사람이 가장 민감하기 때문에 가장 분별력 있음을 시사한다. 덕은 상호적 느낌, 공감, 주의에서 나오는 반면, 탐식과 방종 같은 악덕은 감수성의 배반에서 나온다. 즉 양방향 접촉에 대한 우리의 자연적 성향을 일방향 움켜잡기(즉, 상대방의 감정을 되받지 않으면서 나의 느낌을 타인에게 부과하는 것)로 바꾸는 것이다. 손과 입은 인간 몸의 가장 민감한 기관 중 두 가지다. 맨손바닥과 벌거벗은 입술은 노출을 신호한다. 이것이 입맞

춤과 악수가 환대의 원초적 상징인 이유다.

그러나 우리가 그에 수반되는 위험을 인식하지 못한다면, 악수는 피상적일 수밖에 없다. 마주치는 손들이 진정으로 접촉하지 않는다면, 평화란 공허한 것(단순한 형식적 제스처)에 불과하다. 접촉 속에 세심함이 없다면, 진정한 만남이라 할 수 없다. 진정한 환대와 치유의 몸짓에서 손과 손의 접촉이 지니는 근본적 의미를 설명하기 위해, 나는 남아프리카공화국의 선구적 학자이자 평화운동가인 품라 고보도-마디키젤라의 사례를 소개하고자 한다. 그녀는 1990년대 〈진실과 화해 위원회〉에서 활동하였으며, 2017년 5월 스텔렌보쉬Stellenbosch 방문 중 나는 그녀와 대화를 나눌 영광을 누렸다. 그녀가 들려준 한 이야기는, 심지어 가장 비非환대적인 상황 속에서의 육적 환대 — 만짐과 만져짐의 이중 감각 — 의 원리를 내게 보여주었다.[5]

이야기는 다음과 같다. 품라는 화해 과정의 한 민감한 순간에, 대중적으로 '최고의 악'Prime Evil으로 알려진, 잔혹한 아파르트헤이트 집행자 유진 드 코크를 감옥에서 만나기로 결심했다. 그녀는 어떠한 환상도 품지 않았다. "드 코

---

5. Pumla Gobodo-Madikizela, *A Human Being Died That Night*, 6. 나는 아래에 인용된 많은 참고문헌과 인용구에 대해 로버트 보슬루의 다음과 같은 통찰력 있는 논고에 크게 빚지고 있음을 밝힌다. Robert Vosloo, "Touch Gives Rise to Thought."

크는 아파르트헤이트의 살인적 악에 단지 이름을 부여한 것이 아니라, 바로 그 악이 되어 버렸다."[6] 푸믈라가 이 악명 높은 암살자를 만나기로 결심한 계기는, 1997년 9월 〈진실과 화해 위원회〉에서의 그의 증언을 지켜본 희생자 유족 중 남편과 사별한 한 여성이 그를 용서할 의향이 있다고 밝힌 말을 들었기 때문이다. "그 사람의 손을 잡고서" 그 여성이 이렇게 말했다. "그에게 미래가 있음을, 그리고 그가 여전히 변할 수 있음을 보여주고 싶다."[7] 품라는 이 말에 깊은 충격을 받았고, 여성은 남편의 살인자에게 손을 내미는 태도를 거의 불가능해 보이는 놀라운 공감의 행위로 해석했다. 왜냐하면 그 여성은 자신의 남편을 잃은 슬픔만이 아니라, 드 코크의 도덕적 인간성의 상실에 대해서도 눈물을 흘리고 있었기 때문이다. 이 경험은 다음과 같은 중대한 질문을 제기했다. "드 코크는 그에게 베풀어진 용서를 받을 자격이 있는가 … 악은 드 코크에게 본질적인 것인가, 그리고 용서는 그에게 낭비되는 것이 아닌가?"[8] 혹은 아우구스티누스가 묻듯, 행위자agent를 행위act로부터 분리하는 것이 가능한가?[9]

---

6. Gobodo-Madikizela, *A Human Being Died That Night*, 13.
7. 같은 책, 14~15.
8. 같은 책, 15.
9. Ricoeur, *Memory, History, Forgetting*, 489~493.

품라는 드 코크가 〈진실과 화해 위원회〉에서 한 사과의 발언이 용서 과정에서 한 걸음 더 나아간 것임을 깨달았다. 그러나 그녀는 또한, 가해자의 죄 고백과 피해자의 용서 행위 사이에는 비대칭성이 존재함을 인식하고 있었다. 가해자의 말은 때로 공허하게 들려, 오히려 "상처에 모욕감을 더하는 것"일 수도 있으니 말이다.[10] 하지만 품라는 사과의 힘과 의미가 "사죄의 말을 수행하고, 그 말을 초월할 수 있는 능력"에 있다고 믿었다.[11] 여기서 체화된 "수행"에 대한 강조가 중요했다. 왜 그런가? 품라의 말에 따르면, "공감은 우리가 비극의 한가운데서도 타인의 고통을 인식할 수 있게 해준다. 왜냐하면 고통이 악이 될 수는 없기 때문이다. 공감은 우리의 인간성을 심화시킨다. … 가해자가 사과하고, 뉘우침의 고통을 경험하며, 참회하는 모습을 보일 때, 그들은 인간 존재로서 행동하는 것이다."[12] 품라는 유가족들과 함께 드 코크를 감옥에서 만났는데, 이때 품라는 그가 그들의 남편들을 살해한 것에 대해 후회할 뿐 아니라, 자신의 잘못을 되돌리고 싶다는 바람을 고백하며 눈물을 흘리는 모습을 보고 한 순간 놀라움을 느꼈다. 드 코크는 "(시신을) 다시 살아 돌아오게 할 방법이 있다면 좋겠어요. '여

10. Pumla Gobodo-Madikizela, "Remorse, Forgiveness, and Rehumanization."
11. 같은 글, 19~20.
12. 같은 글, 20.

기 당신의 남편이 있습니다'라고 말할 수 있다면 좋겠어요"라고 고백했다. 그는 이 말을 하며 마치 보이지 않는 시신을 안고 있는 듯 두 팔을 뻗었고, 그의 손과 입술은 떨리고 있었으며, "하지만 불행하게도 … 나는 내가 저지른 일을 안고 살아가야 합니다"라는 말을 덧붙였다.[13]

그리고 그 순간 불가능한 일이 일어났다. 생각할 수조차 없는 육적 전이의 행위 말이다. 품라는 그의 손을 만졌다. 그녀 자신도 모르게, 그녀는 손을 내밀었는데, 드 코크의 손은 주먹을 쥔 채 "차갑게 굳어 있었다." 이 만남 이후 그녀는 이 몸짓을 곱씹으며 다음과 같이 반성했다. "이는 나를 한순간 움츠러들게 했고, 내가 손을 내민 행위를 다시 생각하게 만들었다. 불과 얼마 전까지만 해도 이 손, 이 목소리로 바로 나와 같은 (흑인인) 사람들에게 말로 할 수 없는 악행을 자행하고 명령했던 사람과 만나는 상황과 내 행동이 양립할 수 없다는 것을 깨달았다."[14]

이것은 결코 값싼 은총이 아니었다. 오히려, 그 낯설고 예측할 수 없었던 순간은 "불가능한 환대"의 사건을 예고하는 것이었다. 품라가 드 코크와 만난 것은 그녀에게 일종의 죄책감을 남겼다. 잠깐이나마 공감을 경험했다는 사실 때

13. Gobodo-Madikizela, *A Human Being Died That Night*, 32.
14. 같은 곳.

문에, 자신이 "어느 정도 거리를 유지할 수 있게 해 주는 연민에서부터 시작하여 실제로는 드 코크와 동일시하는 단계로 나아가 버려 도덕적 경계를 넘어선 것은 아닌가" 하는 의문을 품게 만들었다.[15] 이 만남은 드 코크 자신에게도 영향을 미쳤다. 후에 두 사람이 다시 만났을 때, 그는 이렇게 고백했다. "알다시피, 품라, 당신이 만졌던 그 손이 바로 내가 방아쇠를 당겼던 손이었어요."[16] 이 소름 끼치는 고백은 품라에게 복합적인 감정을 남겼다. 한편으로 그녀는 취약함과 분노, 침해당한 듯한 기분을 느꼈지만, 다른 한편으로, 드 코크의 말에는 또 다른 숨은 의미가 있을 수 있음을 깨달았다. "어쩌면 나의 행동은 그가 처음으로 흑인에게 연민에서 우러나온 접촉을 받은 순간이었을지도 모른다. 이전까지 그는 흑인들을 오직 총구 너머의 적으로만 대면했으니 말이다. … 아마도 드 코크는 **나의 접촉을 문턱을 넘는 행위**, 새로운 경험으로 **인식했을** 것 같다."[17] 그러나 이러한 경계의 횡단liminal crossing은 결코 자명한 일이 아니었다. 품라는 "방아쇠를 당긴 손"을 만짐에 연루된 모순을 뼈저리게

15. 같은 글, 33.

16. 같은 글, 39.

17. 같은 글, 42. 비슷한 의미의 '불가능한' 용서의 사례로, 에릭 로맥스가 그 옛날 자신에게 고문을 가한 자와 일본 포로수용소에서 재회한 감동적인 이야기를 들 수 있다. Eric Lomax, *The Railway Man*.

의식하고 있었지만, 그 육적 접촉의 순간에 그녀는 손을 거두지 않았다. 그녀는 공유된 인간성이라는 불가능한 가능성에 일종의 내기를 건 셈이었다. "그의 세계는 차가운 세계였다. 죽음의 눈동자들이 그를 비난하듯 바라보고, 시신과 무덤이 흩어져 있는 세계 … 하지만 그의 행위가 아무리 끔찍하고 특이하더라도, 드 코크는 자신이 아직 인간 세계의 일부였음을 스스로에게 확인받으려 애쓰는 절망하는 영혼이었다."[18]

이 "방아쇠 손" 에피소드에서 드러나는 것은, 품라가 드 코크의 뉘우침을 육체적으로 경험한 것이, 그녀가 그의 인간성을 인정할 수 있는 능력을 상호적으로 유발했다는 사실이다.[19] 그 순간의 용서 — 혹은 은총 — 의 몸짓이 효과를 발휘한 것은, 드 코크의 뉘우침과 품라의 공감이 단순히 **개념적으로 계산된** 것이 아니라, **육적으로 수행된** 것이었기 때문인 듯하다. 이것은 인식cognition의 문제가 아니라 인정recognition의 문제였고, 의미를 구성하는 것이 아니라 감수성을 공유하는 일이었다. 품라가 이후에 내린 결론처럼, "진정

---

18. Gobodo-Madikizela, *A Human Being Died That Night*, 39.
19. 같은 책, 67~68. 이방인/타자/적과의 결정적인 육적 만남에 관한 분석으로 다음 문헌을 참조하라. Richard Kearney and Brian Treanor eds., *Carnal Hermeneutics* ; Richard Kearney and Kascha Semonovitch eds., *Phenomenologies of the Stranger* ; Kearney, *Strangers, Gods and Monsters* [커니, 『이방인, 신, 괴물』].

한 사과란, 사과하는 사람이 궁극적으로 어떤 이득을 얻을지보다 상대방의 느낌에 초점을 맞춘다. 그것은 행위에 대한 전적인 책임을 인정하려 하며, 반드시 '언어행위'speech act로서, 손상된 관계를 사죄하는 이의 행동을 통해서 바로잡고자 하는 욕망을 전달하고, 표현하고, 수행해야 한다."[20] 요컨대, 품라와 드 코크 사이에 이루어진 이중 수행성의 행위는 자기 자신과 타인, 용서하는 자와 처형하는 자, 평화 조성자와 범죄자 사이의 공통된 인간성을 이중으로 인정한 것을 구현한 것이었다. 품라가 〈진실과 화해 위원회〉 활동에서 자신의 경험을 확장하면서 언급했듯이, "목격의 순간에 유발된 참회는 … 가해자가 타자를 동료 인간 존재로 인식하는 계기가 된다." 동시에 피해자 역시 가해자의 얼굴을 끔찍한 행위를 저지른 "괴물"의 얼굴로 보는 것이 아니라, 회한을 느낄 수 있을 만큼의 인간성을 가진 얼굴로 인식하게 된다.[21] 이처럼 용서의 순간들은, 가능한 범위 내에서, "우리를 분리하는 것들이 아니라 우리 인간 사이에 공통적으로 존재하는 어떤 것, 즉 우리의 인간 정체성을 이어주는 연민과 공감"을 찾는 데 있다.[22]

---

20. Gobodo-Madikizela, *A Human Being Died That Night*, 98~99.
21. Pumla Gobodo-Madikizela, "Trauma, Forgiveness and the Witnessing Dance."
22. Pumla Gobodo-Madikizela, *Dare We Hope? Facing Our Past to Find a*

품라 고보도-마디키젤라가 〈진실과 화해 위원회〉에서 보여준 실천에 대해, 데스몬드 투투 대주교는 다음과 같이 언급했다. "우리는 모두 우리가 들은 것으로 말미암아 깊이 겸허해져야 합니다. 이제 우리는 이 끔찍한 과거에 등을 돌리고 삶은 살아가기 위한 것이라고 말해야 합니다."[23] T. S. 엘리엇은 "그런 지식 이후에 어떤 용서가 있는가?"라고 물었다. 우리는 여기에 투투와 고보도-마디키젤라의 정신을 빌려, "그런 용서 이후에 어떤 지식이 있는가?"라고 되물을 수 있다. 만약 지식이 있다면, 그것은 어떤 종류의 지식인가? 인지적 지식인가, 체화된 지식인가, 아니면 둘 다인가? 그리고 우리는 그 지식을 어떻게 활용해야 하는가? 우리는 계속해서 기억하고, 상처를 직면하며, 기록을 바로잡아야 하는가? 아니면 용서하고 잊으려 노력해야 하는가? 어떤 악수는 기억할 준비가 되었음을, 또 다른 악수는 놓아줄 때가 되었음을 신호한다. 이러한 문제는 남아프리카공화국의 〈진실과 화해 위원회〉뿐만 아니라, 전 세계 수많은 트라우마 공동체의 진실 위원회와 추모 공간에서도 핵심적인 문

New Future, 1, 35. 여기서 우리는 다음과 같은 물음을 던질 수 있다. 한나 아렌트가 『예루살렘의 아이히만』에서 기록한 바 있는 홀로코스트 예루살렘 재판 당시 나치 친위대 장교 아돌프 아이히만과 그의 온화한 감시자 레스 대위 사이에서는 왜 이런 회한과 공감의 기적이 일어나지 않았는가?

23. Antjie Krog, *Country of My Skull*, 30.

제로 남겨져 있다.

그렇다면 우리가 다시 묻기를, 왜 손이 중요한가? 손은 자극하거나 진정시키고, 행위하거나 고통받으며, 범죄적이거나 화해적일 수 있다. 이러한 손의 접촉이 어떻게 적hostes을 동료 인간으로 전환시킬 수 있는가? 품라의 서술에서 가장 인상적인 점은, 신체를 매개로 작동하는 일종의 실천적 지혜에 대한 그녀의 증언이다. 이는 피부와 살, 신경 말단과 힘줄, 안색과 촉각의 수준에서 작동하는 예민한 감수성이다. 나는 이것을 다른 곳에서 "육적 해석학"carnal hermeneutics이라 불러왔다. 이는 반성적 인식에 앞선 육적인 앎, 접촉 속의 촉각의 형식, 적합하고 옳은 것을 맛보고 시험하는 근원적 의미의 실천적 지식savvy이다. 여기에는 사부아savoir(알다)/사부레savourer(맛보다)/사페레sapere(맛보다, 알다)/사피엔티아sapientia(지혜)라는 어원적 계보가 있다. 이 개념은 감각sensation, 방향설정orientation, 의미meaning라는 세 가지 차원에서 작동하는 원초적인 체화된 지혜를 의미하며, 이는 자기와 이방인 사이의 모든 진정한 만남을 특징짓는다. 이러한 육적 지혜의 힘이 작동할 때, 적이 친구가 되고, 이방인이 손님이 되는 일은 불가능한 것이 아니다. 즉, 적대hostility가 환대hospitality로 전환될 수 있다.[24]

---

24. 이러한 유형의 체화된 앎에 관한 심화된 논의는 Kearney and Treanor

그러나 사안은 그리 단순하지 않다. 악수의 의미는 왜곡되고 남용될 수 있으며, 상징적 제스처가 의례적인 진부한 표현으로 전락하거나, 악의적인 계약, 교활한 전략, 권력 쟁탈 수단으로 변질될 수 있다. 이는 여러 중요한 질문을 제기한다. 누가 누구와 악수할 권리가 있는가? 누가 이를 결정하는가? 그리고 어떤 목적과 동기 — 명시적이든, 은밀하든, 숨겨진 것이든 — 로 이루어지는가? 비단 장갑 속의 강철 주먹은 어떻게 해석해야 하는가? 히틀러와 페탱(및 체임벌린), 스탈린과 리벤트로프의 악명 높은 2차 세계대전 당시 악수는 무엇을 의미하는가? 혹은 최근 푸틴과 아사드의 서늘한 악수, 트럼프와 시진핑의 승리감 넘치는 악수는 어떤 함의를 지니는가? 또한 특정 이민자나 소수자 집단(예를 들어 정통 유대인이나 무슬림)들이 종교적 관습에 따라 특정 상황에서 특정인과 악수하는 것을 거부하는 경우는 어떻게 해석해야 하는가? 이러한 암호화된 상황에서는 겉보기에는 "보편적인" 악수라는 제스처가 타인을 배제하는 수단으로 사용될 수 있다.[25]

---

eds., *Carnal Hermeneutics*에서 찾아볼 수 있다. 이 문제에 관한 더 자세한 분석은 Kearney, *Touch* [카니, 『터치』]의 1장과 4장에서 확인할 수 있다.

25. 각국 문화에서 나타나는 다양한 악수의 변형에 대해서는 이 장의 결론적 언급에서 다루고 있다. 이 주제에 대한 연구에 도움을 준 학생 티안 캉과 우르와 하워드, 그리고 본 주제에 대해 2018년 4월 빈대학교에서 열린 '종교와 폭력' 컨퍼런스에서 유익한 의견을 나누어 준 동료이자 친

이러한 변수들로 인해, 나는 악수의 의미를 선별하는 데 있어 윤리적 책임이 존재한다고 본다. 즉, 환대를 표현하는 악수와 그 반대를 표현하는 악수를 선별할 책임이 있는 것이다. (참된 평화의 행위, 용서, 화해에 관한) 긍정의 해석학 hermeneutics of affirmation과 더불어 (위장된 동기, 이해관계, 의도에 관한) 혐의의 해석학hermeneutics of suspicion이 반드시 병행되어야 한다. 이러한 논의는 악수에만 국한되지 않는다. 환대의 의미를 담은 다른 육적 제스처에도 동일하게 적용된다. 예를 들어, 키스는 사랑의 행위일 수도 있지만, 배신의 행위(예 : "이중 감각"의 접촉이 일방적 침해로 대체되는 배신자나 포식자의 키스)일 수도 있다. 음식을 주는 행위 역시 관대함의 표현일 수도, 독살의 수단일 수도 있다. 최후의 만찬이 상징하는 의미와 마찬가지로, 배신과 기만의 사례가 언제나 존재한다. 환대의 연회의 사건이 폭력의 폭정으로 전락할 수도 있다. 토라에서는 이스라엘인들이 부정한 음식을 거부했다는 이유로 살해당한 이야기가 전해지며, 현대 대중문화의 소비자들은 〈왕좌의 게임〉에서 스타크 가문이 학살당한 사건을 예로 들 수 있다. 육체적 에로스 역시 성희롱이나 강간으로 타락할 수 있다. 모든 사랑 행위가 사랑스러운 것은 아니다. 마찬가지로, 모든 "안수"가 치유를 의미

구인 마리안느 모이여아르트에게 감사의 뜻을 전한다.

하는 것도 아니다(짐 존스, 데이비드 코레시, 찰리 맨슨의 종교적 의식 사례를 참조하라). 여기서 우리는 프로이트, 융, 라이히 사이의 정신분석학적 논쟁도 떠올릴 수 있다. 이 논쟁에서 "전이"轉移 현상은 말과 접촉 사이를 어떻게 오갈 것인가라는 복잡한 문제로 대두되었다. (우리가 아는 바와 같이, 말도 접촉만큼이나 에로틱할 수 있다 — 카사노바, 드라클로의 『위험한 관계』, 키에르케고어의 『유혹자의 일기』에 이르는 유혹의 연대기에서 보듯 말이다.) 이것이 바로 환대의 윤리가 언제 말을 해야 하고, 언제 말을 삼가야 하는지, 언제 접촉해야 하고, 언제 접촉을 피해야 하는지를 아는 일과 밀접한 관련이 있는 이유다. 때로는 침묵을 지키며 연민 어린 손길을 어깨에 얹는 것이 지혜로울 수 있고, 또 다른 때에는 직접적인 접촉을 유보하고 언어로 소통하는 것이 더 현명할 수 있다.

이러한 구별은 매우 중요하며, 접촉contacting의 양식에 관한 "섬세함의 교육"pedagogy of tact을 요구한다. 이러한 선별은 언어적 행위와 촉각적 행위 사이의 경계를 감시하는 환대의 해석학을 필요로 한다.[26] 만진다는 것touching은 서로 다

26. 만짐(touch)에 관한 해석학은 지혜 전통의 가장 초기 이야기들에서 입증된다. 오디세우스의 흉터를 만지는 에우리클레아, 그리스도의 상처를 만지는 도마, (미켈란젤로가 묘사한) 야훼의 손을 만지는 아담이 그것이다. 여기서 다음 책에서 장-뤽 낭시가 한 제안을 보라. Jean-Luc Nancy,

르고 다양하다. 언제나 그 만짐 사이에는 주인과 손님이 분별해야 할 간극이 존재한다. 현상학에서 알 수 있듯, 접촉에는 물리적 접촉을 통한 만짐과 거리감 속의 만짐이 있다. 누군가와 물리적 접촉을 하지 않더라도, 그 존재만으로도 깊이 "감동적인"touching 것이 있을 수 있다. 손을 흔드는 행위도 특정 상황에서는 악수의 또 다른 형태가 될 수 있으며, 그 힘도 결단코 약하지 않다. 시인 패니 하우가 썼듯이, "때로는 손님이 손님으로 남기 위해서는 주인을 떠나야 한다." 결국 이 모든 것은 육의 해석학의 문제, 이는 곧 만지고 만지지 않는 것, 말함과 침묵 사이를 섬세하게 선별하는 것이다. 이러한 해석학은 올바른 사람과 올바른 순간에 올바른 제스처를 선택하는 문제이다. 여기서 우리가 떨어져-접촉하기apo-haptics와 가까이서-접촉하기kata-haptics라고 부를

Noli Me Tangere [장 뤽 낭시, 『나를 만지지 마라』]. 이 책에서 제시하듯, 예수와 막달라 마리아의 마지막 만남은 만짐의 완전한 부재가 아니라 (특정 그림들은 마리아가 그리스도의 옷자락이나 피부를 손으로 스치는 것을 보여준다) 오히려 "붙잡고" 또는 "소유하지" 말라는 경고였다. 다시 말해, 예수를 붙들지 말고 그가 타자, 지나가는 이방인(hospes)이 되도록 허락하여, 그녀가 제자들의 포용적 사랑 안으로 해방될 수 있게 하라는 것이었다. 신들과 인간들의 손을 만지는 방법은 여러 가지가 있다. 미켈란젤로의 시스티나 예배당에서 우리가 알 수 있듯이, 악마와 악수하는 다양한 방법들이 있는 것처럼. 육의 해석학은 그 차이들을 알려고 노력하는 것에 관한 것이다. 이와 관련해서 그리고 또 다른 예시들에 대해서는 다음을 보라. Kearney, *Touch* [카니, 『터치』]의 3장 「상처 입은 치유자 이야기」.

수 있는 것 사이의 변증법은, 전통적인 부정apophatic과 긍정kataphatic의 변증법을 모방한다. 우리는 둘 다 필요하다. 멀고 가까움, 부재와 현존, 이방성과 친숙함을 적절히 아는 것이 중요하다. 그렇지 않으면 주인과 손님 사이에 진정한 구별이 존재할 수 없다. 분리도, 간극도, 위험도, 모험도, 낯선 것으로부터의 시련épreuve de l'étranger도 없다. 인정하고 포용해야 할 타자성도 없다. 우리는 언제나 사이 공간을 필요로 한다. 그렇기에 육의 환대는 언제나 근본적으로 윤리적 과제이며, 결코 이미 성취된 일이 아니다.

이 시점에서 덧붙이지 않을 수 없는 것은, 코로나바이러스 시대에 만지는 접촉의 문제 전체가 매우 시급한 과제로 부상했다는 점이다. 이에 대해서는 후기에서 다시 논의할 것이다.

결론적 언급

앞서 언급했듯이, 육적 접촉은 환대에서 적대로, 다시 환대로 쉽게 전환될 수 있다. 서로 다른 문화는 상처 입을 가능성과 환영에 관한 환대의 교환을 해석하는 상이한 방식을 갖는다. 예를 들어, 손과 손을 맞잡는 것은 팔을 들어 올리거나, 무릎을 굽히거나, 머리를 숙이는 동작으로 대체될 수 있다. 또한 이러한 교환에 관한 규범은 젠더, 세대, 계급, 문화에 따라 다양하게 달라진다. 손 맞잡기는 대부분의 서구 문화에서 평화의 상징이지만, 이것이 모든 문화에 해당하는 것은 아니다. 중국의 어떤 무술 전통에서는 이방인 앞에서 절을 하면서 오른손을 왼손바닥 안에 감추는 행위로 환대를 표시하기도 한다.[27]

파키스탄의 일부 지역에서는 우정의 메시지를 전달하기 위해 특정한 제스처가 사용된다. 이는 남성과 여성이 서로 동의하는 관계 없이 접촉하는 것이 종교적으로 금지되어 있기 때문이다. 파키스탄과 인도의 이슬람 전통에 따르면, 인사 방식은 성별, 세대, 관계를 따라 기본적으로 세 가지로 나뉜다. 비슷한 연령대의 남성끼리 만나거나 여성끼리 만날 때는, 악수를 한 뒤 양쪽으로 번갈아 한 번씩 포옹

---

27. 다음과 같이 중국 전통 인사법에 대한 설명을 해준 보스턴 칼리지 학생 티안 캉에게 감사한다.

 집단이 공유하는 유교 철학으로 인해, 전통적으로 사람들은 신체적 접촉을 피하고자 서로 악수나 포옹, 입맞춤으로 인사하거나 신뢰를 표현하지 않는다(신체적 접촉은 봉건시대 이래로 무례한 것으로 여겨졌다). 대신 그들은 "작읍"(作揖, zuo yi[쭤이])으로 절을 하는데, 오른손은 주먹을 쥐고 왼손을 그 위에 올려놓는다. 사람들이 보통 오른손으로 무기를 잡고, 싸우고, 죽이기 때문에, 오른손은 "죽음의 손"으로 여겨졌고, 왼손은 반대로 "생명의 손"이었다. 따라서 이 억제의 몸짓은 폭력의 억압을 나타낸다. 사실 '무예'를 뜻하는 중국 한자 武(wu[우])는 '멈추다'를 의미하는 止(zhi[즈])와 '창'을 의미하는 戈(ge[거])를 합쳐서 표현된다. 이러한 힘과 힘의 억제의 변증법은 대부분의 중국인에게 상대방이 악수할 수 있도록 맨손을 내미는 것으로 신뢰를 보여주는 단순한 몸짓보다 더 복잡했을 것이다.

한다. 비슷한 연령대의 이성 간 만남에서는 서로 접촉을 피하고, 존중을 보이는 낮은 시선과 더불어 "앗살라무-알라이쿰[당신에게 평화가 깃들기를]"asalam-ulalikum이라는 인사말을 건넨다. 나이 어린 사람이 나이 든 이를 만날 때는, 어린 사람이 자기보다 나이 든 사람에게 경의를 표하기 위해 몸을 숙이고, 나이 든 사람은 자기보다 어린 사람에게 머리를 만질 수 있도록 하며, 인사말이 여기에 수반된다.[28]

---

28. 2019년 6월 30일 크로아티아 비스에서 열린 게스트북 국제회의에서 이러한 예시들을 제시해 준 우르와 하미드에게 감사한다. 그녀는 또한 파키스탄과 인도 문화에서의 이슬람 환대 규범에 대한 흥미로운 예시를 제공했다. 하미드는 파키스탄의 물탄(Multan)이라는 매우 작은 도시에 대해 이야기해 주었다. 이곳은 무더운 기후를 겪는 여러 작은 농업 마을들로 구성되어 있으며 많은 대규모 지주의 거주지 역할을 했다. 도시로의 이주 추세가 이 마을들을 특징짓는 그런 특성을 감소시켰지만, 여전히 여러 방식으로 그 특성이 느껴질 수 있다. 종종 토지 분쟁, 물 부족, 가족 내부 긴장, 상처받은 명예, 또는 다른 이유로 인해 경쟁 지주들 사이에 유혈사태로까지 확대될 수 있는 불화가 발생했다. 그러나 그런 상황에서도 한 사람이 상대방의 문을 두드리면, 그들은 문을 열고 적을 환영하며, 감당할 수 있는 모든 사치를 행사하며 대접하고, 그들이 집안에 들인 "손님"인 한에서 자신의 생명을 희생해서라도 그들의 생명을 보호해야 할 의무를 느꼈다. 그 사람이 떠나고 나면 적대감과 증오가 여러 세대에 걸쳐 지속될 수 있었지만, 그 사람이 손님인 순간에는 주인이 그/그녀를 구하기 위해 자신의 생명을 희생할 것이다. 경쟁 지주의 아들이 그를 죽이려는 일단의 남자들에게 쫓기고 있었기 때문에 다른 가족의 집에 피난처를 요청하는 구체적인 예가 있었다. 주인 지주는 적의 아들에게 피난처를 제공하고 자신의 24세 아들을 밖으로 보내 강도들을 상대하게 했다. 지주의 아들은 결국 그들을 상대하면서 목숨을 잃게 되었다. 죽음 이후에도 후회의 감정은 없었고, 오직 그들이 가능한 한 최대한으

이러한 다양한 체화된 환대의 변주를 염두에 둘 때, 악수의 패러다임이 보편적 규범은 아니지만, 대부분의 인도-유럽 문화권에서는 악수가 이방인에 대한 신뢰를 나타내는 중요한 제스처였다고 결론지을 수 있다. 이러한 무장 해제의 행위는 그 정의상 **상호적**이지만, 항상 대칭적이지는 않다. 진정한 이방인 환대는 이방인의 특이한 타자성을 인정한다. (굳이 보태자면, 비대칭의 대칭성이라고 할 수 있을 것이다.) 바로 이 점 때문에 호스티스hostis라는 말이 적과 친구 모두를 의미할 수 있는 것이다. 우리는 그 결과를 미리 알 수 없으며, 오직 팔을 내미는 (또는 비슷한 제스처를 취하는) 모험이 있은 이후에야 비로소 안다. 따라서 위험과 내기의 불가피성이 존재한다. 요컨대, 환대의 육적 제스처는 손님이 주인에게 복종하도록 만드는 것도, 손님이 단념하도록 만드는 것도 아니라, 차이를 가로지르는 나눔sharing을 의미한다. 낯섦을 동일성으로 환원하는 것은 타자성의 총체적 동화를 의미하며, 그 반대는 무기력한 복종을 의미한다. 환대는 그 사이에 걸려 있다.

로 손님을 적절히 대접할 수 있었다는 자부심과 만족감만이 있었다. 또한 대부분의 켈트 문화에서도 환대는 전통적으로 주인이 손님에게 느끼는 절대적인 신성한 의무이자 명령(Geis)으로 여겨졌다. 다음 책에 나오는 쿠훌린(Cuchulainn)의 이야기를 참조하라. Anne Bernard Kearney, *Lovers, Queens and Strangers*.

따라서 나는 폴 리쾨르의 견해에 동의한다. 참된 환대란 같음même과 같음 사이의 교환이 아니라, 유사한 것semblable과 유사한 것 사이의 교환이다. 환대가 "타자로서의 자기 자신"oneself as another이 됨을 의미한다면, 이는 타자와의 동일시를 뜻하는 것이 아니다. 즉, 그것은 융합이나 혼동이 아니다. 여기서 **로서**as라는 전치사는 자기와 타자 사이의 차이의 단절을 표시하는 중요한 것이다. 이 점은 리쾨르뿐 아니라, 메를로-퐁티에게도 해당된다. (데리다가 『만짐에 대하여』에서 메를로-퐁티의 촉각 중심주의를 비판하였으나) 메를로-퐁티에게서 살의 교차chiasm of flesh는 항상 만지는 자와 만져지는 타자 사이의 "변별적"diacritical 틈écart을 남긴다.[29] 메를로-퐁티는 신체가 타자성을 전체화된 소유 — 그 극단적 사례가 성추행, 강간, 고문, 혹은 폭군의 지배적 손길에서 일어난다 — 로 환원하는 것을 방지하기 위해 "변별적 지각"의 이러한 공간내기-거리두기의 양상을 강조한다. 이러한 환대의 배반에서는 (타자의 욕구, 욕망, 상처, 특이성을 수용하는) 쌍방향 감각이 일방적 강요(타자의 존재에 무감각한 힘의 행사)로 전락한다. 이런 점 때문에 우리는 모든 악수의 암묵적 의도를 분별할 수 있는 실천적 지혜phronesis의 윤

---

29. 변별적 공간내기 현상에 관한 분석은 다음 글을 보라. Richard Kearney, "Ecrire la chair."

리가 필요하다. 이는 아리스토텔레스가 촉각이 "차이를 안다"(촉각이 선별한다, 크리네인krinein)는 것 때문에 그것이 가장 "철학적인" 감각임을 강조한 데서 영감을 받은 것이다. 당신은 보면서도 보여지지 않을 수 있고, 들으면서도 들려지지 않을 수 있지만, 만지면서 만져지지 않을 수는 없다. 이는 우리가 접촉을 배신할 자유가 없음을 뜻하는 것이 아니며, 아리스토텔레스가 『니코마코스 윤리학』에서 술취함과 욕정을 자기 자신에게 타자성을 흡수하는 비윤리적인 것으로 설명한 것처럼, 일방적 감각주의는 쌍방적 감수성을 배신한다. 따라서 환대의 윤리란, 이방인에 대한 신뢰의 도약과 더불어 끊임없이 다음과 같이 묻는 행위를 모두 의미한다. 이 악수는 무엇을 의미하는가? 누가 오는가? 그리고 그들은 어떻게 오는가 — 전쟁인가 평화인가? 주인인가 손님인가? 적인가 친구인가? 이러한 물음은 말과 제스처 모두를 통해, 끝없는 깨어있음 및 분별과 함께 일어난다.

요컨대, 말과 살의 윤리적 놀이가 실재적인 환대가 일어나기 위해 필수적인 것이 된다. 상처가 치유되고 이방인이 환영받으며 평화가 실현되기 위해서는 언어적 맞이함과 육적인 맞이함hosting이 모두 필요하다.

2부
환대와 도덕 심리학
이론과 실천 사이의 경계 탐구
— 멜리사 피츠패트릭

5장

경계 너머의 환대

칸트의 경우

이 책의 2부는 환대의 개념을 서로 뚜렷하게 다른—그러나 밀접히 관련된—두 가지 의미로 사용할 것이다. 첫 번째는 (다른 인간 존재로서의) **이방인**stranger을 맞이하는 환대이며, 두 번째는 (새로움, 미래, 놀라움, 단절, 도전, 경이, 위험과 같이 예측 불가능한 것이라는 의미에서의) **낯선 것**the strange을 맞이하는 환대이다. 후자가 전자를 어떤 의미에서든 조건 짓는다는 점은 분명해 보인다. 왜냐하면 (이 책의 1부에서 묘사한 바와 같이) 타자의 타자성은 서사적 상상력 내의 공감을 통해 공통의 기반을 형성할 수 있고 또 그렇게 되어야 함에도 불구하고, 무한한 단절의 가능성을 수반하기 때문이다.

앞서 살펴본 "번역", "공감", "육적 환대"에 대한 사례들을 기초로 하는 2부의 네 개의 장章은 두 가지 의미의 환대가 서로 깊이 얽혀 있는 다양한 방식들을 분석할 것이다. 이 분석은 주인 혹은 손님으로서의 경험을 — 도덕 심리학과 타자성의 현상학이라는 렌즈를 통해 — 탐구하고, 우리가 환대의 내기wager를 회피하는 이유가 무엇인지 질문함으로써 이루어진다. 결론에서는 타자성의 현상학과 공감의 해석학이 생산적으로 대화하고 수렴하는 근본적 공간으로서 교실教室, classroom을 제시한다.

여러 윤리학 이론가들은 칸트의 도덕적 기획이 과도하게 이성중심적이며 보편화 가능한 도덕의 이해만을 고집한다고 비판하고, 각자의 이론을 전개하는 데 그를 활용했다. 그러나 칸트는 환대에 관한 근대의 논의에서 가장 중요하고 정말로 없어서는 안 될 사상가이며, 환대에 관한 모든 철학적 논의의 중심에 '환대의 사상가'로서 칸트가 있다고 해도 과언이 아니다. 보편적 인권 개념의 창시자이기도 한 칸트는 시대를 앞서 사유한 사상가였다. (후기의) 칸트는 노예제와 제국주의, 이방인에 대한 막연한 반감에 저항했는데, 이러한 생각은 18세기 당시에 흔하게 받아들여진 견해가 아니었다.

칸트의 정언명령이 지닌 엄격한 규범성에 동의하든 그렇지 않든, 칸트의 기획은 논박의 여지 없이 인간 존재를 이루는 하나의 차원 — 즉, 타자를 자기보다 먼저 고려하도록 강요당하는 경험 — 을 강조한다. 1부에서 서술된 용어로 이를 다시 표현하면 "적대가 아닌 환대에 거는 도덕적 내기"라고 할 수 있다.[1] 칸트는 이 내기를 개인의 도덕-심리학적 차원에서 사유한다. 특히 '세계공화국'의 가능 조건을 제시하는 『영원한 평화를 위하여 : 하나의 철학적 기획』[또는 『영구 평화론』]은 이 주제를 집중적으로 다룬 논문이다. 칸트가 볼 때, 세계 평화는 적대의 진정한 종식을 요구하는데, 종식되어야 할 대상에는 이른바 "평화로운" 시기에 유지되는 상비군이 포함된다. 평화는 무엇보다도 지구상의 모든 존재가 '자유로운 존재'로서 — 또한 모든 존재는 바로 이 자유 안에서 모든 타자와 동등하다 — 본래적 존엄성을 지닌다는 **전 지구적** 이해에 의해 보장된다. 이러한 이해는 특히 칸트가 '환대의 권리'라 명명한 개념에 근거를 두고 있다.

이 장은 칸트의 국제적 환대 개념이 그의 존경의 현상학 — 도덕법칙을 경험하는 것 — 및 타자의 자유와 존엄을 위한 공간을 열어두어야 한다는 요구와 맺는 관계에 대한 해석학적 고찰을 제공한다. 나의 궁극적 주장은 다음과 같다. 칸트의 세계에서 환대란 타자의 자유를 자국의 국경의 안팎 모두에서 환영하는 것(이방인을 맞이하는 것)이며, 이는 그 자유가 필연적으로 수반하는 미지의 것, 예측 불가능한

1. Richard Kearney, "Hospitality."

것(낯섦 자체를 맞이함)에 대한 환대도 포함한다. 이는 곧 의무에서 비롯된 행위나 타인에 대한 존경심에서 비롯된 행위는 **환대의 행위**acting in hospitality로 간주될 수 있는 반면, 자신의 경향성/욕구/성벽性癖에서 비롯된 행위나 타자를 경시하며 자신을 우선하는 행위는 적개심의 행위acting in hostility로 이해될 수 있음을 의미한다.

『영원한 평화를 위하여』

『영원한 평화를 위하여 : 하나의 철학적 기획』에서 칸트는 각각의 사회가 나무의 줄기와 마찬가지로 자기만의 고유한 뿌리를 지니고 있다는 점을 역설한다(8:344).[2] [하나의] 인간 사회는 따라서 다른 무언가에 병합되거나 접붙여질 수 있는 사물이 아니며 그 자체로 존엄성을 지닌다. 칸트는 당대 유럽에 널리 퍼져 있던 전제인 '**국가 간의 결혼**'이라는 추정이 매우 위험하다고 본다. 칸트가 보기에 이는 가족 동맹과 영토의 확장을 통해 지배력을 강화하려는 새로운 형태의 산업이다(같은 책). 칸트는 한 국가가 다른 국가에 제국주의적 영향력을 행사 — 그들의 헌정에 간섭하거나 다

2. [옮긴이] 이 장에서 괄호 안의 페이지는 흔히 "학술원판"이라고도 부르는 칸트전집(Akademieausgabe)의 권수와 쪽수를 뜻한다.

양한 부정 행위(고문, 암살, 협정의 파기, 첩보 활동 등의 기만)를 통해 — 할 때, 그것을 금지할 법률적 권한이 존재하지 않는다는 사실을 불편해한다. 이러한 행위가 미래의 평화 속에서 상호 신뢰를 쓸모 없게 만들 수 있기 때문이다(8:347). 사회정치적 관계 형성에 기본적인 신뢰는 필수적이다. 물론 칸트는 모든 경우의 거짓말이 도덕적이지 않다는 입장으로 잘 알려져 있다. 거짓말은 약속의 기본적인 작용을 허물고, 이 세상에서 성실하게 진리를 추구하려는 (계몽주의 운동의) 기획을 파괴한다.

이러한 점을 염두에 둔 칸트는 "세계시민법은 보편적 환대의 조건들에 제한되어야 한다"(8:357)고 강조하며 영구평화를 위한 확정 조항에 환대의 언어를 활용한다. 이에 대해 그는 다음과 같이 덧붙인다.

> 앞선 조항들과 마찬가지로 여기서의 쟁점은 권리이지 박애가 아니다. 환대(환대성)[Hospitalität, Wirthbarkeit]란, 한 이방인이 다른 나라에 도착했다는 이유만으로 적대적 취급을 당하지 않을 권리를 뜻한다. 상대 국가는 그를 돌려보낼 수 있으나, 그러한 거부가 그의 파멸을 초래하지 않는 한에서만 가능하다. 하지만 그가 그의 자리에서 평화롭게 행동하는 한, 그를 적대적으로 대해서는 안된다. 이 이방인이 주장할 수 있는 것은 '손님으로서의 권리'[Gastrecht]가 아니라

> (이를 위해서는 일정 기간 그를 가구의 일원으로 받아들이는 특별한 호의적 계약이 요구될 것이므로), '방문할 권리'[Besuchsrecht]이다. 이 권리는 사회 앞에 자신을 드러낼 수 있는 권리이며, **지구 표면에 대한 공동 소유라는 권리에 기반하여** 모든 인간에게 귀속된다. [구 형태의] 지구 표면 위에서 인간들은 무한히 흩어져 살 수 없으며, 서로 가까이 존재함을 감내해야 한다. 본래 지구상의 어느 특정한 장소에 대해서도 어느 누구도 타인보다 더 많은 권리를 갖지 않았기 때문이다.(8:358. 저자의 강조)

따라서 칸트가 이해하는 환대의 핵심적인 차원은 그것이 특권이 아니라 권리라는 점이다. 타자에게 환대를 베푸는 것은 그 타자가 인간 존재인 한, 그에게 부여해야 하는 의무이지, 자비의 행위가 아니다. 또한 환대는 일종의 소극적 권리인데, 이는 외국인이 타국에 도착했을 때 적敵, 즉 적대적으로 대우받아서는 안 된다는 의미에서 그러하다. 이방인에 대한 환대는 선물이나 호의적인 시혜가 아니라, 자유로운 존재로서 이방인이 지니는 본래적 존엄성에 근거하여 주어지는 도덕적 보증이며, 오직 그 이방인이 자신의 자유를 포기하고 완전히 적대적인 방식으로 행동하는 경우에만 부정될 수 있다. 서론에서 언급한 바와 같이, 바로 이 지점이 환대 개념에 대한 칸트의 이해를 조건적으로 만든다. 만약 이방인이 적대적으로 다가온다면, 그는 거절당할 수 있다.

로빈 메이 쇼트가 지적하듯, 환대에 대한 이러한 분석은 외국인을 죄수처럼(즉, 구금할 수 있는 대상으로) 취급하기를 거부하고, 한 사람의 인격체로 대하기를 요구한다.[3] 이에 더해, 앞서 인용된 구절에서 개괄되었듯이, 만약 어떤 외국인을 송환하는 과정에서 그가 위험에 빠지거나 목숨을 잃을 수 있다면 그를 거절하지 않는 것 — 즉, 그들의 존엄성이 침해될 수 있는 상황으로 그들을 돌려보내지 않는 것 — 이 주인의 의무이다. 이 점은 칸트가 얼마나 선구적인 사상가였는지 보여준다. (우리는 아직까지도 이러한 보편적 환대에 도달하지 못했다.) 그렇다고 해서 외국인이 자동적으로 새로운 '가구'household의 구성원이 된다는 뜻은 아니다. 그는 단지 손님으로서 방문 중일 뿐이다. 타자는 여전히 별개의 존재로 남아 있다. 이는 오늘날 우리가 이민 문제를 이해하는 방식에 대해 — 특히 난민이나 가정 폭력을 피해 도망치는 사람들과 관련하여 — 분명한 함의를 갖는다. 우리에게는 추방된 이들을 환대할 의무가 있으며, 그들은 (인간으로서) 환대받을 권리를 지닌다. 이 중요한 논의는 뒤에서 다시 다룰 것이다.

---

3. Robin May Schott, "Kant and Arendt on Hospitality," 185~186.

앞서 인용한 구절의 마지막 부분은 특히 풍부한 함의를 지닌다. 칸트는 환대의 권리를, 지구와의 관계 안에서 우리가 모두 동등한 구성원이라는 부정할 수 없는 사실, 즉 "본래 어느 누구도 지구상의 한 장소에 대해 다른 이보다 더 큰 권리를 갖지 않았다"는 명제에 근거시킨다. 어떤 관점에서 보면, 우리는 모두 같은 공동체의 구성원이며 함께 공존하고 따라서 서로를 환대하라고 부름받았다. 현재 우리 앞에 닥친 생태 위기에 비추어 볼 때, 여기서의 함의 또한 매우 분명하다. 우리는 공동의 자원을 가진 하나의 집에 살고 있으며, 좋든 싫든 분담하고 나누어 가지라는 요청을 받은 것이다. 이는 자신과 다른 이들을 향한 환대뿐만 아니라, 자국의 경계 너머에 있는 이들에 대한 환대성을 포함한다. 지구는 우리 모두에게 '동등하게' 속해 있다.

그러므로 칸트에게서 각 개인 그리고 개인들의 집합체로서 각 국가는 환대 안에서 타인 앞에 등장할 권리를 가지며, 이러한 권리는 그들의 존엄성과 자유, 그리고 그들이 모두 인격체로 간주된다는 점에 의거한다. 칸트는 나아가 [소위] "문명화된" 유럽인들이 다른 대륙의 사람들에게 저지른 비-환대적 행동 — 다른 대륙의 주민들이 아무도 아니no-one라는 인식에 의해 정당화된 행동 — 의 끔찍함에 대해 서술한다. "지구의 한 장소에서 일어난 권리 침해는" 그것이 인간성 자체에 대한 공격이므로 "다른 모든 곳에서 마찬가지이다"라는 칸트의 말은 마틴 루터 킹 주니어의 유명한 인용구인 "부정의는 그것이 어디에서 발생하든, 다른 모든 곳에 있는 정의에 대한 위협이다"를 선취한 것이다(8:360). 인간성을 구현하는 모든 것에 대한 폭력은 인류 전체에 대한 폭력에 해당한다. 한 사람에 대한 적대는 사실상 모두를 향한 적대이다.

칸트의 환대 윤리학을 이끄는 핵심 요인 중 하나는 도덕원칙을 정의할 때 목적ends에 대한 계산을 철저하게 배제한다는 점이다. 다르게 표현하면, 칸트는 행동에 관해 목적이 수단을 정당화한다는 마키아벨리적 계율에 지배당하는 도덕적 도식들의 토대를 허물고자 한다. 『실천이성비판』에서 칸트는 "실천이성의 경험주의"가 도덕에 대한 가장 심각한 위협이라고 주장한다. 경험주의가 선과 악을 경험적 결과들 안에 위치시킴으로써 도덕적 마음가짐disposition의 뿌리를 파괴(예컨대, 행복을 모든 경향성의 총합으로 상정하는 것과 같은 방식으로)하기 때문이다. [경험주의의] 방식은 예상된 목적들을 보장하려 하며, 그 과정에서 예기치 않은 가능성을 제거하려 한다. 이는 곧 (카니가 말한) "경이, 놀라움, 새로운 것의 충격"을 제거하려는 시도이며, 데리다와 벤야민이 번역불가능한 핵심이라고 부른 "메시아적인 것"—기존의 도식에 포섭되지 않고 그것에 저항하는 것—을 침묵시키려는 시도이다.

비록 『영원한 평화를 위하여』가 『도덕 형이상학 정초』

보다 10년 뒤에 발표된 저술이지만, 칸트의 윤리학 텍스트를 분석할 때 『정초』의 핵심적 측면들을 함께 고려하는 것이 중요하다고 나는 생각한다. 왜냐하면 세계시민적 헌법[4]에 대한 그의 통찰은 보편적 인권으로 이해되는 사유에 근거를 두고 있으며, 실제로 이 개념은 그의 이전 텍스트에 [새로운] 윤곽을 부여하고 그것이 더욱 잘 이해되도록 만들기 때문이다. 칸트의 목표는 인류가 국제적인 영구 평화의 상태로 원활히 나아가도록 돕는 것이다. 이는 곧 도덕(이론)이 실현되고 정치(실천)와 밀접하게 결합된 상태이다. 이 책에서의 논의에 중요한 부분은 환대의 원칙 — **거절당하지 않을 권리, 적대적으로 대우 받지 않을 권리, 방문할 권리** — 이 평화의 가능성에서 중요한 역할을 한다는 점이다. 환대는 영구 평화를 위한 세 가지 충분조건 중 하나이다.

『영원한 평화를 위하여』에서 칸트가 평화의 조건을 자연적인 것이 아니라(칸트는 홉스와 유사하게 자연 상태가

---

4. 칸트는 이 세계시민적 헌법(또는 세계공화국의 헌법)과 '국가들의 국가'(state of nations)에 속하는 헌법을 엄밀히 구분하는 수고를 한다. 국가는 필연적으로 상급자(입법자)와 하급자(피입법자)를 필요로 하는데, 이는 헌법의 노력을 필연적으로 저해하는 권력 역학을 형성하기 때문이다. 또한 국가들이 '국가들의 연맹'(league of nations)에 가입한다는 것은, 그것이 보편 군주국이 아니라 '국가들의 연합'(union)이 될 것임을 시사한다. 칸트는 언어와 무수한 종교적 다양성 때문에 보편 군주국은 불가능하다고 보았다.

곧 전쟁 상태라고 본다) 구성되고, 계발되며, 실천되는 것에서 찾는다는 점도 주목할 만한 접근이다. 국가 간의 적대 행위를 일시적으로 유보하는 것 — 예컨대, 동의하지 않기로 동의agreeing to disagree하며 평화 조약을 체결하는 사례 — 은 실제 전투를 일으키지 않는다고 하더라도, 적대 행위가 장래에 다시 발발할 수 있는 위협을 유지하는 것에 불과하다(8:349). 칸트는 장차 일어날 전쟁의 위협이나 그 위협에 대비하는 평화 시기의 상비군이 영구적인 평화를 향한 모든 희망을 좌절시킨다고 본다. [상비군은] 그들이 사실상 적대의 상태에 놓여 있으며, 언제든 자기를 방어할 준비를 해야 한다는 메시지를 보내기 때문이다. 가령 어떤 사람이 (자기 외의 다른 사람은 모두 틀렸고, 신뢰할 수 없으며, 사악하다는 확신에 기초하여) 타인의 신념에 대해 듣기를 거부한다면, 이러한 거부는 대체로 적의의 마음가짐을 고수하고 있다고 할 수 있다. 그들은 늘 방어 자세를 유지하고 미래의 갈등을 대비하며 '우리 대vs 그들'이라는 이해를 필요로 하는 현재의 이데올로기 — 다시 말해, 우리는 그들보다 우월하며, 앞으로도 계속 그들보다 우월해야 한다 — 를 고집한다. 적대적이라는 것은 곧 방어 태세를 취하는 것, 영구적 전쟁에 대비하는 것을 의미한다. 홉스가 『리바이어던』에서 정확하게 지적한 것처럼, 분쟁이 없다고 [혹은 전투가 멈췄다고] 전쟁을 벗어난 것이 아니다. 안전 없이 사는 삶도 전쟁이다.

『영원한 평화를 위하여』의 부록에서 칸트는 도덕과 정치(이론과 실천)의 관계를 간략히 검토하며, (칸트 자신이 [다른 곳에서] 한 것처럼) 이미 도덕 법칙을 정립해 놓고도 다시금 의무로부터 — 따라서 타자에 대한 환대 속에서 — 행동하는 것이 불가능하다고 주장하는 것은 터무니없는 일이라고 말한다. 칸트는 "정치가 '**뱀처럼 지혜로우라**'고 말할 때, 도덕은 '비둘기처럼 순결하라'는 말을 (제한 조건으로) 덧붙인다"(8:370)고 말하는데, 이는 그가 도덕 법칙 — 뒤에서 다시 다루겠지만, 이는 적대가 아닌 환대를 향한 마음가짐의 실현을 의미한다 — 의 실현이 가능하다고 믿었을 뿐 아니라, 진정한 정치는 도덕 법칙과 그것이 요구하는 정직성에 경의를 표하지 않고서는 결코 나아갈 수 없다고 생각했음을 보여준다. 물론 여기에서의 문제는 정치적 도덕주의자가 '네 마음에 드는 어떤 방식으로든 너의 권력을 증대하라'는 격률에 충실하다는 점이다. 반면 칸트에게서 도덕 법칙 — 여기서는 '권리'의 개념이다 — 은 결과와 무관하게 언제나 우선한다. 그러므로 환대를 실천할 때, 오직 보편적 법칙이 될 수 있는 준칙을 따라서 행동하라. 타인을 결코 단순한 수단으로 대하지 말고, 언제나 그 자체로서 목적으로 대하라. 그리고 타인과 자기 안에 있는 존엄성(자율성, 자유, 도덕법칙)을 존중하라. 이러한 존엄성은 모든 인간이 피부색, 출신 국가, 어떤 경험적이고 우연적이며 조건적인 사실들과 무관하게 목적으로서의 지위를 갖게 하는 기반이다.

영구 평화에 필수적인 조건들에 대한 칸트의 숙고는 그가 (경험적 맥락과 무관하게 모든 인간에게 보편적인) 도덕적 메타언어를 구축하고자 했음을 보여준다. 이는 또한 환대가 덕 있는 사회, 즉 구성원 모두의 번영을 향해 나아가는 사회의 가능 조건임을 밝혀준다. 환대는 도덕 법칙을 진정으로 실행하는 데 가능 조건이며, 타인의 자유를 (**모든 경험적 경계 너머에서**) 존중하고, 우리 역시 다른 사람들과 하나의 세계를 공유하고 있으며, 그들도 우리처럼 자유롭게 살기를 원한다는 사실을 인정하는 행위이다. 이 점은 결정적으로 중요하다. 환대는 존경의 표현이다.

타인과 세계를 공유하기

타인과 세계를 '공유한다'는 개념, 더 정확히는 적대감이 아니라 환대의 마음가짐으로 세계를 '함께 나눈다'는 이 개념은, 칸트가 『실천이성비판』(5:31)에서 '이성의 사실'이라 명명한 것을 이해하는 좋은 방법이라고 생각한다.

칸트는 『도덕형이상학 정초』에서 그가 희망했던 방식으로 도덕법칙의 연역이 작동하지 않을 것이라는 판단에 이르자, 도덕법칙을 (비경험적으로) 인식하는 것이 무엇인지 예증하는 것으로 전략을 수정한다.[5] 리쾨르의 용어를 빌리면, **타자로서의 자기 자신**oneself as another을 인식하는 것이 무엇인지 보여주는 것이라 말할 수 있다. 칸트는 실천이성이 필연적으로 도달하는 갈림길에 대해 묘사한다. 이 갈림길에서 실천이성은 특정한 경향성inclination을 충족시키는 행동(주어진 가언명령에 종속)을 할 것인가, 아니면 의무로부터 행동(정언명령에 복종)할 것인가 즉 의무 자체를 목적으로 할 것인가 중에서 선택해야 한다. '이성의 사실'은 칸트가 의무로부터 행동 — 환대 안에서, 타자를 위하여 — 하는 것과 경향성으로부터 행동하는 것 — 적대감 속에서, 자신을 위해 — 사이의 긴장을 경험한다는 것이 무엇인지 나타내기 위해 칸트가 사용한 용어이다.

칸트가 말하는 이성의 사실에 대해 생각하는 또 다른 방법은, 의무의 부름 — 우리 논의의 맥락에서는 환대의 부

5. 실천이성은 (제1비판에서의 이론이성과 달리) 현실을 서술하는 데 관여하지 않는다. 대신 실천이성은 현실을 규정하는데, 바로 이 때문에 칸트는 선험적(a priori) 원리에서 출발하는 것이 더 효과적이라고 보았다. 순수실천이성은 "자신과 그 개념의 현실성을 그것이 하는 행위를 통해 입증"하며, 이로써 (선험적) 자유 개념에 대한 통찰을 제공한다(5:3). 『실천이성비판』의 제2판 서문에서 칸트의 언급을 요약하면 다음과 같다. 이론이성에 대한 작업에서는, 감각에서 출발하여 원리로 나아가야 했으나, 실천이성에서는 반대로 원리에서 출발한다. 그 이유는 우리가 '이성을 의지(그리고 그것의 인과성)와의 관계'에서 고려하기 때문이다. 여기서(실천이성 비판의 과정에서) 자유로부터, 즉 우리의 실천이성 원리로부터 나오는 인과성의 법칙이 필연적인 출발점이며, 그것만이 관계될 수 있는 대상들을 규정한다(5:5~14).

름—이 결코 논박될 수 없는 사실이라는 점이다. 의무로부터 행동한다는 것은 자기 자신을 공동체의 일부로 이해하는 것을 포함한다. 다시 말해, 나의 존재가 단지 '나만의 것'이 아니라 **우리의 것**이라고 승인하는 것이다. 자기중심적 이익 추구는, 자신을 도덕 공동체의 일원으로 이해하며 의무로부터 행위할 가능성에 의해 중단된다—도덕 공동체는 그 자체로 존중되고 보존되어야 하는 것이다. 환대의 부름을 경험하는 것은 자기 이해관계의 추구로부터 단절되는 경험이다.

『실천이성비판』에서 칸트는 타자 안의 인간성을 마주하는 상황, 즉 **주인**host**으로서** 적대감과 환대 사이의 갈림길에 서 있는 상황에 대한 현상학적 설명을 제공한다. (자기의 이익이 아니라) 의무로부터 행위할 가능성으로서 이성의 사실을 경험하는 것이며, 이는 그가 순수 실천이성의 "동인"incentive, 動因이라고 부르는 것에 의해 추동된다. 나는 이 설명을 의무로부터 **환대 속에서** 행위하려는 **욕망**desire에 대한 현상학적 기술로 이해해야 한다고 주장한다. 단, 이 욕망은 특정한 목적을 향해 나아가려는 경향성과는 구별되는 것이다. 최소한 칸트에게서 이러한 욕망은 우리의 **인간적** 본성이 아니라 우리의 **이성적** 본성에 속하는 것이다.

칸트는 이에 대한 설명을 시작하며 다음과 같은 물음을 던진다. 도덕법칙은 특히 그것이 경험적일 수 없다면—우리가 실제 경험 속에서 인간성 자체를 마주하지 않기 때문이다 — 과연 어떤 의미에서 의지의 주관적 규정 근거가 되는가? 칸트는 이와 같은 비경험적 동인을 이해하는 유일한 방법은 그것이 그 '자체로' 무엇을 제공하는지 확인하는 것이 아니라, 그것이 산출하는 효과를 탐구하는 것이라고 강조한다. 왜냐하면 도덕법칙은 경험적으로 볼 때 어디에서도 존재하지 않기 때문이다(5:72). 인간성은 이에 상응하는 직관(감각 자료)이 결여되어 있기 때문에 인식의 대상이 아니다.

칸트의 존경 개념은 종종 두려움에서 비롯된 굴복으로 이해되기도 한다(실제로 칸트는 몇몇 구절에서 존경을 정확히 이런 방식으로 묘사한다).[6] 다만, 이것은 존경이라는 현상의 한 측면에 불과하다는 점을 잊지 않는 것이 중요하다. 굴복하는 차원은 자기도취적 자만심에 국한된다. 그리고 '나의 행복만을 추구하는' 자아가 겸허해진다. 이 굴복 속에서 자아는 경의를 표하고, 감사하게 되며, 환대하는 행위로 나아가게 된다고 칸트는 말한다. 이는 궁극적으로 어

6. 다음의 논문은 칸트의 도덕 감수성에 대한 새로운 현상학적 해석을 제공한다. 특히 도덕법칙을 경험하는 데서 나타나는 고양(高揚)의 차원에 대한 논의는 혁신적이라고 할 만하다. Owen Wares, "Kant on Moral Sensibility and Moral Motivation"을 참조하라. 웨어스의 광범위한 해석은 나의 해석에도 영향을 주었다.

떤 결과를 예측하고 그 예측이 확정적이라고 믿는 데서 오는 오만을 내려놓는 것을 뜻한다. 정해진 경험적 상응물을 갖지 않는 대상, 즉 미지의 것과 마주하는 일에 두려움—그리고 그에 따른 적대감—이 수반된다는 점은 의심할 여지가 없다. 결정의 기로에서 의무로부터의 행위 외에 가시적인 목적이 보이지 않을 때, 우리는 자신의 행위가 어떤 결과를 가져올지 진정 알 수 없으며 이는 곧 공포로 이어진다. 적대는 아마도 타자에 대한 두려움이 타자성과의 마주침을 피하려는 방어나 저항으로 변환된 것으로 이해할 수 있다. 이때 타자성은 다른 사람일 수도 있고, 다른 문화, 시도해 본 적 없는 행동 방식, 혹은 단순히 알 수 없는 미래 등 무엇이든 될 수 있다.

칸트가 중요하게 생각하는 측면은, 우리가 알 수 없는 것에 대한 두려움에 (환대가 아닌) 적대로 반응하며 거부할 때, 실제로는 일어날 수도 있고 일어나지 않을 수도 있는 일에 대해, 겉보기에만 그럴 듯 해보이는 '확정된 결과'들을 만들어낼 위험이 있다는 점이다. 이는 사실상 존경의 고양高揚적exalting 측면—즉 우리 행위의 결과를 확실하게 알 수 없다는 점을 인정함으로써 얻어지는 힘—을 놓치게 만든다. 가언명령에 내재하는 우연성은 필연적으로 개연성에 의존한다. 개연성이 실용적인 지침이 될 수도 있지만, 우리는 우리의 상황이 궁극적으로 어떻게 전개될지 결코 알 수 없다는 점을 칸트는 우리에게 상기시킨다. 바로 이 사실을 우리가 정직하게 인정하고, 받아들이는 것은 오히려 우리에게 더 큰 힘을 줄 것이다. 왜냐하면 [환대는] 우리가 알 수 있는 것과 알 수 없는 것, 우리의 능력 안에 있는 것과 그렇지 않은 것에 대해 통찰할 기회를 제공하기 때문이다.

칸트의 설명에서 핵심적인 부분은, 도덕법칙과 마주할 때 나타나는 효과가 고통과 고양을 동시에 수반한다는 점이다. 정동affect의 차원에서 보면, 타자에 대한 의무를 무시하거나 타자에게 적대적으로 등을 돌릴 때, 타자의 필요에 문을 닫을 가능성을 인정함으로써 우리는 겸허해진다. 존경의 긍정적 측면은 자기 존중을 포함하는데, 이 자기 존중이란 **타자** 안에서 구현된 도덕법칙의 힘이 자기 자신 안의 도덕법칙의 힘을 비추는 거울임을 인식하는 것이다. 이 과정을 통해 한 개인은 '타자로서의 자기 자신'을 이해하고 이 안에서 인간성을 '목격'한다. 이를 통해 타자와 자기 자신, 궁극적으로는 도덕 공동체의 모든 구성원에게 내재한 자율성이 보호받기를 원하게 된다.

칸트는 이러한 정동을 높은 곳에 있는 법칙을 우러러보는 것처럼 묘사한다. 그러나 이 정동 현상은 **즉각적인 전환**의 경험, 즉 하나의 이해 방식에서 다른 이해로의 즉각적 전환으로 이해하는 것이 가장 적절할 것이다. 즉, 적대감에서 환대로 전환, 끊임없이 개인적인 행복만을 추구하는 자기 이해에서 도덕적 집합체의 일원으로서 자신을 이해하는 전환이다. 여기에서 자기만의 행복의 의제를 내려놓고 공동체 전체의 자유로운 활동을 보존하려는 마음의 준비와 의지가 생겨난다. 칸트는 존경에서 촉발되고, 의무로부터 행하는 환대가 활동의 감소가 아니라 활동의 전환이라는 측면을 중시한다. 자기 존중을 가로막는 어떤 장애물(즉, 자신을 인류의 일원으로 이해하는 것을 방해하는 장벽들)이 사라지면 나는 '타자들과 함께 있는 존재로' 스스로를 새롭게 이해하고, 그 이해 안에서 행동할 수 있게 된다.

실천이성의 동인은, 칸트가 말하듯이, 물질적 대상을 갖지 않는 '도약', '뛰어오름'springing이다. 그것은 어떤 목적 — 공간적으로나 시간적으로 외부에 있는 어떤 것 — 을 추구하는 욕망이 아니라, '내버려 두려는', '함께 있으려는', 그리고 가장 중요하게는 '자유로워지려는' 욕망이다. 칸트에게는 경향성[Neigung]과 비슷해 보이지만 '대상을 갖지 않는다'는 측면에서 그것과 전혀 다른 도덕적·이성적 '욕망'desire[열망Begehren]의 개념이 있다. 경향성이 언제나 욕망되는 대상을 갖는 반면, 이 열망은 결핍의 충족에서 비롯되지 않는다. 그것은 어떤 특정한 사물thing을 추구하지 않는다. 그것은 파악되지도 인지되지도 않는 어떤 것에 의해 촉발된 고양, 충족, 영감, 움직임에 의해 촉발된다. 다시 말해, 나는 특정한 어떤 사물thing이 아니라는 이러한 측면을, 데리다와 벤야민이 염두에 두고 있는 초월 — 즉 우리가 확실히 아는 것의 범위를 필연적으로 넘어서는 '그 이상의 무언가' — 과 마주하고 그것과 대면face-to-face하는 것으로 이해할 수 있다고 생각한다. 이러한 경험은 이성에게, 국경의 손님 안에 있는 자유와 존엄, 그리고 그 이상의 어떤 것을 존중하라고 명령하며, 동시에 주인으로서의 자기 자신 역시 존중하라고 명령한다.

자유와 욕망

'도덕법칙에 대한 욕망'이 '자유롭고자 하는 우리의 욕망'에 대한 칸트 고유의 설명 방식이며, 이 자유는 도덕법칙을 존중함으로써 확보된다는 점은 이제 분명해 보인다. 우리는 자유가 어떻게 가능한지 증명할 수 없지만, 동시에 스스로를 실천적으로 자유로운 존재로 이해하지 않을 수 없다고 칸트는 말한다. 우리는 선택하라는 부름을 받는다. 그리고 궁극적으로, 존경의 경험 속에서 우리에게 드러나는 자유야말로 우리가 욕망하는 것이다. "이것은 다른 모든 경험적 동인보다 훨씬 더 강력하게 인간의 마음에 영향을 미친다. 이성은 자신의 존엄에 대한 의식 속에서 이러한 동인들을 경멸하며, 점차 그것들의 주인이 될 수 있다"(4:411). 결국 우리는 경향성이나 타인의 의지의 노예가 되기를 원하지 않는다. 그리고 『영원한 평화를 위하여』에서 칸트가 지적했듯이, 타인을 노예로 만드는 것은, 그 자신조차 예외로 하지 않고, 인류 전체를 노예로 만드는 것이다. 이는 궁극적으로, 우리가 실제로는 환대 속에서 행동하기를, 문을 열어 타자가 나타나게 하고, 타자가 자신의 목소리를 갖게 내버려 두기를 — 자신이 타인에게 바라는 것과 같은 방식으로 — 욕망한다는 것을 뜻한다.

칸트의 설명에 따르면, 자유가 자유이기 위해서는 — 즉, 자유가 자연적·인과적 필연성으로부터 자유롭고, 절대적 자발성으로서 보존되기 위해서는 — 시간에 구속되지 않아야 한다. 이는 모든 결정의 순간마다 자아가 규정되지 않고 예측 불가능한 것, 즉 새로운 무언가를 향해 도약함을 의미한다. 이러한 방식으로 낯선 것을 환대한다는 것이 정확히 무엇을 의미하는지 더 잘 이해하기 위해서, 잠시 키에르케고어의 자아 개념을 살펴보자. 키에르케고어에게 인간은 무한성/비규정적인 것과 유한성/규정적인 것의 종합이다. 우리는 이 두 '극'[7] 사이의 관계와 관련하여 우리가 어떻게 관계 맺는지에 따라 규정된다. 유한성(인과적 필연성, 감각적 세계)과 무한성(가능성, 지성적 세계) 사이에 놓여 있다는 것

7. 여기서 내가 염두에 두는 것은 키에르케고어의 『죽음에 이르는 병』 서두에서 안티-클리마쿠스가 제시하는 '자아'에 대한 서술이다. 이 서술은 난해하기로 유명하다.

은 곧 '할 수 있음'being able의 경험을 부추긴다. 결정의 순간에 우리는 이전에 일어난 일에 반드시 구속되지 않는다. 그리고 자신에게 솔직하다면, 앞으로 어떤 일이 일어날지 우리는 전혀 알지 못한다. 결정의 순간에 사람은 자기이익과는 다른 방식으로 선택할 수도 있고, 아니면 (과거에 근거하여) 미래에 일어날 법한 일을 예측함으로써 자신을 과거와 미래에 묶어둘 수도 있다. 결단의 순간, 우리는 X 대신 Y를 선택했을 때 벌어질 일에 대한 자신의 예상에 발을 단단히 디디고 그 확신에 의지할 수도 있고, 반대로 미래를 알 수 없다는 사실을 받아들이며 그 알 수 없음에 자신을 내맡길 수도 있다. 이는 결국 우리가 온전히 통제할 수 있는 것은 우리의 의도뿐임을 겸허히 인정하는 것이다.

이는 곧, 낯선 것 또는 이방인을 맞이하거나 거부할 능력과 자유를 부여받은 '주인으로서의 자아'가 **예측할 수 없는 것 속으로** 정동적으로 도약하여, 통제할 수 있는 것과 없는 것을 놓아버리는 것을 의미한다. 그리고 이러한 도약은, 적어도 어떤 의미에서는, 예상된 목적들을 유예함으로써 시간의 정지를 수반한다. 달리 말해, 그것은 미래가 과거와 연속적으로 연결된다는 의식의 결여를 수반한다. [미래는] 이전에 일어난 일에 의해 결정되지 않는다. 이러한 의미에서 '환대 속에서 행위한다'는 것은 '비시간적'timeless이라고 할 수 있다. 왜냐하면 그것은 자신의 미래나 기대하는 이익을 보호하는 것과 무관한 [시간에 한정되지 않는] 행동이기 때문이다. 키에르케고어의 경우와 마찬가지로, 자유가 그 결과를 알지 못한다는 점은 칸트에게도 결정적이다(비록 키에르케고어가 칸트와 헤겔의 윤리적 존재 양식에 대해 비판적이었지만 말이다). 타인을 환대하는 우리 자신은 우리가 하는 행위의 결과적 연쇄를 — 그 결과가 아무리 개연성이 있어 보여도 — 알지 못하며, 알 수도 없는, 즉 우리가 무엇을 아는지 알지 못하는 자유 그 자체이다.[8] 삶은 끊임없이 충격적이고, 놀랍고, 예측 불가능한 결과들로 우리를 겸허하게 만든다. 그것들은 이전에 결코 일어난 적이 없기에 상상조차 할 수 없었던 것들이다. 그것들은 새로운 것이다. 모든 손님은 이방인이자 동시에 방문자이다. 여기서 우리는 도덕성을 계산의 중단을 포함하는 것으로 이해하는 칸트의 관념에 이른다. 도덕성의 토대는 새로운 것에 대한 환대 — 자기 자신을 위한 계산된 결과의 중단과 타인의 자유 및 타자성에 대한 환대 — 를 포함한다.

이는 물론 1부에서 논의된 데리다의 무조건적 환대 개념과 구별된다. 그러나 도덕 법칙 자체에는 무조건적 환대라

---

8. 한나 아렌트 또한 『인간의 조건』 4부 '행위'에서 이 점을 강조한다. 이 부분에서 아렌트는 자신의 탄생성 개념이 칸트의 자유 개념에 대한 재구성임을 명시적으로 드러내며, 칸트에게 존경을 표한다. 아렌트는 다음 장에서 다시 다루어진다.

부를 만한 요소가 있는데, 바로 도덕 법칙의 지향에는 어떠한 예외도 없다는 점이다. 이 법칙이 적용되지 않는 어떤 개별 사례나 특별한 상황이 존재하지 않는다. 타인의 존엄에 대한 환대가 **비도덕적**일 수 있는 경우도 없다. 다만 누군가 범죄를 저지름으로써 스스로의 존엄을 포기한 경우는 예외인데, 이때에도 그들의 존엄은 (어떤 형태의 교정 교육을 통해서든) 적절하게 회복되어야 한다.[9] 그리고 존엄의 회복은 여전히 타자 안에 잠재된 존엄을 환대하는 것, 그리고 그들을 가로막는 어떠한 장애물에도 불구하고 그들이 언제나 자율적 주체로서 환대의 마음가짐을 선택할 수 있다고 믿는 것을 필요로 한다. 선택은 칸트적 환대의 결정적인 특징이다.

이 점을 염두에 두면, 과거와 미래가 — 적어도 완전히는 — 우리 자신을 규정하지 않는다는 점이 칸트의 설명에서 중요하다는 것을 알 수 있다. 기억은 일정한 기대를 가능하게 하지만, 우리는 언제든, 어느 순간에나, 다르게 행동할 수 있다. 칸트에게서 **인격**personhood을 획득한다는 것은 자유를 선택한다는 의미이고, 이는 다시 감각적 세계로부터 자신을 끌어올림으로써 자연의 기계장치로부터 스스로를 해방시킨다는 의미이다. '부동의 운동자'가 된다는 것은 새로

9. 칸트의 *Metaphysics of Morals in Practical Philosophy*를 참고하라.

운 것을 세상에 가져오고, 예상하지 못한 것에 대한 적개심에 지배되지 않는 것을 의미한다.

칸트의 [지성사적] 맥락을 고려하면, 그가 혁신, 창의성, 진보를 위한 공간을 보존하려 했다는 것은 놀라운 일이 아니다. 그리고 그에게서 이 모든 것은 필연적으로 자유의 가능성에 의해 보장된다.「계몽이란 무엇인가에 대한 답변」에서 칸트는 인류가 자초한 미성숙에서 깨어나라고, 앎의 모험을 감행하라sapere aude고, 우리의 지성을 사용할 용기를 가지라고 호소한다(8:35). 칸트는 인류가 종교적 독단의 족쇄(칸트는 열성적 종교인들을 타율성의 전형적 사례로 봤다)에서 벗어나, 그림자를 두려워하지 않으며, 자유롭게 사고하고, 낯선 것, 다른 것, 이질적인 것을 환대함으로써 가능해지는 새로운 현상, 새로운 발견, 새로운 존재 방식 — 예컨대 진정으로 정의로운 사회나 국제적 영구 평화 — 을 맞이하기를 원했다.

『실천이성비판』에서 자유에 관한 서술은 결국 경험론의 '피상성'(5:94)에 대한 칸트의 대응으로 볼 수 있다. 칸트의 관점에서 볼 때, 경험론은 "한 번 태엽이 감기면 자기 움직임을 완수하는 꼬챙이 기계장치"와 같은 자유 개념에 머무를 수 밖에 없다(5:97). 칸트는 인간을 물리학에서 말하는 예측 가능한 존재 같은 것으로 환원하지 않을 방법을 찾는 데 전념했다. 칸트는 우리가 행동 분석에 기초한 예측(칸트가 보기에는 이는 유사-쾌락주의적 사익추구로 귀결된다)에 의거해 인간을 규정하려는 시도에 맞서, 그러한 예측을 넘어서는 방식으로 인간이 행동할 수 있는 능력을 보존하고자 했다. 이러한 환원은, 앞서 카니가 지적한 것처럼, "인간이 불가능한 것을 행하고, 조건화된 사고와 행동 양식에서 벗어날 수 있도록 하는 그 무엇"을 보지 못하게 만든다.

이 입장을 뒷받침하기 위해, 칸트는 불우한 어린 시절 교육을 받은 뒤 '악당'이 된 사람들을 그들의 '악행'에 대해 책임지게 하는 현상을 설명한다(5:100). 그는 이것이 실제로 우리가 하는 일이며, 맥락에 상관없이 그들이 자신의 결정에 대해 책임이 있다는 사실의 증거라고 주장한다. [그들에게 책임을 지운다는 관점이] 냉혹해 보일 수 있지만, 같은 동전의 반대면은 바로 이 사람들이 바뀔 수 있다는 측면이다. 그들은 달라질 수 있다. 칸트는 과거의 사악한 행동에 대한 죄책감을 제거할 수는 없지만, 자신의 성격을 재구성할 수는 있다고 봤다. 자유의 가능성 덕분에, 그 누구도 어떤 행동적 운명이나 심리적 굴레에 얽매이지 않는다. 설령 그들의 습관이 견고하게 고착된 것처럼 보일지라도 말이다. 우리는 타인뿐 아니라 자기 자신에게서도 놀라움을 기대해야 하며, 누구든 빠져나올 수 없는 상자 안에 사람을 가두어서는 안 된다. 그렇게 하는 것은 의지가 그 지향을 바꿀 수 있는 능력, 다시 말해 단순히 경험적 자극에 반응하는 것이 아니라 스스로를 새롭게 결정하는 능력을 무시하는 것이기 때문이다.

『영원한 평화를 위하여』에 등장하는 환대의 개념에서 보면, 모든 사람은 자유로 인해 타인 앞에, 적대에 직면하지 않고 등장할 권리를 가진다. 타인이 자신의 존엄, 자율성, 개별성을 드러낼 수 있도록 환대하는 것은, 그들을 도덕 법칙의 담지자로 인정하는 것이다. 타자를 내가 원하는 모습대로 규정짓고자 하는 시도를 거부하는 것이다. 이는 자기 자신에 대해서도 마찬가지다. 자율적이라는 것은 타인이 원하는 방식이 아니라, 있는 그대로의 모습으로 나타나는 것이다. 칸트에게서 도덕적 자아는 따라서 타인이 있는 그대로 나타나도록 하는 이, 환대 속에서 각 자유의 목소리를 보호하는 주인이다. 칸트에게 중요한 것은 각 존엄이 목소리를 가지고 대화에 기여하는 것이다. 대화는 성숙과 평화로 가는 길이기 때문이다. 그는 『윤리학 강의』에서 다음과 같이 말한다.

> 사회적 교류는 그 자체로 덕을 함양하는 것이며, 덕을 더 확실히 실천할 준비이다. 감정을 교환하는 것이 사회적 교류의 주된 요소이며, 여기에서 진리가 반드시 지침 원리여야 한다. 진리가 없다면 사회적 교류와 대화는 무가치해진다. 우리는 누군가의 생각을 오직 그가 자신의 생각을 말

> 해줄 때만 알 수 있으며, 그가 그것을 표현할 줄 안다면 반드시 그렇게 해야 한다. 그렇지 않으면 인간 사회는 성립될 수 없다. 우정은 사회의 두 번째 조건일 뿐이며, 거짓말쟁이는 우정을 파괴한다. 거짓말은 대화에서 어떤 이익도 끌어낼 수 없게 만든다.(198~224)

칸트는 자신을 감추며 은폐하려는 성향은 자신의 결점과 부족함을 숨기려는 욕망에서 비롯된다고 강조한다(224). 즉, 실제로는 갖고 있지 않은 덕을 다른 사람들이 자신에게 있다고 믿게 함으로써, 궁극적으로 사익추구를 위해 더 많은 것을 얻고자 하는 것이다. 칸트적 환대는 정직과 정직한 대화를 요구한다. 그리고 이는 다시 계산의 중단(그 과정에서 감춰진 모든 수단과 목적을 포함하여), 예측 가능한 구조의 중단, 그리고 예상치 못한 것·예측 불가능한 것·불편한 것에 대한 개방적 지향을 요구한다. 이후 장들에서 보게 되겠지만, 이러한 것들은 대화 자체의 모든 결정적 특징들이다. 대화가 진정으로 대화가 되려면, 사람은 낯선 것을 환대할 준비가 되어 있어야 한다.

이성의 사실이라는 갈림길에 대한 칸트의 해명을 더욱 잘 이해하려면, 범주적 명령 위반이 '의지의 모순' 혹은 '이성의 모순'을 유발한다는 지점을 함께 고려해야 한다. 내가 생각하기에 이를 해석하는 가장 좋은 방법은 그것을 일종의 자기모순, 더 정확히 말하면 실존적 모순으로 이해하는 것이다. 즉, 의무에서 비롯된 행위를 하도록 하는 실천 이성의 동기, 정의에 대한 열망, 타인의 자율성에 대한 환대의 이끌림이 자기도취적 자만을 충족시키려는 욕망, 가언적 상태를 실현하려는 경향성, 타자를 적대하는 유혹 사이의 긴장을 경험하는 상태로 이해하는 것이다.[10]

이는 (어쩌면 당연하지만) 전쟁 극복의 가능성의 조건이 타자와 대면했을 때 적대가 아닌 환대를 선택하는 데에 있음을 시사한다. 칸트는 우리가 환대 속에서 행위할 때, 가언적 우연성과 외적 조건에 우리가 더 적게 얽매이게 될 뿐 아니라, 타인(궁극적으로는 자기 자신)과의 전쟁 상태를 끝낼 수 있다고 지적한다. 자유를 향해 나아간다는 것은, 무엇

---

10. 키에르케고어에게서 이 경험은 '불안'으로 나타난다. 즉, '자신의 통제권 밖에 있는 것(미래의 결과)을 내려놓아야 하는 고통스러울 수 있는 감각'과 '마음에 들고, 예상할 수 있는 결과를 낳고자 하는 욕망'이 나란히 놓이는 것이다. 칸트는 『윤리학 강의』에서 이러한 긴장을 인간의 행위 동기의 두 가지 원천 사이의 긴장으로 묘사한다. "하나는 자기 자신에게서 기원한 자기애이고, 다른 하나는 타인에게서 기원한 인류애이며, 이는 곧 도덕적 동기이다." 나는 이 긴장을 '전쟁과 평화, 적대와 환대 사이의 긴장'이라고도 부를 수 있다고 생각한다. 칸트는 "만약 자기애의 목적들이 우리의 관심을 요구하지 않는다면, 우리는 타인을 사랑하고 그들의 행복을 증진할 것이다"라고 덧붙인다(201). 그는 또한 우리의 정신 능력들의 통일과 조화는 때로 자신에 대한 승리를 얻기 위한 노력처럼 보이지만, 자신을 이겨야 할 필요가 없는 상태, 즉 전쟁 상태에 있지 않은 편이 훨씬 더 낫다고 강조한다(144, 4).

이 우리의 능력 안에 있고 무엇이 아닌지를 더 깊이 이해하는 쪽으로 나아간다는 뜻이다. 진정한 **도덕적** 자아란, 단지 자기 자신보다 타인을 먼저 생각할 수 있는 능력을 가진 자아일 뿐 아니라, 예상치 못한 것에 대한 적대감에서 비롯되어, 실현될 수도 있고 그렇지 않을 수도 있는 예상된 현실을 구성하는 데서 생기는 불안을 벗어난 자아이기도 하다.

타인 속에서 도덕법칙을 마주하는 것은, 궁극적으로 칸트적 주체를 자기 자신의 참된 모습과 대면하게 한다. 존경의 경험은 게슈탈트적 전환 또는 **회심**conversion의 계기가 된다. 이는 곧 자기 자신을 새롭게 이해하고, 타인을 자기 자신처럼 이해하며, 자신의 의지를 선하게 구성할 기회이다. 칸트가 『실천이성비판』의 마지막 부분에서 지적하듯이, 훌륭한 성품의 이미지는 우리 각자 안에 있는 존엄을 드러내며, 이러한 드러남은 필수적이다. 1부에서의 해석학적 명제hermeneutic dictum를 상기하자면, 자기 자신으로부터 자기 자신에게 이르는 가장 짧은 길은 타자를 통하는 길이다. 칸트를 인용하자면 다음과 같다.

> 그리고 이제 의무의 법칙은, 그것의 준수가 우리로 하여금 느끼게 하는 긍정적인 가치 덕분에, 우리의 자유 의식 속에서 우리 자신에 대한 존경을 통해 더 쉽게 접근하게 된다. 이것이 잘 확립되면, 즉 한 인간이 자기 자신을 무가치하고 비

열하게 여기는 것을 무엇보다도 두려워하게 되면, 모든 훌륭한 도덕적 성향은 그 위에 접목될 수 있다. 왜냐하면 이것이야말로 천박하고 부패시키는 충동이 정신 속으로 침투하는 것을 막아주는 최선이자 유일한 방비이기 때문이다. (5:161)

우리가 모든 충동을 다 따르거나 지금 당장 원하는 것, 예상되는 행복, 가장 즐거운 삶과 관련된 것이라면 무엇이든 추구해야 한다는 행동 양식은, 우리 자신을 도덕 공동체로부터 소외시키고, 공동체의 의미를 파괴하며, 정의를 향한 우리의 열망을 억압하는 것이라고 칸트는 평가한다. 자기도취적 자만이 삶의 지배적인 힘이 될 때의 결과는 극단적인 고립이다. 이는 자신을 하나의 섬으로 상상하기 시작하고, 자신 바깥의 모든 것을 적대시하며, 타인을 자신의 행복추구에 있어 장애물이나, 혹은 그 행복 추구를 위해 사용될 도구로만 이해하게 만든다. 이때 환대에 대한 부름은 사라진다. 모든 노력은 자기 자신을 위할 뿐이고, 문을 열 가치가 있는 사람은 아무도 없기 때문이다.

이러한 측면을 추방된 사람들을 맞이해야 한다는 우리의 의무와 다시 연결시켜 보자. 만약, 모든 사람이 (사람이라는 이유만으로) 환대받을 권리를 가진다고 가정하면, 자기 자신만을 위한 이기적인 태도가 구현된 모든 정치적 징후들은 결국, 다른 사람들에 대한 거절을 포함한다. "우리가 국경 너머에 있는 사람들에게 무엇을 빚지고 있나? 내가 이 방인의 후견인이 되어야 하나?" 쇼트가 지적했듯, 칸트는 이민 문제에 대해 인식하고 있었지만, 전쟁과 집단살해에 의해 촉발된 이민 유형에 대한 논의는 그의 시대에 아직 일어나지 않았다.[11] 그러나 앞선 분석을 근거로 말하자면, 칸트는 이민자들에게 나타날 권리, 목소리를 가질 권리, 인간으로서 양도할 수 없는 존엄 안에서 존중받을 권리가 있다고 주장할 것이다. 우리가 국경 너머에 있는 사람들에게 빚지고 있는 것은 환대의 권리이며, 이 권리는 난민이 해외에서의 폭력적인 인권 침해를 피해 도망칠 때 더욱 시급해진다. 칸트에 따르면, 도덕이 [우리에게] 요구하는 것은 이것이다. 낯선 이가 평화롭게 도착하는 한, 우리가 열 수 있는 문이 있다면 그 문을 열어야 한다. 범주적 명령의 "보편화 가능성" 기준을 염두에 둘 때, 우리가 그들의 입장이었다면 우리 역시 같은 것을 기대하지 않겠는가?

칸트가 묘사하는 것처럼, 우리는 모두 자유를 욕망한다. 이 자유는 원하는 것이라면 무엇이든 (경향성이 이끄는 대로) 할 수 있다는 방종의 의미가 아니라, 다른 사람들과 함께 전쟁·노예제·착취·제국주의가 없는 세계에서 공존하며 행위하기를 계속한다는 의미의 자유이다. 이 자유는 다른

11. Schott, "Kant and Arendt on Hospitality," 183~187.

사람들의 자유를 위한 공간을 보호한다는 의미에서 제한적이며, 이는 때로 자신이 원하는 것을 항상 얻지 못하는 것을 포함할 수 있다. 그러나 이러한 종류의 자유는 (우리 모두에게 절실한) 도덕적 공동체와 그 구성원됨의 중요성을 정직하게 직시하게 함으로써 우리를 더욱 자유롭게 한다. 즉, (타자에게 어느 정도 적대적일 수밖에 없는) 개별적 행복 추구와 자기 보존이 다른 모든 것보다 우선한다는 망상으로부터 우리를 자유롭게 해주는 것이다.

칸트에게 의무로부터 행위하는 것, 즉 환대 속에서 행위하는 것은 의심할 여지 없이 우리 모두가 본질적으로 욕망하는 자유로운 공동체를 — 전 지구적 수준에서 — 적절하게 보호할 수 있는 수단이다. 우리가 도덕법칙을 품는 것(우리 안에 거주하게 하는 것)은 우리가 정의와 평화에 대해 갖는 욕망, 즉 **환대 속에서 행위하려는 이성적 욕망**을 이해하는 또 다른 방식이다. 다시 말하지만, 칸트의 도덕 프로젝트의 엄격함에 동의하든 그렇지 않든, 나는 칸트가 예측 불가능성에 대한 정직한 지향으로서의 자유를 정확하게 드러내고 도덕성을 계산의 유예로서 보존한다는 점이 분명하다고 생각한다. 이것은 자기 자신과 자신의 통제를 넘어서는 것에 대한, 무엇보다도 타인의 타자성에 대한 환대적 지향이다.

6장

불가능한 환대

레비나스에서 아렌트로

앞서 개괄한 칸트적 환대 개념의 해석학(이는 곧 '의무로부터 행위하기'와 동의어라는 것이 나의 해석이다)을 유념하며, 칸트 이후의 환대 철학으로 넘어가 보자. 이번 장에서는 환대의 철학을 대표하는 에마뉘엘 레비나스의 사상을 분석한다. 그다음은 칸트와 레비나스 사이에서 일종의 중간 지대를 형성하는 한나 아렌트의 사유를 간략히 다룰 것이다. 여기서 우리는 1부에서 다룬 '가능한/불가능한 환대' 논의를 이어가고 확장한다.

1부에서 이미 강조된 것처럼, 레비나스는 윤리를 환대와 명시적으로 연결한 가장 중요한 사상가 중 한 명이다. 그는 '자기'self가 다른 그 무엇보다 **'주인(손님 맞는 이**host**)'**으로 규정되어야 한다고 본다. 이에 대한 그의 유명한 언급은 다음과 같다. "자기는 모든 점에서 하나의 볼모hostage이다. 이는 자아ego보다 오래되었고, 원칙들에 앞선다. 자기의 존재 안에서 자기에게 관건이 되는 것은 '존재함'이 아니라, 이기주의와 이타주의 너머에 있는 '자아의 종교성'이다. … 주체성은 볼모로서 존재하는 것이다"(OB, 117, 127 [256, 278, 번역 수정]).[1] 레비나스의 환대 윤리학은, 칸트적 의미의 의지적이고 자유로운 결정 이전에 '자기'가 이미 언제나 "타인을 위하여 내 입의 빵을 빼앗아 내어주고, 나 자신의 피부를 선물로 주는"(OB, 138) 부름을 받은 존재라는 급진적인 주장을 내놓는다. 그는 근대적 주체 이해를 거꾸로 뒤집는데, 이러한 반전은 역설적으로 전통적 의미의 자유나 능동성, 수동성보다 더욱 원초적인 것들을 드러낸다.

이 장에서는 **우리가 누구인지**에 대해 레비나스가 제시한 독창적인 설명 — 노출됨, 취약성, 타인을 위함, 주인, 인질, 타인을 대신함, 무한한 책임 — 에 대해 탐구하고, 동시에 환대를 '제1철학'으로 만드는 것을 불가능하게 하는 조건에 대해 분석한다. 즉, 레비나스에게 환대는 (칸트와 달리) 우리의 의지, 우리 스스로 내릴 수 있는 결정에 의한 행위가 아니다. 이 장의 마지막 부분에서는 보다 명백히 정치적인 (그러니까 실천적이고 실현가능한) 방식으로 제시되고 있

---

1. [옮긴이] 이 장에서 레비나스의 *Otherwise Than Being or Beyond Essence* [『존재와 달리 또는 존재성을 넘어』]로부터의 인용은 약어 OB로, *Totality and Infinity* [『전체성과 무한』]로부터의 인용은 TI로 표기된다.

는 아렌트의 '탄생적 환대'natal hospitality라는 개념을 검토할 것이다. 이는 환대의 불가능성에 대한 그녀의 응답이며 '탄생성'의 개념을 새로운 방식으로 재구성함으로써, 타인을 환대한다는 것이 무엇이며, 왜 그것이 중요한지를 이해하고자 한 시도이다.

원초적 환대Originary Hospitality

20세기의 참혹한 사건들을 비판적으로 응시하는 레비나스의 기념비적 저서 『전체성과 무한』의 첫 문장은 다음과 같다. "도덕성이 우리를 속인 것은 아닌지 여부를 결정하는 문제가 매우 중요하다는 데 누구나 쉽사리 동의할 것이다"(TI, 21, [6, 번역 수정]). 그는 이어 상존하는 전쟁의 가능성과 도덕성의 중지를 연결짓는다.

> 진리에 대한 정신의 개방성, 즉 명석함은 전쟁의 항구적인 가능성을 간파하는 데 있지 않은가? 전쟁 상태는 도덕을 정지시키며, 영원한 제도들과 의무들로부터 그 영원성을 박탈하며, 무조건적 명령들을 임시로 폐기해 버린다. 그 그림자는 인간이 행위에 앞서 드리운다. 전쟁은 도덕이 살아내야 하는 시련들 가운데 가장 큰 시련일 뿐만 아니라, 도덕을 비웃음거리로 만든다. 전쟁을 예견하고 모든 수단을

> 동원해 그것을 승리로 이끄는 기술인 정치는 바로 그것이 이성의 실행이라고 자처한다. 정치는 도덕과 — 마치 철학이 순진성에 맞서듯 — 대립한다.(TI, 21, [6, 번역 수정])

레비나스는 철학(지혜에 대한 열망)이 순진성naïveté[비반성적 소박성]을 혼란에 빠뜨리듯, 도덕이 정치적 야심(승리하려는 욕망과 더 많이 가지려는 욕망)을 중지시킬 수 있다고 본다. 소크라테스가 지혜에 대한 열망과 등에와 같은 집요함으로 대화 상대의 순진성을 깨뜨린 것처럼, 도덕 또한 '빠져나올 수 없는 객관적 질서'를 문제 삼음으로써 정치적 야심을 중단할 수 있다(TI, 21). 이를테면, 어떤 행정 명령으로 인해 '미등록'undocumented 어머니와 아이가 헤어져야 할 때, 그 아이의 고통받는 얼굴은 누군가가 그 행정 명령에 불복하는 다짐을 야기할 수도 있다. 이 경우, 도덕의 환대 요구는 이 사람이 이방인의 고통에 대한 '인질'이 되게 하여, 주어진 명령을 따르거나 사익추구에 전념하는 것을 불가능하게 만든다. 중단의 순간 — 여기서는 환대의 부름에 응답하여, 이를테면 인지된 폭력을 중단하는 것 — 만으로는 레비나스가 급진적 환대라고 말한 바를 구성하기에 충분하지 않다. 레비나스에게 이 문제는 훨씬 더 중요하며, 앞서 언급했듯이, 어떤 의미에서는 실제로 충족시키는 것이 불가능하다. 환대의 윤리의 과업은 결코 끝나지 않는다. 그럼에도 불구하고 환대의 요구는 항상, 그리고 이미 존재한다.

레비나스와 칸트 사이에는 분명한 차이가 있음에도 불구하고, 칸트의 '인간성 정식'은 레비나스의 환대 윤리의 일부를 이해하는 데 도움이 된다.[2] '인간성 정식'은 타인을 착취하거나 조작하거나 전체화하지 않고, 그를 '목적 그 자체'로 보존하는 것을 포함한다.[3] 나는 또한 우리가 도덕성에 속아 온 것은 아닌가라는 레비나스의 질문이, 칸트가 추구하는 최고의, 절대적인, 보편적으로 필연적인 도덕 원리 — 그가 평화의 가능 조건으로 간주한 그것 — 가 결국 철학자들 사이에서만 회자되는 하나의 환상(키메라)에 불과한 것은 아닌가라는 의문을 반복한다고 생각한다. 레비나스가 수사적으로 제기하는 걱정은 만약 우리가 실제로 이미 도덕성에 기만당했으며, 도덕이 철학자들 사이의 꿈이나 신화에 불과하다면, 적대와 전쟁이 우리의 불가피하고 전면적인 현실이 된다는 점이다. 그리고 만약 전쟁이 우리의 전면적 현실이라면, 도덕은 '보잘것없는 것'이 된다. 왜냐하면 전쟁이 정의상 타인에 대한 강탈을 의미하기 때문이다. 그리고 전쟁은 필연적으로 이질적인 것(예컨대 '공산주의'와 같은 이데올로기나 '공산주의자'와 같은 인적 범주)을, 그

2. James Mensch, *Levinas's Existential Analytic*, 19~20.

3. '타자를 전체화(totalize)한다'는 것은, 그들을 특정 범주나 개념 속에 가두어 파악하는 것을 의미한다(예: X는 인종차별주의자다).

와 대립하는 힘의 한 형태(예컨대 '민주주의'와 같은 이데올로기나 '민주주의자'와 같은 인적 범주)로 변환하는 과정을 수반한다.

레비나스가 강조하는 바는 이것이다. 현실이 실제로 전쟁이고 도덕이 단순한 허구에 불과하다면, 우리는 우리 자신을 "군인"으로 이해하게 되는데, 바로 이러한 자기이해는 우리를 소외시키는 비극적 기만이라는 점이다. 레비나스의 말대로 전쟁은 "'동일자'의 참된 동일성을 파괴"하여, 동일자로 하여금 다른 모든 것을 자기 자신의 확장으로 환원하도록 만든다(TI, 21). 전쟁은 징집된 자들을 고립되고, 생산 지향적인 존재 양식 속으로 몰아넣는데, 이는 자기 자신에 대한 왜곡된 이해의 일종이며, 아마도 오늘날 앵글로-아메리칸 서구에서 여전히 강하게 작동하고 있는 특징이기도 하다. (다음 장에서 볼) 아리스토텔레스적 덕 윤리는 바로 이러한 특징을 비판하고 전복하고자 한다.

레비나스가 궁극적으로 관심을 두는 것은, 도덕성을 단지 철학자들이 희망하는 어떤 것이나, 논증을 통해 우리 자신을 납득시켜야 하는 원칙이 아니라, 이미 존재하는 것 — 즉 타자에 대한 '형이상학적 욕망' 속에 존재론적으로 보존되어 있는 그 무엇 — 으로 이해하는 것이다. 레비나스에게 이 '형이상학적 욕망'은 우리가 누구인지를 구성하는 가장 본질적인 차원이며, 자기 인식적 자아self-aware ego로 이해되는 자기 자신 '아래'에 존재한다. 자기 인식적 자아는 다시 말해, 우리의 존재에 대한 지배적인 자기 반성적 관념을 가리킨다.[4] 레비나스는 환대를 주체 개념 속에 통합함으로써, 윤리와 형이상학 사이에 존재할 수 있는 모든 간극을 폐기한다. 여기서 핵심은, 환대의 윤리는 선택일 수 있지만(우리는 물론 타자의 부름을 무시하기로 선택할 수 있다), 환대의 요구 자체는 그렇지 않다는 점이다. 우리는 그것을 좋아하든 아니든, 항상 이미 부름을 받고 있다.

레비나스의 논의에서 가장 결정적인 측면은 어쩌면 이성의 명령이 우리로 하여금 타자에 대한 의무를 이행하게 하지는 않는다는 점이다. 도덕성의 '근거'는 (칸트의 생각

---

4. 레비나스를 (하이데거적) 존재론과 관련지어 "존재론적"(ontological)이라는 단어를 사용하는 데 따르는 문제를 지적해 준 이 장 초고의 익명의 심사자에게 감사를 표한다. 나는 여기서 이 용어를, 레비나스가 궁극적으로는 "실재란 무엇인가?"(What is reality?)라는 질문에 답하는 초월론적 서술을 제공하고 있음을 강조하기 위해 사용한다. 하지만 레비나스의 사유를 존재론적이라고 이해하는 데 따르는 문제는 대략 다음과 같다. 만약 윤리가 곧 현실이라면 윤리(즉, 환대의 윤리)가 자동적으로 작동하게 된다는 함의를 낳는데, 존재론적 관점에서 이는 분명 사실이 아니다. 여기서 내가 분명히 하고자 하는 점은, 비록 타자에 대한 응답이 필연적인 것은 아니라 하더라도, 타자는 언제나 이미 나에게 요청했다는 것이다. 물론 레비나스는 존재론(본질, 인식, 반성, 의식의 영역에 갇힌)을 문제 삼지만, 그는 윤리를 제1철학(형이상학)으로 회복하고 있으며, 이는 본질을 넘어서는 것(otherwise than essence)으로서 현실/존재/실존 그 자체와 관계한다. 이러한 설명을 전제하며, 여기에서 나는 존재론/존재론적과 형이상학/형이상학적이라는 용어를 다소 혼용할 것이다.

처럼) 이성 속 어딘가에 숨어 있지 않다. 레비나스에게 윤리의 근원은 감각적이고, 삶 속에서 경험되지만, 지각에 나타나지 않고 개념적 주제로 포섭되는 것을 거부한다. 의미는 항상 타자를 가리키며, 이는 '얼굴-대-얼굴'의 만남과 나에게 다가오는 타자의 끊임없는 근접성 속에서 "나타나 보인다"(비록, 언제나 의식으로부터 감춰져 있지만 말이다). 따라서 '타자'라는 말이 다른 인격뿐 아니라, 우리를 반성적, 자기 의식적 자아[5] — 우리의 기획, 생산, 성찰, 기대 — 로부터 끄집어내는 모든 붕괴 및 중단을 뜻한다는 점에 주목하는 것이 중요하다. 타자는 타인일 뿐만 아니라, 새로운 것, 미지의 것, 예측 불가능한 것, 혹은 미래로도 이해될 수 있다. 이 모두는 자아가 자기 자신에게 단순히 현전하는 것과 다른 불확정적인 내용을 수반하기 때문이다(TI, 35).

레비나스에 따르면, 칸트가 대표하는 서양 철학 전통은 다음의 두 측면을 결여한다. 첫째는 '내면'(인식의 구조)이

---

5. 레비나스에게 의식(consciousness)은 인식 작용의 이해(understanding of cognition)를 뜻한다. 여기에는, 지각, 지향, 개념이나 본질의 직관과, 이 모두를 유지(retention, 기억)하거나 예지(protention, 미래의 예측)하는 작용도 포함된다. 의식은 현상을 주제화하는 과정이며, 그러한 주제들을 우리가 훗날 사용할 수 있도록 저장하는 과정이다. 이는 이론이성, 반성, 내성(introspection), 논증적 추론, 사변이성 등으로 이해될 수 있다. 이러한 개념적 인식의 양식은 또한 기억과 기대에 의존하는데, 나는 이 의존 방식을 드러내기 위해 위에 언급한 용어들을 어느 정도 상호 교환가능하게 사용할 것이다.

아니라 '바깥'(자기 너머에 있는 것)을 향하는 도덕에 대한 구체적인 이해이고, 둘째는 의지와 완전히 '무관한' 도덕적 책임의 관념(즉, 의지에 의한 이타적 행위, 책무, 선택의 형식을 취하는 책임과 관련이 없는 책임의 개념)이다. 레비나스는 환대의 윤리를 제일철학(형이상학)으로 세우고자 한다. 다시 말해, 존재는 윤리적으로 이해되어야 하며, 환대의 한 양태로서 책임은 — 의도적으로 선택된 행위나 갚아야 할 빚이 아니라 — 우리의 존재 구조에 직조되어 있는 것이다. 레비나스에게 환대의 도덕성은 따라서, 우리가 환대 속에서 행위하기로 선택하는 것이 아니라, 우리 존재 자체가 환대에 의해 구성되어 있음을 의미한다. 우리는 '주인'이며, 실제로 그렇게 되기를 욕망한다. 따라서 레비나스는 규범적 윤리학이나 도덕 이론의 강력한 변호를 제시하는 것이 아니라, 오히려 우리가 인식하고 있는 자기 정체성 아래에 있는, 타자에 대한 우리의 원초적 욕망을 드러내려는, 환기적인 현상학적 설명을 제시한다. 이 욕망은(레비나스의 용어로는 '형이상학적 욕망') 그 결핍 자체로 자신을 양육하며(TI, 34), 예측할 수 없는 것을 향한 끌림에 의해 추동되고, 어떠한 해결의 약속도 없이 오직 새로운 것을 만날 약속만을 가진다. 그것은 미지의 것을 환대하려는 욕망이다.

레비나스의 설명에서 중요한 측면은, 욕망하는 자와 욕망되는 것 사이의 '틈'opening이 결코 닫히지 않는다는 점이다. 레비나스가 이해하는 형이상학적 욕망은 접속사 '그리고'and가 만들어내는 이 틈을 통해 유지되는데, 바로 이 '그리고'가 욕망하는 자와 욕망되는 것이 하나의 닫힌 체계 — 결국 둘이 하나로 봉합되는 전체성 — 를 이루는 것을 가로막기 때문이다. 이 닫히지 않는 틈이야말로 욕망에 동력을 부여하는 결여를 보존한다. 1부에서 상세히 논의된 하버마스와 데리다의 논쟁을 고려하면, 이 간극은 두 친구 사이에서 이어지는 풍부하고 지속적인 대화에 비유할 수 있다. 두 친구의 관점은 어느 한쪽이 다른 쪽과 동일해져 더 이상 '다른' 존재가 아니게 될 정도까지 일치하지도, 하나의 관점으로 완전히 융합되지도 않는다. 만약 그런 융합이 일어난다면, 그것은 더 이상 '타자와의 관계'가 아니라 '자기 자신과의 관계'가 되어버릴 것이다. 차이가 동일성으로 환원되는 것이다. 대화에 관한 이 지점은, 현대 덕 윤리의 맥락에서 다음 장에서 더 명확히 다뤄질 것이다.

1부의 논의에서 나타나듯, 우리가 이방인에게 점점 더 가까이 다가가고, 결정적인 순간들이나 유사점들을 찾아낸다고 해도, 결코 타인의 관점이나 해석을 완전히 소유할 수도, 완전히 파악하거나 획득할 수도 없다. 타인을 이해하려는 노력은 결코 끝나지 않는다. 왜냐하면 타인은 결코 완전히 드러나지 않기 때문이다. 언제나 더 많은 것, 놀라운 것, 새로운 것, 지금 알려진 것과는 다른 무언가가 남아 있다.

번역 불가능한 핵심이 필연적으로 남는다. 형이상학적 욕망은 타인을 향한 이 끌림을 가리키며, '원초적 환대'를 뜻한다고 할 수 있다. 다시 말해, 자기 자신과 다른 것에 대한 우리의 원초적 개방성, 상상하거나 예견할 수 없는 것을 향한 우리의 원초적 움직임, 그리고 서사적 교환과 치유를 추동하는 본래적 충동을 뜻한다.

'감성'으로서의 주체

레비나스에게 감성 — 베티나 베르구의 용어를 빌리면 "표피적 취약성"[6] — 은 본질적으로 살과 촉각에 의해 구성되며, 우리가 가장 근본적으로 어떤 존재인지를 지시한다. 우리는 무엇보다도 먼저, 육체화되고 감각하는 존재이다. 다시 말해, 우리는 우리 바깥에 있는 것들에 종속된subjected 주체 — 환대하는 자, 인질host, hostages — 이며, 그 바깥으로부터 끊임없이 균열되고 중단되는 존재이다. 이는 세계를 '형성하고 구성하는' (이를테면, 칸트의 생각 같은) 존재라기보다, 세계에 의해 '형성되고 구성되는' 존재로서의 자기 개념이다.[7] 이러한 자기 개념은 자기를 원초적 환대로 이해

6. 이 용어의 출처는 베르구가 작성한 스탠퍼드 철학 백과 내의 환상적인 항목, "Emmanuel Levinas"이다.

7. 칸트는 잘 알려진 바와 같이 "내용 없는 사유는 공허하고, 개념 없는 직

하는 관점이며, 카니의 표현을 따라 '육적 환대'라고 할 수도 있다. 감성은 한 인간의 살이 지닌 개방성, 수동성, 취약성 — 거주지도 몸을 숨길 '어디'도 없는 완전히 노출된 상태, 드러난 맨살 — 을 뜻한다. 감성은 환대로서의 주체성, 곧 자기 아닌 다른 것에게 문을 열어 둔 채 완전히 노출된 주체성을 의미한다. 레비나스에게 감성은 이런 의미에서 '타자를-위한-하나'one-for-the-other로서의 대체 불가능성, 다시 말해 타자에 대한 나의 책임을 나타낸다. 나의 '응답 가능성' — 곧, 내가 겪는 경험에 우선적으로 반응할 수밖에 없는 나의 응답성 — 은 다른 누구에게도 위임될 수 없다. 이런 의미에서 책임으로서의 감성이 곧 나를 구성한다. 레비나스의 도식에서 '책임'과 '환대'는 서로 교환 가능한 개념이라고 말해도 무리가 없으며, 이는 (이성의 역할만 제외하면) 우리가 칸트에게서 살펴본 것과 유사하다고 할 수 있다.

감성은 자기 살 속에, 육체를 지닌 채 존재하는 경험이며, 촉각적 접촉 속에 있는 상태다. 카니가 말한 '육적 환대'

관은 맹목적이다"(A51/B76)라고 언명했다. 레비나스는 바로 이 지점을 문제 삼고, 지각·의도성·의식적 동일성을 넘어서는 직관적 앎(gnosis)이 있다는 반론을 제기한다. 이를 통해 레비나스는 우리의 의도(intentions)를 넘어서 대상을 지향(intend)하는 것 — 비공간적·비시간적·비인식적 내용으로서의 무한성(the infinite) — 에 관해 서술한다. 이는 우리의 의도가 형식화할 수 있는 것 이상을 제공하는 어떤 것과의 만남이며, 그로 인해 우리는 우리의 해석과 이해를 끊임없이 재조정해야 한다.

에서 보았듯, 존재한다는 것은 촉각적이고 감각적인 것이다. 살아 있다는 것은 자기 바깥에 있는 것과 접촉하며, 무언가와 '관계-속에' 있는 것이다.[8] 그리고 접촉한다는 것은 전적으로 노출되어 있으며, 끊임없이 위험에 노출되는 것을 뜻한다. 레비나스에게 감성은 자기 관심self-concern이 잊히는 자리를 표지한다. 이는 의지의 행위가 아니라, 타자에 의해 사로잡히고 볼모로 잡혀, 끊임없이 압박받음으로써 이루어진다. 레비나스의 설명에 따르면, 이러한 자기 관심으로부터의 이탈, 곧 끌려나옴이 자유의 가장 진정한 의미를 구성한다. 즉, 자유란 의지의 자기결정 행위가 아니라 환대로서의 자유이다.

> 자유란 생동生動, animation 그 자체, 숨결, 바깥 공기의 호흡이다. 여기에서 내면성은 자기 자신으로부터 스스로를 풀어내며, 모든 바람에 노출된다. 여기에는 어떠한 전제assumption도 — 이는 곧 폐쇄성이기에 — 없는 노출이 있다. 공간의 공백은 보이지 않는 공기로 채워져 있고, 바람의 어루만짐이나 폭풍의 위협이 없다면 지각에 감추어져 알아차릴 수 없으면서도 내면성의 은신처까지 나를 뚫고 들어온

8. 이 책의 4장과 Kearney, *Touch* [카니, 『터치』]의 2장, Kearney and Treanor eds., *Carnal Hermeneutics*에 실린 "What Is Carnal Hermeneutics?"의 레비나스 관련 부분 등을 참조하라.

> 다는 점, 이 비가시성 혹은 비어있음이 숨 쉴 만한 것이기도 하고 공포스러운 것이기도 하며, 나와 무관하지 않은 이 비가시성이 모든 주제화 이전부터 이미 나를 사로잡는다는 점, 이 단순한 분위기가 주체에게 하나의 공기atmosphere로 강요되며, 주체는 그것을 허파로 들이마심으로써 (어떤 의도나 목표 없이) 스스로를 노출한다는 점, 그리고 주체가 실체의 밑바닥에서는 일종의 '허파'와도 같을 수 있다는 점—이 모든 것은 주체성이 존재에 발을 디디기 이전에 이미 고통받고 스스로를 내어주는 것임을 뜻한다. 그것은 하나의 수동성, 전적인 떠받침이다. (OB, 180 [381~382, 번역 수정])

감성으로서의 환대의 정동적 수난은 '나는 생각한다'—혹은 반성적 자기의식이 객관적 내용을 자기 자신에게 표상하는 것—보다 선행한다. 감성으로서의 자아는 반성적 의식의 바깥에 있는 것에 노출되고, 그 앞에 개방되어 있으며, 그것과 접촉하는 자아다. 감성적 자아는 의지도, 의도도, 예정된 목적도 갖지 않는다. 감성적 자아는 자기 바깥에 있는 것에 의해 움직이며, 따라서 그것에 대해 응답하는 책임을 진다. 이 책임 개념은 결의나 책임 추궁accountability과는 무관하며, 타자에 의해 부여된 것을 회피할 수 없는 불가능성에 관한 것이다—환대를 회피할 수 없는 것이다. 버틀러가 적절히 지적하듯, 윤리적 책임은 응답성responsiveness을 전제한다.[9] 우리의 책임은 우리가 승인한 대상에 국한되지 않는다는 버틀러의 주장은 그래서 매우 레비나스적으로 보인다.

레비나스에게 본질적인 것은, 자기 자신이 아닌 것과의 끊임없는 근접성 속에 있는 감성이 '타자를 위한 하나'라는 존재론적 구조를 지닌다는 점이다. '근접성'proximity은 레비나스가, 이미 '수용하는 감각 주체'(알려진 주체)와 '수용된 감각 대상'(규정된 객체)의 이원성으로 분석되기 이전의 접촉을 묘사하는 방식이다. 근접성은 자기 자신이 아닌 것에 대한 즉각적인 노출과 경험, 그리고 자기 옆에, 맞닿아, 접촉하고 있는 것에 대한 무관심하지 않음non-indifference을 가리킨다. 이러한 비-무관심은 물론 즐거울 수도 있고 고통스러울 수도 있다(OB, 90). 여기서 중요한 점은, 우리는 오직 '반성' 속에서만 자기 자신을 경험한다는 것이다(자기 자신에 관해 자기 자신을 염려하는 것). 경험 속에 몰입해 있을 때, 우리가 경험하는 것은 활동activity 그 자체이다. 반성적 자아는 궁극적으로 그 활동 속으로 흩어진다(예 : 바다 속에서

---

9. Judith Butler, "Precarious Life, Vulnerability, and the Ethics of Cohabitation." 버틀러가 이 글에서 강조하는 중요한(그리고 레비나스적인) 측면은, 동의 혹은 찬성(consent)이 우리의 책임을 형성하는 의무 전반을 결정하는 충분한 근거가 되지 못한다는 점이다. 버틀러는 다음과 같이 서술한다. "책임은 광대한 비동의(nonconsensual)의 영역 속에 깊이 관련되어 있을 수 있다"(141).

시원함을 느끼는 경우). 물론 우리는 그 경험을 반성할 수 있지만, 일단 반성이 시작되면 우리는 자신이 그 경험 속에 '빠져 있었다'는 사실을 깨닫게 된다.

이처럼 이해된 감성은 레비나스의 체계에서 결정적인 역할을 한다. 존재론적으로 볼 때, 감성의 구조는 '타자로부터-살아감'living-from-the-other의 구조이자, '타자를-위해-존재함'existing-for-the-other의 구조이기 때문이다. 감성은 절대적으로 노출되어 있으며, 따라서 자기 바깥에 있는 것에게 환대하는 성격을 갖는다. **감각한다는 것은 곧 환대하는 것이다.** 감성은 존재에 내재하는 정동적 수난을 뜻한다. 자기 피부 그대로 '벌거벗음'은 자기 자신이 아닌 다른 것을 위해 존재하고, 그것에 의해 움직임을 의미한다. 우리가 누구인지를 구성하는 데에서 결코 분리될 수 없는 것이 바로 우리의 '육체성'(OB, 78)[10]이다. 이 육체성은 궁극적으로 외부로부터 생동되고, 영감을 받으며, 육화되고, 환대받는다. 예컨대, 타인에 의해 존재 속으로 태어나는 것, 공기를 들이마시고 내쉬는 것, 음식을 통해 영양을 공급받는 것 등이 그러하다.

레비나스에게 자기의식은 감성에 내재한 불안정성의 경험에서 비롯된다.[11] 즉, 노출에 필연적으로 수반되는 상처

---

10. 즉, 특정한 살과 뼈의 집합으로 존재하는 것을 의미한다.
11. 레비나스는 다음과 같이 쓴다. "향유는 정자 혹은 자궁 속 존재의 고요한 영원성을 깨뜨리고 한 명의 사람 속에 자신을 집어넣는 존재의 진정

입음과 고통 경험의 위험이다. 이 위험은 감성이 상처를 입어, 미래의 고통을 피하려는 방향으로 물러서게 될 때에야 비로소 인식된다. 미래의 고통을 피하려면 계산이 필요하다. 즉, 고통을 피하려는 목적을 달성하기 위한 수단을 식별해야 한다. 따라서 의식은 자신이 의존하고 있는 세계로부터 물러나 낯선 자들을 향한 두려움 속에 닫힌 거처를 마련하게 되며, '내일'의 불안 — 곧, 결정 불가능한 미래 — 을 회피하려고 한다. 이렇게 새로 마련된 거처로 물러난 주인은 자기 자신을 회수recollect하기 시작하며(이는 '관심'의 탄생을 표시한다), 의도성과 의식적 지각의 세계로 진입한다.

여기서 핵심은 다음과 같다. 레비나스에 따르면 내적 경험(자기의식, '나')은 필연적으로 외적 경험(자기 바깥의 세계)에 의해 조건 지어진다. 환대는 문을 열지 말지를 결정하기 전에 이미 존재한다. (의욕 및 결단을 포함하는) 자기의식이 우선하는 것이 아니다. 레비나스는 칸트의 이론철학[12]에서 간과된 한 지점에 주목하며, 외적 감각이 존재론

한 생산이다. [이 존재는] 세계 안에서 자기 집에 자기 자신과 함께 산다."(TI, 147[215, 번역 수정])

12. 『순수이성비판』 B판의 수정으로 칸트가 이루고자 했던 것도 바로 이 지점과 관련된다는 점을 지적하지 않을 수 없다. 칸트는 심리적 관념론을 반박하며, 우리의 선험적(a priori) 직관 형식(공간과 시간) 사이의 의존관계를 논증한다. 그리고 이는 결국 외부 직관의 객관적 실재성을 증명하기 위한 노력이다. 칸트를 인용하면 다음과 같다.

적으로 우선한다고 본다.[13] 그러므로 감성(외적 감각)으로

관념론이 형이상학의 본질적 목적과 관련해서 — 실제로는 그렇지 않지만 — 아무런 허물이 없는 것으로 여겨지는 것 같고, 그래서 우리 밖의 사물들 — 이것들로부터 우리는 내감을 위한 인식의 전체 재료 또한 얻는 바 — 의 현존을 단지 믿음에 근거해서 받아들일 수밖에 없다는 것, 그리고 누군가가 그것을 의심하기에 이르는 때 그에게 아무런 만족할 만한 증명을 제시할 수 없다는 것은 언제나 철학과 보편적 인간 이성의 추문으로 남아 있다. … 그러므로 시간상에서의 나의 현존에 대한 이 의식은 내 밖의 어떤 것과의 관계에 대한 의식과 같은 것으로 결합되어 있고, 따라서 그것은 경험이지 허구가 아니며, 감각능력이지 상상력이 아니다. 그것은 외적인 것과 나의 내감을 불가분리적으로 연결시키는 것이다. 왜냐하면 외감은 이미 그 자체로 나의 밖에 실재하는 어떤 것과의 직관의 관계 맺음이고 외감의 실재성은 상상과는 달리, 오로지 그것이 실재성의 가능조건인 내적 경험 자체와 불가분리적으로 결합된다는 데 있는데, 그런 일이 여기에서 일어나니 말이다. … 그러나 이제 저 지성적 의식이 선행하기는 하지만, 나의 현존이 오로지 거기에서 규정될 수 있는 내적 직관은 감성에 그리고 시간 조건에 매여 있다. 그러나 이 규정은, 그러니까 내적 경험 자체는 내 안에 있는 것이 아닌, 따라서 내가 그것과 마주한 관계에서 나를 바라볼 수밖에는 없는 내 밖의 어떤 것 안에 있는 어떤 고정불변적인 것에 의존해 있다. 그래서 외감의 실재성은 경험 일반이 가능하기 위해서는 반드시 내감의 실재성과 결합되어 있다. (B xl, 칸트, 『순수이성비판』, 197)

칸트의 핵심 요지는 내적 경험이 외적 경험에 의해 조건 지어진다는 것이다. 그러므로 비록 우리가 "확실히" 알 수 있는 것은 내적 경험(시간)뿐이지만, 이는 궁극적으로 나 외부의 것에 의해 규정된다. 칸트의 논제는, 나 자신의 존재에 대한 단순하지만 경험적으로 규정된 의식이, 내 밖에 공간 속에 있는 대상들의 존재를 (공간은 영속성을, 시간은 규정성을 가리키며) 증명한다는 것이다(B276).

13. 레비나스는 코페르니쿠스적 전회의 핵심이 감각이 존재에 의해 규정되는 것이 아니라, 오히려 존재가 감각(칸트의 선험적 감성론)에 의해 규정된다는 통찰이라고 보고, 이 점에서 칸트에게 경의를 표한다. Emmanuel Levinas, *Otherwise Than Being or Beyond Essence*, 129 [에마뉘엘 레비나스, 『존재와 달리 또는 존재성을 넘어』].

서의 자아는 우리가 가장 근본적으로 누구인지를 나타내며, 반면 자기의식(내적 감각) — 술어, 판단, 명제, 계산의 자아 — 은 타자(미지, 불확실성)에 대한 두려움으로 인해 자기 자신에게로 되돌아가게 되는 불안의 결과다. 주체로서 '주체화된 존재'(감성, 주인)는 '행위하는 주체'(자기의식, 잠재적 고통에 적대적인 존재)에 앞선다.

레비나스를 데리다, 칸트와 구별 짓는 결정적 지점이 바로 이것이다. 데리다와 칸트의 체계는 모두 자율성을 전제하는 환대 개념 — 즉, 문을 열지 닫을지 의지적으로 선택하는 주체 — 에 의존한다. 그러나 레비나스는 의지와 무관한 환대의 차원, 즉 '수동성 너머의 수동성'을 회복한다. 우리가 자기의식적 주체가 되어 자율적으로 세계를 항해하는 순간 — 데리다의 의미에서의 주인(집의 문을 열거나 닫을 수 있는 권한을 가진 자) — 우리는 타인의 목소리를 무시하거나, 고통에 눈을 감거나, 도움 요청에 귀를 닫을 수 있다. 그러나 레비나스에게, 그리고 그의 급진적·불가능한 윤리의 진정한 핵심에 따르면, 도덕적 감각은 여전히, 그리고 항상 이미 주어진 것이다. 비록 타자에 대한 응답이 자동적이지 않을 수 있지만, 타자의 요구 자체는 이미 주어져 있다.

이 책의 앞선 논의를 염두에 둘 때 중요한 지점은, 칸트와 레비나스 모두 의식적 반성에 내재적으로 현전하지 않는 '초월성'을 위한 공간을 열어두고, 이를 환대하며 소중히 여기는 의미의 도덕성을 지지한다는 점이다. 곧, 손가락 사이로 끊임없이 빠져나가는 '더 많은 어떤 것'에 대한 환대이다. 이것이 궁극적으로 타자의 존엄을 구성하며, 타자만의 고유한 목소리의 원천이다. 비록 레비나스가 칸트처럼 우리가 무엇보다도 '이성적 행위자'라고 보지는 않지만, 생산적이고 예측 가능하며 자기인식적 존재 양식을 뛰어넘는 무언가가 우리에게 있다는 점을 칸트와 마찬가지로 강조한다. 칸트와 레비나스에게 도덕성이란 타자 앞에서 수단-목적의 계산을 멈추는 것, 곧 낯선 것에 대한 환대이다.

그렇지만 두 철학자 사이의 가장 중요한 차이는, 레비나스에게 도덕성이 의지의 의식적·반성적 행위가 아니라는 점이다. 바로 이것이 레비나스적 환대가 (데리다의 "무조건적 환대" 개념에서) 불가능한 것으로 여겨지는 이유다.[14] 레비나스에게 환대의 윤리는 주체의 능동적 선택 — 예컨대 이타주의를 선택하는 것 — 을 포함하지 않는다. 바로 이 측면 때문에 레비나스는 도덕적 책임을 형이상학적으로 이해해야 한다고 주장한다. 다시 말해, 레비나스에게 결정적 구분은 '의무/환대의 행위'와 '경향성/적대의 행위'가 아니라, '선을 의지하는 것'과 '선에 종속되는 것'subjected to the good 사

14. 칸트의 '조건적' 환대가 데리다·리쾨르·카니의 논의 속에서 어떻게 자리 잡는지를 매우 명확하게 설명한 내용으로는, Dausner, "Humanity and Hospitality"를 참조하라.

이의 구별이다. 우리는 항상 이미 책임을 지고 있으며, 항상 이미 환대하고 있다. 타자는 우리가 그것을 편안하게 받아들이든 아니든, 우리 각자에게 이미 그 요구를 제기했다. 손님 맞는 자(호스트)로서의 주체, 곧 환대는 창조가 지닌 본래적 선善이다.

따라서 레비나스의 환대 윤리에서 가장 중요한 점 가운데 하나는 '나'가 윤리의 기원이 아니라는 점이다. 나는 나 자신의 기원이 아니다. 자기 자신의 가치, 죽기 전의 존재, 자기 운명에 집착하는 것은 선을 의도적으로 망각하는 행위이며, 가소롭고 비극적이며 심지어는 희극적이기까지 하다. 이는 우리가 존재하는 한, 자기 이익을 추구하는 길 위에서 결코 우리를 방해하지 않고 지나치지 않는다. 레비나스에게서 선은, 일정한 계획과 조율 속에 있는 자기 자신이 아니라, 타자를 위해 존재하면서 자기 자신을 잊는 데 있다. 그의 표현에 따르면, 죽음을 모르는 것이 아니라 죽음을 '비범하게 잊는 것'이다. 모든 의미의 근원이 되는 선은, 일체성과 일관성의 붕괴에서 흘러나온다. 나는 그것을 나 자신 안에서 결코 발견하지 못하며, 그것은 내가 도달해 가는 어떤 목적지가 아니다. 선은 타자와의 만남 속에서 '초월로서 내재'하는 것이다. 선과의 만남은 고통스러울 수 있지만, 그 '고통'은 본질적으로 고통이 아니다—우리가 그것을 그렇게 판단할 뿐이다. 배우는 과정은 고통을 수반할 수 있지만,

그것은 타자를 위해 자기 관심을 내려놓는 황홀 속에서 곧 잊히는 고통이다.

따라서 우리가 원하든 원하지 않든, 타자는 처음부터 우리에게 영향을 미치고, 우리를 사로잡는다(OB, 129). 우리는 원하든 원하지 않든, 낯선 이를 환대하도록 부름받는다. 버틀러가 레비나스의 윤리를 해석하며 강조하듯, 수용성은 행동의 전제일 뿐 아니라 그 구성 요소 중 하나다. "이미지가 지닌 비선택적인 힘은, 우리의 동의 없이 우리에게 부과되는 윤리적 의무에 대해 무언가를 드러낸다."[15] 다시 말해, 우리는 자신에 대한 관심에 집중하며, 타자성에 적대적인 존재가 될 것을 선택할 수 있지만 환대의 요구 자체는 선택이 아니다. 주체는 처음부터 주체화된 존재다. 이에 대해 레비나스는 다음과 같이 쓴다.

> 복종은 모든 명령 듣기에 앞선다. 복종 자체에서 (순서에 맞지 않지만) 명령을 찾아낼 가능성, 그리고 자기 자신 바깥에서 명령을 받아들일 가능성, 타율성에서 자율성으로의 이 전환이 바로 무한이 스스로를 지나가는 방식이다. 의식 속에 법이 각인되어 있다는 비유는 자율성과 타율성을 화해시킴으로써 이 점을 놀랍도록 잘 표현한다. 그리고 이

15. Butler, "Precarious Life, Vulnerability, and the Ethics of Cohabitation," 137.

> 화해는 양가성ambivalence 속에서 구현된다. 양가성의 통시성은 의미작용 자체였지만, 현재 그것은 모호성ambiguity이기 때문이다. '타자를 위함' 안에 복종의 각인이 새겨져 있다는 것은, 의식의 팽팽한 그물망 사이로 그것이 마치 '도둑처럼' 몰래 들어오는 무시원적anarchic 정동이다. … 이러한 양가성은 주체의 예외이자 주체의 주체성, 그것의 영혼psyche, 영감의 가능성이다. 영감이란 나도 모르는 사이에 내가 숨쉬는 것, 그리고 내가 바로 이 숨결의 작가가 되는 것, 즉 내가 지은 것이 어디에서 왔는지 알 수 없는 채로 받아들이는 것을 뜻한다. 타자에 대한 책임 속에서 우리는 영감의 모호성 한가운데에 있다. 전대미문의 말하기는 무시원적 응답 속에, 타자에 대한 나의 책임 속에 수수께끼처럼 놓여 있다. (OB, 148~149 [321~322, 번역 수정])

비록 칸트가 도덕성을 하나의 겪음undergoing — 즉, 도덕법칙에 대한 존경의 경험 속에서 자기 도취self-conceit를 내려놓도록 부름받는 것 — 으로 이해하는 방향에 다가가고 있지만, 그는 여전히 의지를 '선하게 되도록' 명령하고 도덕적으로 자기 자신을 의식적으로 구성하는 자율성 개념을 굳게 유지한다. 그렇지만 칸트의 존경 개념에서 분명하게 잠재해 있는 것은, 존경이 내 안에서 일어난다 하더라도 내가 그 정동의 기원이 아니라는 점이다. 나를 바깥으로부터 흔들어 깨우는 것은 타인 속의 도덕법칙이며, 이는 내 안에 잠재적으로 환대할 수 있는 주체를 각성시킨다. 레비나스가 직접 지적하듯, 칸트에게서 우리가 발견하는 것은 타율성이 자율성으로 전환되는 것이다. 곧, 기원이 망각되었기 때문에 — 그것이 기억이나 의식적 반성 속에서 접근 불가능하기 때문에 — 내가 그 기원이 되는 것이다(OB, 148). 레비나스의 설명이 '불가능'한 것은 그것이 절대적으로 무조건적이라는 의미에서 그러하다. 즉, 환대하기로, 자신을 노출하기로, 혹은 문을 열기로 '결정'하는 것이 아니라는 뜻이다. 여기에는 어떤 선택이나, 이유, 합리적 근거가 존재하지 않는다. 그렇지만 카니가 올바르게 강조하듯, 실천적으로 말해 우리는 타자의 얼굴을 마주할 때 결국 선택 — 곧 '내기를 거는 것' — 을 하지 않을 수 없다. 그렇게 하지 않는 것은 받아들일 수 없는 일이 될 것이며, 극단적인 경우 재앙을 초래할 수도 있다.

탄생적 환대

이 지점에서 나는, 칸트 이후의 사상가이면서도 여전히 칸트에 일정 부분 공감하는 인물 — 즉, '탄생성' 개념을 통해 환대를 정치적으로든 실천적으로든 실행가능한 방식으로 이해할 길을 제시하는 한나 아렌트 — 로 잠시 눈을 돌리고자 한다.[16] 아렌트는 칸트와 레비나스 사이에서 중간 길을 제시한다.

보편적 인권에 대한 헌신이라는 점에서 칸트와 같지만, 이를 '이성'이 아니라 1부에서 다룬 '특수성'singularity과 여기서 다룬 '감성'에 가까운 어떤 것 위에 기반을 두기 때문이다. 아렌트의 용어로 이 어떤 것은 바로 '탄생성'이다.

아렌트의 저작에서 환대가 다른 사상가들만큼 전면적으로 주제화되지는 않지만, 정치 공동체에 속하지 않는 자들—즉, 나라 없는 사람들이 '권리를 가질 권리'(인류 구성원의 자격으로qua)—에 대한 그녀의 관심은, 외국인을 환영하고 난민을 받아들이며, 칸트에게서 보았듯이 새로 온 이들이 적대감 없이 등장할 수 있는 공간을 확보하라는 부름과 같다. 아렌트는 칸트의 도덕성 사유에서 개별성에 대한 고려가 부족하다고 비판하지만, 그가 공정성을 끝까지 고수하

---

16. 아렌트 역시 '권리를 가질 권리'의 인식이 정말로 가능한지 의문을 표한다(Hannah Arendt, *The Origins of Totalitarianism*, 267~302 [한나 아렌트, 『전체주의의 기원 1, 2』] 참조). 쇼트가 인용한 아렌트의 말에 따르면, "18세기에 칸트적 용어로는 단지 규제적 이념에 불과했던 '인간성'은 오늘날 피할 수 없는 사실이 되었다. '인간성'이 사실상 과거에 자연이나 역사에 부여되었던 역할을 떠맡게 된 이 새로운 상황은, '권리를 가질 권리' 또는 모든 개인이 인류에 속할 권리가 인류 자신에 의해 보장되어야 함을 의미한다. 그러나 이것이 가능한지는 결코 확실하지 않다." Schott, "Kant and Arendt on Hospitality," 187. 쇼트는 세일라 벤하비브를 인용하면서, 아렌트와 칸트가 세계질서와 관련하여 가지는 공명과 차이를 탁월하게 정리한다(국가성/국적[nationality]이 없다면 '인간성'은 추상적이고 공허하다). 또한 쇼트는 아렌트의 입장이 역설로 특징지어지는 여러 방식을 보여준다. 아렌트에게 국가적 권리는 국내 경계를 넘어 낯선 이들을 보장하는 것을 포함해야 한다(190).

는 점은 깊이 존중한다.[17] 아렌트에 따르면, '권리를 가질 권리'는 단순히 인간 종에 속한다는 이유—즉, 말하고 행위할 수 있는 능력을 지녔다는 이유—만으로 보장되어야 한다. 그러나 그녀는 이러한 보장이 현실에서는 '국가의 권리'에 의해 이루어지고, 이는 국경과 법에 의해 제한된다는 점을 날카롭게 지적한다.[18]

아렌트가 자신을 '철학자'(존재나 인간 본성에 대해 숙고하는 자라는 의미에서)로 여기지 않았다는 것은 잘 알려져 있다. 하지만 탄생성이 '**존재란 무엇인가?**'라는 질문에 대한 그녀의 응답이라고 봐도 무방하다고 나는 생각한다. 아렌트에게 존재한다는 것은 시작하는 것이며, 태어나는 것이고, 무엇보다 새로운 것을 자유롭게 탄생시키는 것이다. 다시 말해, 말과 행위를 통해 새로운 것, 놀라운 것, 낯선 것을 세상에 가져오는 것이다.[19] 느슨하게 정의하자면 탄생성은 "각 인간을 다른 모든 인간과 구별하게 하는, 곧 그가 세상에서 낯선 존재일 뿐 아니라 이전에 결코 존재한 적 없는 무언가가 되게 하는 특질"이다. 탄생성은 단지 인류에

17. 같은 글, 191.

18. 같은 글, 188.

19. 이 인용문은 아렌트의 1954년 에세이 「교육의 위기」에서 발췌된 것이다. 해당 글은 Hannah Arendt, *Between Past and Future*, 170~193 [한나 아렌트, 『과거와 미래 사이』]에 수록되어 있으며, 인용 부분은 185에 위치한다.

속한다는 이유만으로 — 특정 국가에 속하는지 여부와 무관하게 — 권리를 가질 권리의 근원이 된다.[20] 아렌트의 세계에서 탄생성은 우리가 존중하고 환대해야 하는 바로 그것이다. 그래서 그녀는 우리가 '탄생적 환대'라고 부를 수 있는 관점을 제공한다. 즉, 각 개인의 '탄생성'으로서의 존엄을 인정하고 존중하는 것이다.

아렌트에게 탄생성은 적어도 두 가지 의미를 갖는다. 첫째, 아이의 물리적 탄생이며, 둘째, 말과 행위를 통해 새로운 것을 탄생시키는 정치적 존재가 되는 것이다. 새로운 것을 탄생시킨다는 것은, 다음에 무슨 일이 일어날지 전혀 모른다는 것을 뜻한다. 탄생은 철저히 예기치 못하고 예측 불가능한 것, 곧 낯선 것과 관련된다. 아렌트가 근대성의 소외를 신랄하게 비판하는 이유 중 하나는, 데카르트적 회의 이후 우리가 예측 가능하거나 예상 가능한 산물이 아닌 모든 것을 철저히 적대하게 되었기 때문이다. 그녀에게 근대성은, 주어진 전제에서 필연적으로 따라올 결과를 확신하

---

20. 나라 없는 사람들(무국적자) 문제에 대한 아렌트의 대응과, 특정 국가 내에서의 법적 지위와 무관하게 보존되어야 하는 각 인간이 가지는 양도 불가능한 '권리를 가질 권리'에 대한 논의는 『전체주의의 기원』과 「우리 난민들」에서 찾아볼 수 있다(후자는 Hannah Arendt, *The Jewish Writings*, 264~274 [한나 아렌트, 『유대인 문제와 정치적 사유』]에 수록). 아렌트는 특히 인권(human rights)과 법적·국민적 권리(legal-national rights)를 혼동하는 경향성에 깊은 우려를 표한다.

는 것, 다음에 무엇이 올지 아는 것, 계산하고 예측하는 것이 지배하는 시대다. 논리는 우리의 가장 사랑받는 권위 중 하나이며, 모범pattern을 기반으로하는 도덕 이론과 나란히 자리한다. 따라서 아렌트가 이해하는 근대성은 우연성·낯섦·예측 불가능성을 억누르려는 시도로 인해 '탄생적 환대'를 명시적으로 거부하는 것으로 정의될 수 있다.

이것을 "우리는 누구인가"라는 레비나스의 물음과 연결해보면, 탄생성은 레비나스가 말하는 감성으로서의 존재 — 전적인 노출, 급진적 개방성, 환대로서의 존재, 타자 앞에 선 존재 — 를 다른 방식으로 표현한 것이라고 나는 주장한다. 그리고 칸트와 관련해서 보자면, 아렌트에게 탄생성은 인간 존엄의 원천이며, 칸트적 자율성을 이해하는 또 다른 방식이다. 아렌트가 특히 염두에 둔 것은 타자 앞에 서서 말과 행위를 통해 자기 고유성을 드러내는 것이다. 따라서 아렌트에 따르면, 우리가 진정으로 행위할 때 우리는 근본적으로 개방되어 있으며, 그만큼 정직해진다. 그리고 우리가 정직해질 때 우리는 표현을 넘어서는 것, 즉 그 결과에 대해 아무런 통제권을 갖고 있지 않다는 점을 깨닫게 된다. 우리는 정말로 이 다음에 무엇이 올지 알지 못한다. 바로 이 사실을 받아들이며 우리는 '탄생적 환대'에 참여한다.[21] 이것

21. 이 용어들이 아렌트 자신의 것이 아님에 유의하라.

이 곧 낯선 것에 대한 환대이다. 그 반대의 태도는, 두려움과 적대감 때문에, 예측 가능한 구조와 행위, 확실성의 추구 속으로 물러나는 것이다.

도덕 심리학·인간 동기의 문제로 돌아가자면, 아렌트가 『예루살렘의 아이히만』과 「사유와 도덕적 고려」에서 보고하고 깊이 전개한 '악의 평범성'은, 자기 내면(양심)의 목소리를 포함해 다른 목소리를 들을 수 없는 무능과 관련된다. 이것은 낯선 이와, 그러한 목소리가 담고 있는 모든 낯섦을 전면적으로 거부하는 것이다. 아렌트가 보기에 악의 유일한 처방은 '사유'thinking다. 이는 '앎'knowing과 구별되는 활동으로, 다소 비전형적이지만 결코 불가능한 것이 아니다. 그녀에게 사유는 의미를 찾는 매우 실현 가능한 반성적 탐구이며, 그 전형은 소크라테스다. 소크라테스의 삶은 — 그녀가 이해하기에 — 거의 전적으로 사유로 구성되어 있었으며, 자기 자신과 친구들과 끊임없이 대화하며, 끝없이 더 많은 관점을 요청하고, 아포리아 앞에서도 물러서지 않았다. 소크라테스는 언제나 낯선 것을 환대함으로써, 놀라움을 기꺼이 맞이할 준비가 되어 있다.

윤리적으로 말하자면, 아렌트는 — 적어도 현실에서 — 우리가 공리주의를 무비판적으로 수용하는 것은 바로 계산과 확실성을 향한 이러한 경향의 징후라고 본다. 공리주의는 수학적이고 경험적인 도덕 이론의 정수이기 때문이다.

아렌트에 따르면 철학은 근대성으로부터 다른 어떤 학문 분야보다 더 큰 피해를 입었다. 오늘날 우리가 아는 철학은 여전히 '데카르트적 악몽' — 곧 낯선 것에 대한 적대감에 뿌리박힌 근본 회의주의 — 속에 갇혀 있다. 그녀에게 이러한 불신은 인류의 타락을 구성한다. 여기서 불신이란, 우리가 어떤 참된 것을 받아들일 수 있는 역량에 대해 품는 의심, 그리고 일반적으로 서로에 대한 불신, 곧 복수성plurality의 사실에 대한 적대감이다. 복수성이란 아렌트가 『인간의 조건』에서 말하듯, "'인간'Man이 아니라 인간들men이 지구 위에서 살고 세계를 거주한다"는 사실이다(7). 이러한 감정은 배제, 예외, 극단적 경우에는 말살을 가능하게 하는 인종주의와 더 넓게는 외국인 혐오를 부추긴다. 반대로 환대는 "다수의 타자"와 함께 참여하고 창조할 수 있는 가능성을 보장한다. 이는 사유가 경계를 넘을 수 있도록 하기 때문이다.[22] 쇼트가 지적하듯, 우리가 경계를 넘어 생각할 수 있을 때, 낯선 이에게 공감할 수 있고, "차이를 상상적으로 극복"할 수 있으며, 그들의 (법적) 권리를 위해, 최소한 기본적인 '외국인' 보호를 위해 더 쉽게 논증하고 [함께] 투쟁할 수 있다.[23]

---

22. Schott, "Kant and Arendt on Hospitality," 191. 쇼트가 강조하듯, 아렌트에게 환대와 권리는 칸트가 생각하는 것처럼 매끄럽게 결합하지 않는다. 환대는 "국가 시민권의 권리와 의무를 대체하지 않는다."

23. 같은 글, 192.

아렌트가 이해하는 '사유'는, 카니와 리쾨르가 말하는 '이야기 환대'의 영역으로 진입하는 방법이다. 즉, 타인의 시선을 통해 세계를 보려는 시도를 포함하는 사유 방식이다. 물론 우리는 결코 문자 그대로 타인의 신발을 신고 걸을 수는 없다. 그러나 서사적 상상력을 통해, 그 신발을 신고 걷는 것이 어떠한지what it is like를 이해하기 위해 노력할 수 있다 — 다만 그 신발을 자기 것으로 '차용'하지 않는 한에서만 말이다(이는 1부에서 보았듯이 위험한 일이다). 나는 서사적 교환을 통해 타인과 그들의 고유한 관점을 환대하며, 듣고 배우고자 할 수 있다. 우리가 정의한 '급진적 환대의 윤리' — 즉, 주어진 규범을 성급히 승인하기보다 복잡성 · 다양성 · 예측 불가능성을 끌어안는 태도 — 를 염두에 둘 때, 사유의 활동은 어떤 실천적 목적에 이끌리지 않으며, (자기 자신 너머에서는) 아무 쓸모도 없고, 끊임없이 불확실한 채로 머문다.[24] 사유는 복잡성 앞에서 주저하지도 않으며, 완전한 확신에 이르지도 않는다. 여기에서 '완전한 확신에 이르지 않음'은 언제나 눈에 보이는 것 이상의 무언가가 존재함을 인정한다는 뜻이다. 더 많은 어떤 것, 잉여surplus가 언제나 존재한다.

---

24. Hannah Arendt, "Thinking and Moral Considerations", 165~168 [한나 아렌트, 『책임과 판단』].

1부에서 얻은 통찰을 염두에 두면, 탄생성 — 곧 '재탄생' — 을 일으키는 것은 아렌트가 이해하는 서사의 본질적인 차원이다.[25] 아렌트에 따르면, 자신의 서사는 자신이 볼 수 없는 것을 드러내지만, 다른 사람은 그것을 볼 수 있다. 그리고 이는 두 명의 서로 다른 인간이 세계를 환대 속에서 함께 나눌 기회를 제공한다. 서사는 의미가 완전히 규정되거나 '모두 드러나지' 않으면서도, 다른 사람의 세계를 상상할 기회를 제공하고, 그리하여 양심을 형성한다. 아렌트에게 서사는 행위의 유일무이함sui generis을 포착하며,[26] 그것이 (탄생성으로서) 예측 가능한 구조와 독단을 깨뜨리고, 우리 자신을 낯선 이와 낯선 것에 열어주어 세계를 공유하게 만든다. 서사는 탄생적 환대를 촉진한다. 아렌트의 설명에서 중요한 점은, 우리는 탄생에서 의미를 발견한다는 것이다. 탄생은 새로움, 예기치 않음, 예상치 못함 — 경외와 경탄을 불러일으키는 것을 수반한다. 다시 말해, 이 책의 용어로 표현하자면, 낯선 것을 환대하는 것은 도덕적 의미를 밝혀주는 것으로서, 잘 사는 것과 악을 피하는 데 모두 필수적이다.

아렌트에 따르면(이는 『순수이성비판』에서의 칸트의

25. Allen Speight, "Arendt on Narrative Theory and Practice." 아렌트의 서사 이해가 리쾨르의 서사 이론에 영향을 미쳤음은 두말할 필요가 없다.
26. 같은 글.

입장을 반향한다), 인간은 인식의 한계를 넘어 사유하기를 좋아한다.[27] 그리고 그 인식의 한계 너머에 있는 것은 다름 아닌 낯선 것, 새로운 것이다. 이러한 욕망 — 곧 낯선 것을 환대함으로써 '탄생적 환대'를 향유하는 것 — 을 충족하는 일은 서사적 교류를 통해서든, 혹은 다른 방식을 통해서든 가능할 뿐 아니라, 다음 장에서 보게 되겠지만 충만하고 번영하는 인간 삶의 일부이기도 하다. 비록 탄생적 환대는 다음에 무엇이 올지 알지 못하며 잠재적 결과에 의해 스스로를 조건 짓지 않지만, 여전히 실천적 지혜의 중요한 차원으로 남는다.

27. Arendt, "Thinking and Moral Considerations," 163.

7장

목적론적 환대

현대 덕 윤리의 경우

칸트의 경계를 넘어서는 환대, 레비나스의 '불가능한' 환대, 그리고 그 중간 경로로서 아렌트의 '탄생적 환대'를 검토했다. 이를 염두에 두고, 이번 장에서는 칸트 이후 윤리학을 가장 잘 대표하는 사례라고 할 수 있는 동시대의 덕 윤리를 탐구할 것이다. 아리스토텔레스의 정신을 계승하는 현대 덕 윤리는, 우리가 실제로 살아가는 삶과 관련된 윤리학 — 그리고 여기서 우리의 주제인 이론에 그치지 않는 환대 윤리 — 을 제공한다. 지금까지 다룬 내용을 토대로, 나는 탤벗 브루어의 주목할 만하게 포괄적인 아리스토텔레스 영감의 접근법을 비판적으로 해석하고자 한다. 그는 도덕 철학과 도덕 철학자의 과제를 새롭게 상상하며, 궁극적으로 인간의 번영 — 곧 에우다이모니아eudaimonia, 실천적 지혜의 삶 — 의 중요한 측면이 낯선 것(아마 무엇보다도 '낯선' 관점)과 이방인에게 환대하는 것임을 보여준다.

내 주장은 다음과 같다. 목적론으로의 회귀를 특징으로 하는 현대 덕 윤리에서, 환대는 다른 어떤 목적을 위해서가 아니라 그것 자체를 위해 우리가 욕망하고 행동하는 활동이며, 여기에는 브루어가 '자기-비움'unselfing이라고 부르는 것이 포함된다. 자기-비움이란, 자기 자신, 자신의 기획, 계획, 예측된 기대를 잊고, 자기 자신이 아닌 것 — 환대 — 에 기꺼이 자신을 내어주는 것이다. 이러한 '목적론적 환대'의 전형적 사례는 다른 이를 향한 사랑의 욕망이다. 이는 자기 자신보다 먼저 타인과의 전적인 관계에 몰입하는 사랑, 시간과 계산이 녹아 없어질 때까지 타인을 향하는 사랑이다. 지금, 이 자리에서 (문자 그대로) 타인을 '위해' 존재하며 자기 자신을 선물로 완전히 내어줌이며, 그 타인에게 점점 더 가까이 다가가며 더 많이 배우고, 더 깊이 이해하고, 그 결과 더 많이 사랑하게 되는 것이다.

브루어가 염두에 둔 "변증법적" 욕망은 어떤 계산된 결과를 산출하기 위한 욕망이 아니라, 대상과 함께 존재함으로써 최대한 더 완전하게 이해하고 소중히 여기려는 욕망이다. 사랑하는 사람과 함께 있을 때의 기쁨이나, 자신이 사랑하는 일(책 읽기, 등산, 춤추기, 대화, 가르치기 등)을 할 때 느껴지는 즐거움은 눈앞의 활동 속으로 온전히 빠져들어, 그 일에 몰두한 나머지 다른 어떤 것도 생각할 수 없게 되는 경험이다. 이는 타자와 더욱 온전하게 함께하며, 자신을 내어주고, 환대 속에서 행위하는 것이다. 이러한 유형의 환대(예컨대 시간 감각을 잃어버리기, 거리낌도 조건도 없이 기꺼이 자신을 내맡기기)가 무모해 보일 수도 있지만, 이는 인간 삶의 본질적인 부분이며, 그것 없이는 우리의 번영 자체가 위태로워질 정도로 핵심적이다. 더 나아가, 내가 해석하는 변증법적 환대는 레비나스가 말하는 '형이상학적 욕망'의 변주이며, 이는 인간의 번영이 책임을 구성하는 수용성으로의 '회귀'를 포함한다.

욕망과 '자기-비움'

탤벗 브루어의 2009년 저서 『윤리학의 회복』(이하 RoE)[1]은 현대 아리스토텔레스적 덕 윤리 내에서 가장 최근의, 독창적인 저작 중 하나임이 틀림없다. 이 책의 주목할 만한 점 중 하나는, 『덕 이후』에서 매킨타이어가 제시한 과제를 — 특히 도덕 철학의 현 상태에 대한 그의 원래의 우려를 — 명시적으로 회복하려는 시도라는 것이다. 브루어는 따라서 덕 윤리를, 현재의 문화적·학문적 맥락을 비판하는 수단으로 활용하며, 더 오래 지속될 수 있는 도덕 체계를 제

1. Talbot Brewer, *The Retrieval of Ethics*.

공할 수 있는 그 성과를 강조한다. 그리고 칸트, 레비나스, 아렌트의 경우와 마찬가지로, 이 도덕 체계는 낯선 것에 대한 환대를 포함한다.[2]

브루어는 자신의 텍스트가 자기 회복self-retrieval의 실천이며, 생산 지향적·반反성찰적·확실성을 갈망하는 앵글로-아메리칸 세계의 지배적인 자아 개념에 대한 도전이라고 밝힌다. 그는 인간 자아, 그 능력, 열망, 관심에 대한 설득력 있는 대안적 그림의 개념적 발판을 끌어와, 우리의 실제 삶을 더 잘 설명하고, 근대가 우리를 생산 지향적·사익추구 중심의 존재로 축소시킨 것에서 벗어나려 한다. 매킨타이어와 마찬가지로, 브루어는 이 자아 개념에 도전하고 새로운 가치를 구성하지 않는다면, 우리는 "어떻게 살아야 하는가"에 대한 개념 — 곧 이상과 서로를 향한 우리의 열망(이 책의 용어로는 환대의 위험을 감수하려는 윤리적·도덕적 열망) — 에 기초해 우리의 삶을 통합하려는 노력을 이해할 수 없게 될 것이라고 강조한다.

여기서 나는 브루어의 복잡한 저작에서 두 가지 핵심 실마리에 집중하고자 한다. 첫째는 그의 '변증적 활동'dialectical

---

2. 브루어 자신은 "환대"라는 용어를 사용하지 않지만, 현상학적 관점에서 볼 때 그가 인간의 번영하는 삶을 구성한다고 생각하는 것은, 여기서 우리가 적대(hostility)보다 환대를 선택하는 '내기'라고 묘사해 온 것과 필연적으로 관련되어 있음이 분명하다.

activity 개념이고, 둘째는 그의 '보편적 자기-긍정 가능성'universal self-affirmability 개념이다. 첫 번째는 브루어가 인간 행위와 그 욕망의 관계에 대한 불충분한 이해라고 보는 것에 대한 응답이며, 두 번째는 아리스토텔레스적 윤리 도식 속에서 타인이 지니는 근본적 역할을 밝히는 것이다. 이 두 가지 실마리는 내가 '목적론적 환대'라고 부르는 것의 두 필수적 측면 — 브루어의 의미에서의 '변증법적 환대'와 '대화적dialogical 환대' — 을 구성한다.[3]

아렌트의 근대 비판을 간접적으로 반향하듯, 브루어에게서 지배적인 인간 행위 개념 — 그가 '세계-구성적world-making 개념의 행위'라 부르는 것 — 은 인간 행위가 궁극적으로 "생산의 한 종"이며, 그 의미는 "그 행위들이 가져오도록 계산된 사태"에서 도출된다는 것이다. 이 도식에서는 심지어 그 자체로 행해지는 행위조차, 인간의 행위를 '발생하게 하기 위해' 행해진다. 이러한 틀에서 인간 행위는 언제나 장차 도래할 어떤 상태나 세계를 지향한다. 이에 대한 대안으로 브루어는 그가 '평가적 시각'evaluative outlook이라고 부르는 것을 제안한다. 이는 고대 및 중세 플라톤주의·아리스토텔레스주의 전통에 뿌리를 두고 있다. 이 관점은 인간 행위를, 언제나 인간에게 좋은 것이 무엇인가에 대한 어떤 감각을

3. 브루어 자신이 이 용어들을 사용하지는 않는다.

향해 나아가는 것으로 이해한다. 이러한 인간 본성과 행위 이해는 계산된 생산을 포함할 필요가 없다. 그것은 그 자체로 가치 있는 행위를 포함하며, 달성 가능한(아직 오지 않은, 기대된, 예상된) 상태를 식별할 수 없어도 우리가 동기부여될 수 있음을 강조한다.

브루어에게서 '세계-구성적' 개념의 행위는 현대 윤리를 괴롭히는 문제이며, 특히 욕망과 실천적 사유가 욕망을 충족시키는 데 수행하는 역할을 묘사하는 데 있어서 불충분하다. 이는 부분적으로 "우리가 인간 행위라고 부르는 사건들에 대한 일반적 인과 설명"을 찾기 때문이다(RoE, 13). 즉, 당구공 하나가 다른 당구공을 움직이는 원인처럼, 상태 A에서 장래의 목표 상태 B로 에너지가 선형적으로 전달되는 설명이다. 그러나 이러한 인과적 설명은 A가 B와 맺는 관계에서 핵심적인 측면 — 즉 B를 '원인'이 아니라 '정당화'하는 것, 곧 **그 행위를 할 가치가 있게 만든 것이 무엇인가** — 을 간과한다.[4]

4. 브루어의 설명에 따르면, '세계-구성적 관점'은 주체를 명제에 대한 태도를 표상하는 일종의 욕망 형식(예컨대, "나는 금요일 밤에 춤을 추러 갈 것이다"라는 명제)에 한정한다. 이러한 유형의 욕망은 세계와 그 명제가 지향하는 욕망 대상 사이의 "적합 방향"(direction of fit)에 의해 인도된다. 다시 말해, "내가 금요일 밤에 춤을 추러 가도록 세계를 만들어 간다"(RoE, 14). 이러한 행위 설명은 언제나, 자신이 실현하고자 하는 세계나 사태에 대한 하나의 믿음 — 사전에 이미 승인된 명제 — 으로 귀결된다. 그리고 이러한 방식의 욕망은 해당 명제 바깥의 그 어떤 것도 환대하

욕망에 대한 이러한 이해는 적어도 어떤 의미에서는 이미 파산 상태에 이른 것으로 보인다. 이는 다른 사람을 욕망한다는 것이 무엇인지, 혹은 하나의 활동에 완전히 몰입하려는 욕망이 무엇인지를 충분히 설명하지 못하기 때문이다. 브루어의 핵심 주장에 따르면, 인간 행위자는 자발성이나 계산이라는 두 범주만으로는 포착될 수 없는 훨씬 더 풍부한 목적론적 구조를 지닌다. 우리가 어떤 활동에 참여할 때, 그 활동 속에는 우리가 환대하려는 가치들, 우리가 스스로를 내어맡기고자 하는 다양한 가치들이 존재한다. 물론 어떤 활동에 참여하는 이유나 가치들이 무한히 다양해 보이기 때문에, 우리의 욕망이 '서로 다른 행위들의 연속으로 산산조각난 것'처럼 보일 수 있다. 그러나 브루어는 그의 '변증적 활동' 개념을 통해 가치들의 통일성을 옹호한다. 이 개념은 그 자체로 가치 있다고 여겨지는 활동들을 가리킨다. 여기에서 '변증법적' 측면은 계산에 방해받지 않은 채 하나의 현상 속으로 더 깊이 파고들어, 그와 연관된 가치들의 다발 속으로 뛰어들며, 그 가치들이 우리를 감싸도록 — 그리고 우리가 그 속에 잠기도록 — 스스로를 내어맡기는 몰입의 운동을 가리킨다.

변증적 활동의 '목적론적' 측면은 주어진 활동에 완전히

지 못한다.

몰입하거나 그 활동에서 탁월해진다는 것이 무엇을 의미하는지에 대한 우리의 감각을 가리킨다(RoE, 40). 예를 들어, 놀랄 만한 어떤 대화에 '빠져드는' 경험이 그러하다. 여기서 추구되는 선(목적)은 그 활동 너머에 있는 좋은 무엇이 아니라, 오직 그 활동에 깊이 관여함으로써, 즉 자기 자신과 익숙한 것을 잊고, 자기 자신이 아닌 어떤 것 안으로 빠져들어 자기를 잊고 내맡기는 과정을 통해서만 경험된다. 그리고 이 거리낌 없는 전적인 몰입, 무엇인가를 그 자체로 행하는 데서 오는 기쁨을 누리는 일이 곧 낯선 것에 대한 환대이다. 여기에서 '낯섦'은 낯선 사람일수도 있고, 예측 불가능한 미래일 수도 있으며, 새로운 생각일 수도 있다. 브루어에 따르면, 이러한 '주의를 사로잡는' 감응의 양식은 그가 '자기-비움'unselfing이라고 부르는 개념을 통해 가장 잘 설명된다. 이 강렬한 인정 속에서 우리는 모든 방해, 특히 "가장 진부하면서도 집요한 인간적 방해물인 자기 자신"(RoE, 64)으로부터 벗어난다. 자기-비움은 변증법적 환대이며, 예기치 않은 손님을 맞이할 수 있는 주인(호스트)이 되도록 우리를 준비시키는 과정이다.

이렇게 이해된 욕망은 우리를 자기 관심 너머로 확장시키며, 활동이 지닌 내재적 선을 더 깊이 조명하고자 하는 열망을 낳는다(RoE, 64). 여기서 내재적 선은 — 칸트, 레비나스, 아렌트를 반향하듯 — 이방인이거나 낯선 것이다. 계산의 중단으로서의 완전하고 전적인 몰입이 핵심이다. 다른 이를 향한 사랑의 욕망에서 비롯되는 즐거움—이는 모든 변증법적 환대에서 경험되는 즐거움의 전형으로, 다만 정도에서 차이가 있을 뿐이다—은 "매혹적인 끌림"에 의해 특징지어진다. 이는 자기 앞에 전적으로 현존하는 세계 속의 선의 한 사례로, 그것은 축하를 불러일으킨다(RoE, 63). 레비나스에게서 보았듯, 변증적 활동에서의 욕망(그의 용어로는 형이상학적 욕망)은 우리의 존재 핵심에 놓인 원초적 환대로, 우리를 어디로 이끌지 정확히는 알 수 없으면서도 가고 싶게 만드는 것이다. 목적지는 여전히 미지로 남는다.

브루어의 변증적 활동 및 변증법적 환대 개념을 염두에 두고, 이제 그의 '보편적 자기-긍정 가능성' 또는 '대화적 환대' 개념으로 나아가자. 브루어가 회복한 자기 이해에서 필수적이고 독창적인 부분은 아리스토텔레스에게서 찾을 수 있는 우정 개념, 특히 덕의 필요조건으로서의 우정 개념의 재수용이다. 브루어에게 '성품 우정'character friendship—선에 기초한 우정—은 좋은 삶의 핵심 요소이다. 왜냐하면 우리가 삶 속에서 더 나은 평가적 시각을 형성하는 것은 오직 이러한 품성을 지닌 친구들을 통해서이기 때문이다. 여기에서 '평가적 시각'이란, 무엇이 칭찬할 만한admirable 좋음인지, 무엇이 경멸할 만한 나쁨인지에 대한 우리의 감각을 가리킨다. 예를 들어, '미국에서 이민자들은 동등한 존엄으로

대우받아야 한다'는 우리가 '칭찬할 만하다'고 평가할 수 있는 사례이다.[5]

따라서 브루어에게 타자는 — 해석학(가다머, 리쾨르, 카니 등)이나 아렌트의 경우와 마찬가지로 — 궁극적으로 우리가 현상을 이해하는 방식과 그 이해의 함의를 통찰할 수 있는 하나의 창을 제공한다. 고립된 채로는 모든 각도를 볼 수 없다. 우리의 자기-반성은 대개 동일한 경로를 따르며, 같은 결론으로 수렴한다. 타인의 역할은 (우리가 스스로에게 투명하지 않기 때문에) 우리가 보지 못하는 측면들을 드러내어, 해당 관점에 대한 우리의 이해를 더욱 심화시키는 것이다. 타인은 덕과 악덕에 대한 우리의 이해를 다듬도록 도와주며, 취약성·맹점·강점·놀라운 통찰과 연결들을 드러낸

---

5. 브루어에게 평가적 시각이란 "(실제 혹은 가능성 있는) 인간 행위들이 지니는 평가적 특징들을 받아들이는 개인의 고유한 감각"을 뜻한다(RoE, 244). 한 주체가 어떤 시각에 찬성할 때, 즉 어떤 관점이 제공하는 바를 승인할 때, 브루어는 그것을 평가적 시각이 **주관적으로** 자기-긍정적이라고 말한다. 평가적 시각이 **사이-인격적으로**(interpersonally) 자기-긍정적이라는 것은, 최소한 두 사람이 해당 시각에 동의할 수 있을 때를 말한다. 그리고 평가적 시각이 **보편적으로** 자기-긍정적이라는 것은, "어떤 관점이 구현된 가능한 모든 상태에 대해, 그 관점을 지지하는 사람이든 그렇지 않든 모두 긍정"하는 상태를 의미한다(RoE, 244). 예컨대, "어린이는 열 살이 되면 노동을 강제해야 한다"는 평가적 시각은 주관적 또는 사이-인격적 자기-긍정성을 가질 수 있을지는 모르지만, 보편적 자기-긍정성은 분명히 결여하고 있다. 보편적 자기-긍정성이 결여된 평가적 시각은, 그 관점이 정말로 존경이나 승인을 받을 가치가 있는지 — 그리고 **그 이유**가 무엇인지 — 를 충분히 논의할 필요가 있다.

다. 대화적 환대는 정직함과 창의성이 발현되는 중요한 계기이며, 이를 통해 우리는 우리 자신에 대한 더욱 또렷한 이해에 도달한다.

더 나아가, 타인은 우리의 이유와 가치가 건전하며 잘 사는 삶에 기여하는지 검증하도록 우리에게 도전한다. 따라서 '성품 우정'을 통해서만 우리는 "존경할 만한 것에 대한 상호 승인"이라는 형태의 상호 자기 인식을 통해 선에 대한 개념에 자신감을 쌓을 수 있다(RoE, 242). 그러므로 우리의 윤리적 판단을 정제하는 과정은 주관적 자기-긍정 가능성에서 보편적 자기-긍정 가능성으로의 전환에 의해 특징지어지며, 이를 실현하는 유일한 방법은 가능한 한 많은 인격적 친구와의 대화이다. 우리는 성품 우정을 통해 왜곡된 사고를 **면역화**하고, 대화적 숙의를 통해 우리의 도덕적 시야를 맑게 한다(RoE, 266). 따라서 우정은 그 자체로도 가치 있을 뿐 아니라, 덕을 위해서도 필수적이다.

따라서 대화적 환대는 유한할 수밖에 없는 우리의 사물 인식을 넘어 '낯선' 관점으로 나아가는 데 결정적이며, 윤리적 발전에도 필수적이다. 이러한 형태의 환대는 도덕적 관점이 공유되고 다듬어지는 경로이며, 감정과 정서로부터 비롯된 일반적인 사고 왜곡이 교정되는 방식이기도 하다. 브루어가 강조하듯, 올바른 우정은 테오레인theorein — 이해의 대상에 대한 집중적 성찰 — 에 기초하는데, 여기서 타인에 대한 사랑(궁극적으로는 그들의 누스nous, 즉 선을 향해 나아가려는 욕망)은 주목과 감사를 불러일으키는 원초적 원천, 곧 원초적 환대를 이룬다. 타인에게 주목함으로써, 우리는 "감사하는 주목appreciative attention과 함께 수반하고 감상할 수 있는 변증적 활동의 범위"(RoE, 242)를 넓힐 수 있다. 이러한 친밀한 관계는 우리가 열망과 존경을 이해하도록 돕는다. 성품 우정은 "에우다이모니아적이고 도덕적으로도 분명히 인정되는 결과로 나아가는 윤리적 교육"(RoE, 244)의 평생 원천이다.

브루어에게서 성품 우정은, 아리스토텔레스와 반대로, 두 사람이 모두 완전히 덕 있는 존재일 것을 요구하지 않는다. 각자가 자신의 위치에 비례하는 방식으로 선을 발휘한다면, 동등하지 않은 친구들 사이에서도 성품 우정이 성립할 수 있기 때문이다. 브루어의 성품 우정 개념에서 독특한 측면은, 그것이 고정된 상호 존경이 아니라 진화할 수 있다는 점이다. 성품 우정의 본질은 타인이 본질적 가치를 지니고 있으며, 감사의 주목·환대·자기-비움의 원천이라는 점에 있다. 이는 친구의 가치가 각자의 사익추구에 대한 기여 여부에 따라 달라지는 쾌락과 유용성에 기초한 우정과 구별된다. 성품 우정은 겉보기에는 역설적인 자기 포기와 자기-긍정을 포함하는데, 이는 우리의 내면에 자리한 환대를 잊지 않는 한 역설이 아니다.

따라서 성품 우정은 좋음에 대한 타인의 감각을 상호 존경함으로써 길러지는 대화적 환대로 구성된다(RoE, 253). 궁극적으로 환대에 의해 가능해진 상호 존경은, 각자가 타인의 목소리에 신뢰를 부여하게 하며(타인의 승인에 관심을 두면서), 자기 자신의 평가적 시각을 검토·비판·칭찬받도록 타인에게 맡길 수 있게 만든다. 이러한 신뢰는 대화가 시작될 때의 관점이 그대로 유지될지, 대화가 어디로 흘러갈지, 또는 결론이 날지조차 모르는 상태를 수반한다. 브루어는 다음과 같이 말한다.

> 우리는 행동과 대화를 통해 (우리 감수성의) 개별적인 부분을 표현하고, 친구들의 말과 행동을 추가적인 평가 통찰의 원천으로 해석함으로써, 이를 변증법적으로 교환하며 정제할 수 있다. 최상의 경우, 이는 상호적이고 지속적으로 반복되는 과정으로, 각 친구를 기존의 헌신과 관심의 울타리 밖으로 옮겨 놓고, 타인의 인격 속에서 새롭게 진화하는 관심의 윤곽을 식별하도록 해준다. 이러한 상호적·변증법적 교환은 독특하고 공유 가능한 감수성이 점점 더 분명하고 정교한 형태를 갖추게 되는 과정이다. (RoE, 254)

따라서 대화적 환대 — 실제로는 우리 일상의 경험을 구성하는 매우 흔한 사건이다 — 를 통해, 우리는 "무례함과 솔직함, 세심함과 부정직함, 친절과 지나친 방임, 관대와 방탕, 관용과 오만, 깊은 감정적 동요와 얕은 감상, 자신감과 자만, 자기 존중과 자기 방종, 신중함과 비겁함 또는 무기력함, 저돌성과 경솔함, 융통성과 비굴함의 차이를 더 깊이 이해하려고 노력한다"(RoE, 276). 이러한 대화는 이해를 드러내고, 명료성을 제공하며, 가치를 비춘다.

선善은 환대이다

브루어가 '세계-구성적' 인간 행위 개념을 비판하고, 그에 대응하여 '평가적 시각'을 옹호하는 것은, 인간 행위를 도구적·수단적 동기에만 제한하는 데 따르는 문제를 강조하기 위한 것으로 이해되어야 한다. 수단적 동기로의 제한은 목적론적 환대의 중요한 역할을 무시하거나 완전히 잊어버리게 만드는 큰 대가를 치르게 되기 때문이다. 브루어는 변증적 활동 개념을 통해, '그 자체로 선한 것'의 중요성을 다시 소환한다. 이를 통해 그는 내재적 가치로서의 선—즉 다른 어떤 이유 때문이 아니라 그 자체로 깊이 소중하게 여겨지는 것, 이를테면 우리가 사랑하는 사람을 그 사람이기 때문에 사랑하는 것과 같은—을 회복한다. 브루어에게 인간은 (칸트·레비나스·아렌트에게서도 마찬가지로) 기계, 계산기, 소비자로 환원되지 않는 그 이상의 존재다. 우리는 또한 놀라움·경이·새로움·낯섦의 경험, 곧 환대를 향한 끌림, **자기 자신을 놓아주는**letting oneself go 기쁨에 의해 구성된 존재다.

앞 장에서 보았듯, 욕망의 역할은 레비나스의 사유에서 근본적이다. 그에게 '대신함' — 형이상학적 욕망 — 이 곧 선이기 때문이다. 선이란, 바로 자아를 넘어 더 먼 곳으로 뻗어나가려는 욕망이다. **선은 곧 환대이다.** 브루어가 아리스토텔레스와 매킨타이어에게서 이끌어낸 설명은 바로 이 점을 뒷받침하는데, 나는 이것이 레비나스가 의도한 바를 잘 구현한다고 본다. 브루어에게서 텔로스는, 자신이 소중히 여기는 활동 속으로 방해받지 않고 점점 더 깊이 몰입하는 것을 뜻한다. 이러한 방해 없는 몰입은 필연적으로 자기의식적 반성으로부터의 이탈을 수반한다. 그렇지 않으면 그 자리에 온전히 있을 수 없기 때문이다.

브루어는 자기-비움(레비나스에게는 자기의 박탈)을 '주의를 붙잡는 것', '사로잡힘', '전적으로 몰입함', '빠져듦' — 내재적 선에 경의를 표하는 상태 — 으로 묘사한다. 선을 욕망할 때, 우리는 더 이상 자신을 문제 삼지 않기에, 반성하거나 예측할 수 없다. 오직 자기가 지금 하고 있는 일만이 자기의 관심사다. 그 행위가 어디로 향하는지, 어떤 미래 상태를 가질지 알지 못한 채, 단지 현재 겪고 있는 것을 **더 많이** 경험하고자 하는 '매혹적 끌림'만이 있다. 이렇게 정제된 내재적 선에 경의를 표하는 것은, 곧 방해받지 않고 억제되지 않은 행동이며, 활동 자체 안·함께·속에 존재하는 것 외에 다른 어떤 확정된 목표에 집착하지 않는 것이다. 브루어가 지적하듯, 타인에 대한 사랑은 감사하는 주목의 원초적 원천을 이룬다. 타인(친구든 연인이든)에게 매혹되는 것은, 시간·기억·기대감을 잃는 전형적 사례다. 타인에 대한 사랑은 변증법적 욕망의 '구조'를 제공한다.

변증법적 욕망에 대한 이러한 묘사는 분명히 레비나스의 설명과 공명한다. 레비나스는 자기가 근본적으로 **자기-비움의 존재**라고, 즉 자기 자신을 타자로 대치代置하는 것이라고까지 말한다. 그에게 욕망은 말 그대로 우리를 '살아 있게 하고', '영감을 주는' 것이다 — 태양의 온기가 우리를 소생시키듯, 대화가 우리를 열어 주도록 충동을 부여하듯 말이다. 브루어의 욕망 설명은 레비나스가 '대신함'에 대해 묘사할 때 염두에 둔 바와 놀라울 정도로 유사하다. 곧 수용적 움직임, 자기 해체, 자기 소유로부터의 탈각이다. 그러나 다시 말하지만, 이것은 행위자가 선택하는 것이 아니라, 우리가 우리 자신과 무관하게 선에 의해 끊임없이 끌린다는 사실을 가리킨다. 선은 정동적 '겪음'이다. 레비나스는, 이러한 선에 대한 타인의 요구가 각자에게 가하는 힘을 회복하는 데 주력한다. 이 요구는 반성적 자기의식으로부터의 원초적 해방(자유)이자, 모든 의미의 원천이다. 브루어와 레비나스 모두, 자기-비움의 보편성을 드러내려 하지만, 레비나스에게서 그것 없이는 우리는 존재할 수 없다.

이 점에서, 브루어는 궁극적으로 아리스토텔레스와 매킨타이어의 목적론적 자아 개념을 중요한 방식으로 설명한다. 그는 텔로스를 '자기 자신을 내어주는 활동'으로 새롭게 묘사한다. 이는 더 나은 상태를 만들기 위해 어떤 수단을 계산하거나, 예정된 목적을 향해 나아가는 것이 아니라, 그 자체로서 사건에 현존하며 그것을 경이 속에서 확장하고, 감사 속에서 경험을 충만하게 하려는 열망이다. 곧 자기 자신을 잃음으로써 진정으로 자기 자신이 아닌 것을 환대하는 것이다. 보편적 자기-긍정 가능성의 경우, 품성을 지닌 친구들은, 대화가 어디로 향할지 알 수 없는 상태에서 현상을 이해하려는 대화를 나눈다. 브루어가 지적하듯 도덕적 사유는 각자의 개인적 맥락 속에서 자신에게 고유하게 속하지만, 타인은 우리의 맹점을 밝혀주고 새로운 이해 방식을 제안하는 중요한 거울이다. 이 점은 자명해 보일 수 있으나 매우 중요하다. 타인은 낯선 것에 대한 환대를 습관화하도록 도와주며 이는 인간의 번영에 필수적이다.

아리스토텔레스가 말한 것처럼 친구와 도덕 교사는 우리가 자신의 행위의 본성을 관찰·이해할 수 있게 하는 거울이다. 거울로서 그들은 질문을 던지고, 이유를 요구하며, 다르게 생각하도록 도전함으로써 — 즉 대화적 환대를 실천함으로써 — 우리의 현재 이해를 교란한다. 실천적으로 볼 때, 성품 우정을 쌓는 것은 에우다이모니아에 필수적이다. 덕의 가치는 타인으로부터 오며, 이야기를 통해서든 새로운 만남·생각·감정(혹은 오래된 것)을 이해하게 돕는 대화를 통해서든 우리 각자 안에 심어진다. 칸트에게서 보았듯 대화는 "덕을 함양하고 그것의 보다 확실한 실천을 준비시키는" 중요한 도구이며, 따라서 사회의 건강은 대화에 달려 있다. 다른 이의 통찰과의 교류로서 이해된 변증법을 통해, 우리는 명료성에 점점 더 가까워질 수 있다. 더 나아가, 가장 완전한 형태에서 우정 — 모든 외적 재화 중 가장 위대한 것 — 은 대화를 통해 자기 자신과 타인 안의 이성적 요소를 사랑하고 활성화하는 활동에 중심을 둔다. 이러한 의미에서, 대화의 습관화가 필수적이다. 즉 대화를, 자기 자신이 아닌 것(예를 들어, 타인의 관점)에 자신을 환대적으로 열고 현상을 경청하며 타인과 함께 이해하려는 노력으로 이해하는 것이다.

여기서 중요한 요점은, 어떤 것을 그 자체로서 선한 것으로 소중히 여기기 위해서는 — 이것은 실천적 지혜의 본질적 특징인데 — 미래의 나에게 이익이 될 특정한 목표들을 내려놓아야 한다는 점이다. 곧, 결코 정확히 예측할 수 없는 미래를 향해 결과를 염두에 두지 않고 행동하는 것이다. 내가 주장하는 바는 이렇게 이해된 실천적 지혜의 가장 본질적인 측면은, 그것이 미지에 대한 환대, 낯선 것을 맞이하고 자아로서의 자신을 놓아주려는 욕망으로 정의된다는 것이다.

그렇다면 남는 질문은 이것이다. 사회가 어떻게 이런 종류의 활동을 가치 있게 여기도록 만들 것인가? 그리고 어떻게 '원초적 환대'로 돌아갈 것인가? 이에 대한 대답이 '교육'이라는 점은 불가피해 보인다. 더 구체적으로는, 자아를 끊임없이 자기-비움하는 존재로 이해하고, 가르침을 보편적 자기-긍정 가능성을 향해 나아가는 성품 우정의 중요한 사례로 이해하는 교육 모델이다. 이를 통해, 우리는 교실에서의 환대라는 질문으로, 1부와 2부에서 제시된 설명을 바탕으로 한 환대의 교육학이 무엇을 함의할 수 있는지에 대한 탐구로 나아갈 수 있다.

8장

교실에서의 환대

나는 이 마지막 장을, 오늘날 즉 21세기 앵글로-아메리카 서구 사회가 불안의 시대라는 주장을 다루면서 시작하고자 한다. 이 주장은 특히 청년들이 불확실성과 미지의 것을 마주했을 때 점점 더 자주 마비 상태에 빠지고 있음을 통해 가장 구체적으로 드러난다. 2017년, 『뉴욕타임스 매거진』은 「왜 그 어느 때보다 많은 미국 10대들이 심각한 불안에 시달리고 있는가?」라는 특집 기사를 발표했다.[1] 여기서 "심각한 불안"이란, 실패(불완전함)를 감당하지 못하는 상태, 즉 은둔 생활을 하거나, 학교에 가지 못하거나, 앞으로 어떤 일이 일어날지에 대해 '확실성' 없이는 아무 행동도 할 수 없는 상태를 뜻한다. 기사는, 이러한 상태가 성취(즉, 자신이 도달하고자 하는 미래의 상태)에 너무 큰 가치를 부여

1. 더 많은 내용은 다음을 참조하라. Benoit Denizet-Lewis, "Why Are More American Teenagers Than Ever Suffering from Severe Anxiety?"

한 결과라고 강조한다.

이 기사는, 미국의 절반이 넘는 학부생들을 괴롭히고 있는 불안을, 실질적인 위협이 없는 상황에서도 위협을 감지하는 과도하게 활성화된 "쟁취하거나 회피하라"fight-or-flight는 태도 — 즉 미래를 앞에 두고 끝없이 "만약에"라는 생각을 과잉 생산하는 상태 — 로 정의하는 것이 가장 적절함을 보여준다. 어느 정도의 불안은 누구나 느끼지만, 성취와 자기부과적 기대를 달성하는 데 집착하는 문화는, 실패에 대한 마비적인 두려움에 시달리는 과도한 성취지향의 완벽주의자들을 대량으로 양산했다. 더 근본적으로 말하면, 이는 거절과 불충분함에 수반되는 고통에 대한 두려움이다. 이 기사에서 묘사하는 불안의 '마비적인' 차원은, "드디어 충분히 성취했기 때문에 멈출 수 있는" 순간이 결코 오지 않을 것이라는 두려움이다. 다시 말해, 결코 충분하지 못할 것, 결코 완벽하지 못할 것이라는 두려움이다.

완벽은 '선'의 적이다. 여기서 완벽이란, 기대를 달성하는 것과 동의어인데, 이는 우리가 최선이라고 '안다'고 생각하는 것에서 벗어나거나, 우리가 스스로 설정한 의제나 기대(우리의 자기입법)에 반하는 길을 가거나, 혹은 의도치 않게 새로운 이해에 도달하는 것을 가로막는다. 완벽에 대한 집착은 위험을 감수하는 것을 억제하고, 이는 다시 우리가 예상치 못한 것에 자신을 노출하는 것을 가로막는다. 오늘날 청년들이 직면한 문제는, 자신들의 안전지대 밖으로 나가려 하지 않는다는 것이며, 이는 예상치 못한 것을 환영하기보다 그것에 대한 회복탄력성을 결여하는 습관을 형성한다. 다시 말해, 적대가 과잉되고 환대가 부족한 상태이다.

소크라테스식 학습 모델

이제 나는 청소년을 위한 철학 교육에서의 경험으로 잠시 눈을 돌려, 교실에서 적대를 환대로 전환시키는 데 효과적인 어린이를 위한 철학Philosophy for Kids, P4C 교수법의 몇 가지 측면을 강조하고자 한다. 나는 동료이자 친구인 에이미 리드-샌도발과 다른 글에서 주장한 것처럼, 여기에는 다음의 측면들이 포함된다.[2] (1) 전통적인 권위 모델top-down을 교실에서 폐지하려는 시도 — 이를 통해 교사의 권위를 학생 각자의 목소리가 갖는 힘으로 대체할 가능성을 연다. (2) 학생들이 자신의 삶의 경험을 공유하고 인식론적 특수성을 제시할 수 있는 대안적 공간을 보장하는 개방적 형식을 유지하기. (3) 탐구 공동체를 구축하고 개방적 협력 대화를 촉진하는 것을 우선시하는 것. (4) 교실에서 능동적 경청과 겸손

2. Melissa Fitzpatrick and Amy Reed-Sandoval, "Race, Pre-College Philosophy, and the Quest for a Critical Race Pedagogy in Higher Education"을 참조하라. 해당 논문은 이 장의 핵심 부분과 일부 일화를 담고 있다.

을 강조하고, 철학을 일종의 자극 혹은 '촉발'provocation로 이해하고 실천함으로써 소크라테스식 대화를 촉진하려는 헌신.[3] 이 장의 논의 목적상 나는 이 네 번째 항목에 특히 집중하겠지만, 사실 네 가지 모두가 학생들에게 환대의 성향을 함양하는 데 필수적이라고 할 수 있다.

소크라테스식 학습 모형에서, 교사의 역할은 함께 [앉아] 있는 대화자가 되는 것이며, 소크라테스처럼 각 학생이 말하는 것을 경청하고 "왜"라는 질문을 던져 그들의 사유를 새로운 차원으로 밀어붙이는 것이다. 이러한 경청이야말로 참된 대화의 규정적 특징임은 명백하다. 능동적 경청은 상대방의 생각을 '환대'함으로써, 그리고 그것에 신빙성을 부여함으로써 자신의 관점을 타인의 관점과 연결하며, 궁극적으로 함께 새로운 이해에 도달하기를 기대하게 한다. 능동적 경청은 교사가 교실에서 자기 자신 또한 학습자임을 인식하고, 학생들이 타당한 지식의 원천임을 인정하는 겸손을 수반한다. 능동적 경청과 겸손에 대한 강조는, 학생들이 지식의 공동-구성에 적극적으로 참여하는 공동체를 만들기 위해, 교실에서 탐구와 대화를 우선시할 것을 요청한다. 지식을 실제로 공동-구성하고, 능동적·개방적으로 함께 사유하려면, 교실 구성원 모두가 세심하게 서로 교환하

3. 같은 글, 12~13.

는 것이 필요하며, 새로운·다른 관점에 대한 환대가 필요하다.

교실에서 환대적 대화를 촉진하는 또 다른 측면은, 철학을 일종의 **촉발**로 이해하고 실천하는 것이다. 이는 곧 철학이 불편한 제안을 주저하지 않고, 참가자를 '불쾌하게 할' 가능성을 두려워하지 않으며, 학생들에게 '너 자신을 알라'의 작업, 즉 자기 자신의 다면성 전체를 알아가는 과업에 유희적으로 참여시키는 계기가 되어야 함을 뜻한다.[4] 이는 '정치적 올바름'을 '말해져야 한다' 또는 '말해서는 안 된다'고 여겨지는 것들에 대해서도 능동적으로 질문하는 것을 포함한다. 그리고 때로는 우연한 '불쾌감'을 피하기 위해 편견을 은폐하거나 회피하는 것이, 그것을 불러일으키거나 촉발하는 것보다 더 문제적일 수 있음을 인정하는 것이다—물론 환대적인 방식으로 말이다. 이것이 우리가 '급진적 환대의 윤리'라고 부르는 것을 이해하는 한 방식이다. 교육자는 물을 흐리고 문제를 복잡하게 만드는 것을 두려

4. 클레어 카츠는 「우리 아이들을 잘 가르치기」 등의 저작에서, 델포이의 격언("너 자신을 알라")이 철학이라는 기획의 중심에 있다고 강조하며, 그것이 철학의 "본래적이고, 강력한 목표"(531)라고 말한다. 그녀는 이 명령이 주변화되는 과정에서 철학이 겪은 손실, 특히 교육에 대한 관심 상실을 설명한다. Claire Katz, "Teaching Our Children Well"을 참조하라. 보다 포괄적인 레비나스적 해결 방안을 알고 싶다면, Claire Katz, *Levinas and the Crisis of Humanism*을 보라.

워해서는 안 되며, 이러한 복잡성은 새로운 이해로 이어진다—즉, 기존의 도식에는 존재하지 않는 '그 무언가 더'를 드러낸다.

예를 들어, 2017년 여름, 나는 미시시피 델타 지역의 교육 자원이 부족한 고등학생들을 대상으로 '좋은 삶'이라는 제목의, 대학 수준의 윤리학 입문 강의를 진행하던 중이었다. 그때 한 흑인 학생이 백인들이 마을에서 어디를 가는지에 대해 언급하며 마지막에 "기분 나쁘게 들리셨다면 미안해요"라고 말했다. 나는 "왜 제가 기분이 나빠야 하나요?"라고 물었다. 학생은 잠시 조용했다. 나는 학생이 자신의 생각을 설명하도록 격려하면서, 가볍게 "그럼 제가 무엇이라고 생각하나요?"라고 물었다. 그러자 마침내 학생은 "당신은 혼혈이에요"라고 말했다. 대화가 이렇게 솔직하게 전개된 것에 조금 놀라기도 했지만—내 특권이 명시적으로 드러나고 있음을 인식하며—나는 그 언급을 인종이 권력관계 및 사회경제적 지위와 맺는 관계에 대해 토론할 기회로 삼았다. 그리고 학생들이 나에 대한 인상, 예컨대 내가 백인의 특권을 공유할 만큼 충분히 백인으로 보인다는 점 등, 서로에 대한 다양한 고정관념에 대한 이해를 풀어갈 수 있도록 대화를 조금 가볍게 만들었다. 나는 철학이 정형화된 인식들을 검토하는 실천적 활동임을, 그리고 일반화는 현상이 지닌 복잡한 면모를 온전히 담아낼 수 없음을 강조했다.

여기서 중요한 점은 내가 학생들의 사고를 바로잡으려 한 것이 아니라, 오히려 개방적이고 솔직한 대화를 장려하며 학생들이 특권·백인성whiteness·억압에 대한 자신의 이해를 드러낼 공간을 마련하고자 했다는 것이다. 이 사례가 주는 핵심 교훈은, 연령대와 관계없이 우리는 주저하지 말고 우리의 전제를 내려놓고 그것들에 대해 이야기해야 한다는 점이다. 그리고 우리 스스로에게 이렇게 물어야 한다. "우리가 놓치고 있는 것이 없는가?" '정치적 올바름'에 대한 논의는 이러한 대화를 정당화할 뿐 아니라, 대화 자체가 타자에 대한 편견을 해체하고, (그 타자가 누구이든 상관없이) 타자에 관한 금기를 넘어서는 과정의 일부로 이해하게 만든다. 그리고 이는 궁극적으로 급진적 환대 안에서 새로운 관점이 탄생하는 것으로 이어진다. 이 사례는 겉으로는 불가능해 보이는 환대가 솔직하고 열린 대화를 통해 실제로 가능해진다는 점을 보여주는 구체적 증거이다.

여기서 요점은 이해의 전환—내가 '자기-중단'self-disruption이라고 부르는 것—이 대화로부터 탄생한다는 점이다. 대화는 언제나 이미 우리와 가장 가까이에 있는 것, 즉 이방인과 낯선 것으로부터 듣는 것을 포함한다. 철학의 과제는 자기-중단이 곧 '선의 실천'임을 상기시키는 것이다. 그리고 우리는 도덕적 이해의 전환을, 어떤 일을 하거나 하지 않기로 결심하듯이 의지로만 만들어낼 수 없다. 왜냐하면 그것은 반드시 우리가 아닌 어떤 것으로부터 오는 촉발을 필요로 하기 때문이다. 그러나 우리는 이러한 전환을 가능하게 하는 '서사적 상상력'의 계기를 마련하는 경험에 참여할 수 있다. 우리는 타인의 이야기에 귀 기울일 수 있고, 대화를 나눌 수 있다.

특히 철학, 그중에서도 인문학 분야의 교육자로서 우리는 학생들을 촉발하여 그들의 현재 이해를 교란시키고, 대화를 습관화하며, 우리 자신에게는 자명하지 않은 것에 귀 기울이도록 함으로써, 그러한 방식으로 구성된 선善에 대한 감수성을 심어줄 수 있다. 그것이 아무리 우리를 불편하게 만든다 할지라도 말이다. 그리고 우리가 자신의 신념 속에 지나치게 안주하게 될 때, 우리는 학생들에게 했던 것과 같은 일을 우리 자신에게도 할 수 있다. 왜냐하면 언제나 눈에 보이지 않는 무언가가 존재하기 때문이다. 도덕철학을 이러한 방식 ― 곧 도덕적 수양의 한 형태 ― 으로 이해하는 것은, 철학이 지식epistēmē에 대한 사랑이 아니라 지혜sophia에 대한 사랑으로 남도록 보장하는 것이다. 자기-중단에 대한 이러한 감수성을 심어주는 것은 덕으로서의 **용기**를 재정립하는 과정을 시작한다. 즉, 낯설고 알 수 없는 것을 환대하는 의미에서의 용기다. 이러한 감수성은 또한 자기 자신과 그 보존만이 유일한 관심 대상이 아닌 존재 방식을 가치 있게 여기고, 그것을 가꾸고, 습관화하는 방법을 우리에게 가르쳐 준다. 앵글로-아메리카 서구 사회의 불안한 청년들에 대해 우리가 알고 있는 것을 고려할 때, 지금이 바로 이러한 작업을 수행하기에 적기이다.

공통 세계의 재갱신

한나 아렌트는 「교육의 위기」라는 에세이에서 무엇보다도 교육은 공동체가 신참자 — 즉 아동 — 에게 주목하고, 그들이 성인이 되어 공동체에 들어올 준비를 어떻게 시킬지를 결정하는 공간이라고 예리하게 지적한다. 교육자의 역할은 젊은 세대에게 있는 그대로의 세계를 소개하고, 그 세계에 대한 책임을 지도록 초대하는 것이다. 그녀는 이렇게 쓴다. "교사의 자격은 세계를 알고 그것에 대해 다른 사람들에게 가르칠 수 있는 능력에 있으며, 그의 권위는 그 세계에 대한 책임을 진다는 가정 위에 놓인다. 아이를 대하는 교사는 모든 성인 주민을 대표하는 것처럼, 세부 사항들을 가리키며 아이에게 '이것이 우리의 세계다'라고 말한다"(186). 이에 대해 아렌트는 다음과 같이 결론짓는다.

> 어른들과 아이들 사이의 관계, 혹은 보다 일반적이고 정확한 용어로 탄생성이라는 사실 — 곧 우리가 모두 태어남을 통해 이 세계에 들어왔으며, 이 세계가 그러한 탄생을 통해 끊

> 임없이 새로워진다는 사실—에 대한 우리의 태도는 우리 모두에게 관련된 문제이며, 따라서 교육학이라는 특수한 학문에만 맡겨둘 수 있는 사안이 아니다. 교육이란 우리가 이 세계를 충분히 사랑하여 그것에 대한 책임을 떠맡을 것인지, 그리고 갱신이 없다면, 새로움과 젊음의 도래가 없다면 불가피하게 닥칠 폐허로부터 이 세계를 구해낼 것인지를 결정하는 지점이다. 교육은 또한 우리가 아이들을 우리의 세계에서 내쫓지 않을 만큼 그들을 사랑하는지, 다시 말해 아이들을 제멋대로 내버려두지도 않고, 우리가 예견하지 못한 어떤 새로운 일을 시도할 기회를 그들의 손에서 빼앗지도 않으며, 오히려 아이들이 공통의 세계를 새롭게 갱신하는 과업을 그들이 수행할 수 있도록 미리 준비시키는지를 결정하는 자리이기도 하다. (193)

아렌트를 따라, 우리는 희망이란 언제나 새로운 것, 예상치 못한 것에 달려 있다고 말할 수 있을 것이다. 그리고 젊은 세대—아직 세상에 의해 닳지 않은 신참자이자 모험가들—는 미지의 영역을 탐험하고 새로운 것을 창조하는 데 결정적인 역할을 수행한다.

이 점을 염두에 둘 때, 중요한 질문은 다음과 같다. **공통 세계를 갱신하는 것은 무엇을 의미하는가?** 한 가지 분명한 대답은, 무엇보다도 젊은 세대 사이에서 타자—즉 알 수 없는 것, 예상치 못한 것, 새로운 것, 낯선 것, 미래 — 에 대한 환대의 성향을 함양하는 데 있다. 그것은 필연적으로 하나의 내기를 수반한다. 환대는 새로운 공통 기반을 발견할 수 있는 조건이다. 그리고 카니가 이 책의 두번째 장에서 주장한 것처럼, 서사적 상상력은 새로운 형태의 이해를 가능케 하는 매개일 뿐 아니라, 그것이 윤리의 가능성 조건이기도 하다(비록 그것이 윤리를 보장하지는 않더라도 말이다).[5] 이러한 통찰은, 그가 1부에서 보여주듯, 게스트북 프로젝트의 모든 작업을 떠받치고 있다. 우리는 타자의 목소리가 들릴 수 있는 공간을 열 때, 다양한 타자와 함께 번영한다는 것이 무엇을 의미하는지를 배우는 일생에 걸친 과업에 참여할 수 있다. 그리고 무엇보다도 우리는 경청을 통해 타자와 자기 자신에 대해 책임지는 법을 배운다 — 우리의 내면에 자리한 개방성을 기뻐하고, '적대-환대'의 서사적 상상력에서 태어난 정화를 포용하며, 대화는 결코 끝나지 않는다는 사실을 기억하는 것이다. 놀랍고 상상할 수 없는 이해는 문을 여는 위험을 감수하는 한 영원히 약속되어 있다.

마지막 교육학적 사례인 헬렌 T. 부르시에의 주목할 만한 논문 「위대한 교환 : 망명을 추구하는 이민자를 위한 절대적 환대의 종교 간 실천」을 간략히 살펴보자. 이 글에서

5. Richard Kearney, "Narrative Imagination."

부르시에는 미국과 멕시코 국경에서 난민들과 이야기를 나누는 비범한 실천을 서술하며, 이를 "자신이나 특정 종교를 위한 것이 아니라, 난민, 초대받지 못한 이방인, 쉴 곳 없는 외국인과 같이 정체성의 일부를 상실한 사람들을 위한 미지의 타자를 향한 환대의 선물"로 현실화한다고 말한다.[6] 비록 부르시에가 환대의 실천이 (르네 다우스너와 유사하게) 신의 형상에 따라 사는 것 — 그리고 사실상 신을 찬양하는 것 — 이라고 표현하기는 하지만, 그녀의 설명은 세속적이고 엄밀한 철학적 관점과 공명하는 지점도 함께 존재한다. 그녀가 묘사한 것은 절대적 혹은 불가능한 환대가 실제 작동하는 명확한 사례 — 즉 경제적 교환을 위한 것이 아니라 선물 자체를 위한 증여 — 이다.

부르시에는 두 명의 자원 목사 및 샌안토니오 종교 간 환영센터의 몇몇 자원봉사자와 함께 이민 구금 시설에서 활동했다. 그녀의 궁극적 목표는 미국 땅에 도착하는 낯선 이들을 목격하고 그 존재를 증언하는 것이었다. 부르시에는 다음과 같이 쓴다. "여러 종교 전통에서 온 자원봉사자들은, 난민 가정들 — 리처드 카니의 표현을 빌리면 우리 가운데 있는 '신적 이방인' — 안에서 신의 흔적을 인정한다고 말한다. 이들은 난민들을 초대받지 않은 자, 환영받지 못한 존재

6. Helen T. Boursier, "The Great Exchange."

로 보지 않는다. 오히려 카푸토가 레비나스를 해석하며 말하듯, 난민 가정들을 '[신이] 세상으로부터 물러날 때 남기는 흔적'으로 이해하는 데 동의한다."[7]

여기서 중요한 점은, 자원봉사자들이 이러한 이방인들에게 부여된 총체화된 범주를 넘어, 그들을 고유성 속에서 바라보았다는 것이다. 이는 물론 앞서 묘사된 것과 같은 전통적인 교실은 아니지만, 극도로 다른 세계관과 삶의 궤적(무슬림, 유대인, 기독교인 등)을 가진 자원봉사자들이 함께 협력하여 난민 — 즉 '나라 없는 사람들' — 에게 무엇보다도 목소리를 보장하는 안전한 공간을 마련한 것이다. 이는 곧 낯선 이들(대부분은 20대 초반의 미혼모였다)이 한 자리에 앉아, 그들의 차이를 존중받으며, 자신들의 이주 이야기를 들려줄 수 있도록 초대받은 안전한 공간이었다. 그리고 그 이야기들은 대개 이들이 국경을 넘기 위해 목숨을 거는 이유에 관한 일반적으로 퍼진 서사에 대항했다. 구금센터에서 구축된 공통 기반은 다름 아닌 **인간으로 존재함** 자체였으며, 그 안에는 삶의 모든 궤적이 포함되었다.

칸트로 돌아가자면, 부르시에가 개괄한 이러한 환대의 실천은, 현지 당국이 그들을 '히엘레라hielera(냉동실)'나 '페

---

7. 같은 글, 135~136, John D. Caputo, ed., *Deconstruction in a Nutshell*, 98에서 재인용.

레라perrera(개 우리)'로 보내는 방식과 극명하게 대조된다.[8] 다시 말해, 이들은 집단살해를 피해 도망친 난민이었다. 자원봉사자들의 소통은 존중의 모범을 보여주었고, 창조적 표현을 가능케 했다. 즉, 새로운 것을 환영하는 **탄생적 환대**를 길러낸 것이다. 이에 대해 부르시에는 다음과 같이 쓴다.

> 단순하지만 감동적인 사랑의 행위로서, 가족들이 미국 전역에 흩어진 가족들에게 갈 버스표를 확인하기 위해 서둘러 줄을 서 있는 동안, 한 자원봉사자가 각 사람의 눈을 바라보며 단순히 "비엔베니도"Bienvenido(환영합니다)라고 말한다. 한 자원봉사자는 "마지막 사람을 맞이할 때쯤, 목이 메어 거의 말을 할 수 없었다"고 말했다. 또한 구금센터 사역팀이 체육관에서 250~300명의 어머니와 아이들이 다소 혼잡하게 동시에 미술 활동을 하도록 주선할 때마다, 기쁨이 폭발했다. 버스 정류장에서 아이들과 함께 미술 활동을 하는 것도 가족과 자원봉사자들을 북돋아 주는 즐거운 휴식이었다.[9]

자원봉사자들이 실천한 환대의 교수법은 단순히 자기 자

8. 같은 글, 138.
9. 같은 글, 139.

신을 타자를 위해 이타적으로 내어주고, 자신의 필요보다 그들의 필요를 우선시하는 것이었다. 이는 식사를 제공하거나 가족을 공항까지 태워 주거나 혹은 단순히 타자의 이야기를 경청하는 것이었다. 이는 곧 타자 앞에서 그리고 타자를 향해 자신을 취약하게 만드는 것이었으며, 상호 투명성의 감각으로 뒷받침되었다. 양측 모두 숨은 의도가 없었다. 이러한 제스처의 힘은 단지 망명이 아니라, 존엄성을 가지고 대우받는 것 — 그들 자신의 나라에서는 불가능했던 것 — 을 추구하는 이민자들에게 결정적인 차이를 만들었다. 부르시에는 레비나스의 다음 말을 인용한다. **"자기의 망각은 정의를 움직인다."**[10] 그리고 그녀는 이 자기-망각이 바로 이러한 교환 속에서 실제로 일어나고 있었음을 강조하며, 겉보기에 불가능해 보이는 것이 실제로 가능함을 입증한다.

이 지점은 매우 중요하다. 이는 전 세계 교실에서 급진적 환대의 교수법을 양성할 아주 현실적인 가능성을 보여주기 때문이다. 이러한 교수법은 실질적 차이에도 불구하고 우리가 모두 동일하게 지구에 속한 존재이며, 인간이라는 이유만으로 똑같이 존엄하다는 이해에 기초한다. 우리

---

10. 같은 글, 143. Levinas, *Otherwise Than Being or Beyond Essence*, 159 [레비나스, 『존재와 달리 또는 존재성을 넘어』].

는 모두 하나의 세계에 속한다. 우리는 모두 자유롭게 존재하고 그 자유 속에서 번영할 권리를 가진다. 경계는 중요한 경계선을 표시하며, 이런 측면에서 개념과 유사하다. 그리고 경계는, 개념과 마찬가지로 다공성을 지니며 끊임없이 변화하고 언제나 적응 가능하다. 이것이 바로 삶 자체의 본성이기 때문이다.[11]

11. 교실에서 이러한 활동의 또 다른 교육학적 사례는 이 책의 2장 「이야기 환대」를 다룰 때 살펴본 게스트북 프로젝트이다. 이 기획은 "누군가 당신에게 당신이 누구냐고 묻는다면, 당신의 이야기를 들려주라"는 격언을 토대로 운영된다. 폭력을 극복하고 갈등 해결을 촉진하는 것은 바로 이것, 즉 자신의 이야기를 표현하고 타자의 이야기를 경청하는 것과 관련된다. 게스트북의 스토리바이츠(Storybites) 이니셔티브는, 타인과의 만남을 통해 시각이 급진적이거나 놀랍게 전환된 경험을 나누고자 하는 사람들이 참여할 공간을 창출하는 것을 목표로 한다. 내가 보스턴 칼리지에서 환경 윤리학 수업을 가르칠 때, 특히 자유주의 성향이 강했던 한 학생(사라)이, 켄터키주 애팔래치아 산맥 인근 "석탄 채굴 지역"에서 봉사활동을 하며 자신과 전혀 다른 시각을 수용한 최근의 경험을 스토리바이츠에 제출했는데, 거기에는 루게릭병을 앓고 있는 한 어려운 처지의 탄광 노동자가 그녀를 기꺼이 자신의 집에 환대하고, 거기에서 함께 나눈 대화가 묘사되어 있다. 2016년 대선을 앞둔 당시의 분위기 속에서, 대화는 정치와 미국의 석탄 채굴 문제로 옮겨갔다. 기후 변화의 압력과 화석 연료 배출 감축의 필요성이 있는 상황에도 불구하고 말이다. 사라는 그 노동자가 생태 위기를 외면하는 것에 적대감을 느꼈다. 하지만 그가 석탄 채굴이 자신의 생계 수단이며, 자신의 생존—말 그대로 살아남을 수 있는 능력—이 이 산업의 존속에 달려 있다고 설명하자, 그녀는 그의 처지를 이해하지 않을 수 없었다. 이는 곧, 사라가 손님으로서 그의 관점을 수용하려는 의지가 부분적으로 동기가 된, 그의 개방성과 정직성으로서의 환대가 사라로 하여금 더 복합적인 그림을 보게 해 주었다는 뜻이다. 명확히 말하자면, 이는 사라의 관점을 부정하기 위한 것이 아니라, 다

그러나 여전히 하나의 물음이 남는다. 하나의 세계에 속

른 관점이 그것을 확장하고 심화하도록 허용한 것이다. 사라의 관심사는 노동자의 그것과 완전히 달랐다. 탄광 산업이 문제적이라는 사실의 이면에 또 다른 측면이 있을 수 있다는 점을 받아들이지 못하는 듯했다. 즉, 탄광 산업이 누군가에게는 생계의 터전이 될 수 있다는 점(이 또한 사실임에도 불구하고)을 그녀는 결코 인정하려 하지 않았다. 어찌 그렇지 않을 수 있겠는가? 그녀는 석탄 채굴이 지역 경제의 근간인 곳에 살지 않기 때문이다. "불가능하게도" 정치적 경계를 넘어 환대를 선택하고 대화적 환대에 참여하는 것은 사라의 현실 이해를 확장시켰고, 그녀로 하여금 이전에 한 번도 보지 못했을 뿐 아니라 상상조차 할 수 없었던 것을 보게 했다. 사라의 이야기는, 이해받기를 고집하기보다 이해하려고 노력하는 것, 자신이 확실히 사실이라고 믿는 것(무오류성을 전제하는 것)에 대한 통제권을 내려놓음으로써 낯선 것을 수용하는 것, 그리고 언제나 눈에 보이는 것 이상이 존재함을 상기시키는 것, 그리고 미지의 영역을 탐구하고 낯선 물 속에 뛰어들 용기를 가질 때만이 — 비록 원래 소중히 여겼던 신념을 수정할 위험이 있더라도 — 우리가 성장할 수 있다는 것을 보여주는 수많은 이야기 중 하나이다. 그리고 그 성장에는 언제나 현재의 이해를 심화·확대시킬 약속이 깃들어 있다. (이집트, 크로아티아, 남아프리카 등지의 학생 사례는 http://guestbookproject.org/storybites/ 참조.) 사라의 경우, 이것이 곧 화석 연료 배출 감축의 중요성을 부정하거나, 현실적인 생태 위기를 무시하거나, 석탄 채굴 산업을 옹호하게 된다는 의미는 아니다. 이러한 입장은 객관적으로 문제가 있다. 리처드 카니가 북아일랜드의 전(前) 준군사조직 수감자들 사이에서 일어난 극적인 서사 교환의 변혁적 순간을 묘사한 예에서 보듯, 이는 적대가 아닌 환대를 선택하고 — 타자를 경청하며, 타자를 "악"으로 규정하기를 거부하는 것을 통해 사라가 자기 자신과 같은 인간으로서의 타자에 관해 어떤 것을 이해할 수 있게 된다는 뜻이다. 궁극적으로 대화적 환대를 통해, 그녀는 자기 관점의 "경계"를 더 잘 이해하게 되었고, 다른·낯선 이해 방식을, 타인과의 문명적 공존이 무엇을 의미하는지를 탐구하고 재구상하는 수단으로 인정하게 되었으며, 바로 그것을 창의적으로 촉진할 수 있게 되었다.

한 '우리'의 경계는 어디까지인가? '우리'라는 말은 지구의 다른 구성원인 비인간 존재들까지 포함하는가? 이 물음을 던지며 우리는 이 책의 종결부로 넘어갈 것이다. 그곳에는 환대의 새로운 최전선 — 비인간 타자 — 에 관한 마지막 논의가 담겨 있다.

:: 후기

환대의 새로운 개척지 : 비인간 타자

리처드 카니·멜리사 피츠패트릭

이방인을 맞이하고, 타인에게 정신적·물리적 경계를 열며, 미지의 손님을 환영하자는 (이 책 전반에 걸쳐 우리가 옹호한) 요청은 코로나바이러스 팬데믹에 의해 심각한 도전에 직면했다. 이 후기를 쓰고 있는 2020년 여름의 보스턴에서, 타인과의 관계에 관한 이전의 규범들은 근본적인 도전과 변화를 겪고 있다. 가장 기본적인 환대의 제스처인 악수는 사회적 거리두기를 지키고 전염을 막기 위해 사실상 금지되었다.[1] 타인을 돌보기 위해 환대를 중단하는, 즉 환대를 위해 환대를 유예하는 역설이다. 이와 대조적으로, 미지의 것에 대한 적대 — 그것이 팬데믹 이후의 미래이든, 경

1. 다음을 참조하라. Kearney, "Coda on Covid-19" [카니, 「맺음말 : 터치와 코로나바이러스」] ; Tim Teenan, "Coronavirus Has Killed the Power of Touch. How Do We Reconnect?"

제적 불확실성이든, 호흡 부전, 죽음, 또는 헤아릴 수 없는 다른 어떤 것이든 — 는 의심할 여지 없이 건재하며, 우리가 세계 공동체로서 직면한 이 특수한 불확실성에 의해 더욱 악화되고 있다. COVID-19는 국내외 경제를 사실상 중지시켰고, 전 세계 사람들에게 자택에 머물며 집을 나설 때 엄격한 사회적 거리두기 지침을 준수하도록 요청하거나 강요했으며, 전 세계의 국경을 닫게 만들었다. 바이러스의 빠른 확산은 무조건적 환대에 따르는 어려움들을 우리에게 상기시켰다. 바이러스 자체가 인간 타자에 의해 무심코 환영받는 비인간 타자의 표상이기 때문이다. 우리는 공중 보건을 보호하고, 과밀한 병원과 과로한 의사 및 간호사들을 구하기 위해 통례적인 환대 방식들을 중단하라는 명령을 받았다. 그러나 여전히 한 명의 시인, 크리스틴 플린츠는 바이러스를 우리의 문을 두드리는 이방인과 같은 존재로 그리며, 그들이 우리의 병들고 망가진 세상에 대한 메시지를 보내고 있다고, 우리에게 우리의 삶을 변화하길 촉구하는 초대받지 않은 손님으로 받아들여 보자고 제안했다. 「COVID-19가 인간에게 보내는 상상의 편지」라는 시에서 그녀는 상상할 수 있는 그 어떤 것만큼 불가능한 환대의 방식을 소환한다.

> 멈춰요. 그냥 멈춰요 …
> 당신의 생각이나 느낌과 달리, 우리는 적이 아니에요.

우리는 전령입니다. 우리는 동맹이에요. 우리는 균형을 잡는 힘입니다.

우리는 당신에게

멈추기를, 고요히 있기를, 귀 기울이기를 요청하고 있어요.

당신이 개인적 걱정을 넘어 모든 이들의 걱정을 살펴보기를…

지금 많은 이들이 두려워하고 있어요.

당신의 두려움을 악마화하지 마세요. 그것이 당신을 지배하게 내버려두지도 마세요. 대신, 그것이 고요함 속에서 당신에게 말하게 내버려두고, 그 지혜에 귀 기울이세요…

멈춰요.

당신이 저항하고 있는지 관심을 기울이세요.

무엇에 저항하고 있는지 관심을 기울이세요.

왜 그런지 물어보세요.

이 바이러스는 우리로 하여금 건강과 경제 발전, 양도 불가능한 권리와 세계 자본주의, 공동선과 사익추구, 철저한 준비와 편집증 사이에 존재하는 어려운 긴장들을 마주하게 했다. 팬데믹 이후의 미래가 어떠할지 묻는 물음은 미지의 것에 대한 우리의 환대의 한계를 시험한다. 또한 안정적으로 보였지만 대체로 취약했던 의제, 예측, 중단된 계획들도 시험대에 올랐다.[2] 2020년 봄 미국에서만 2천만 명이

넘는 사람들이 실업 수당을 신청했다는 사실에 비추어 볼 때, 경제적 불확실성은 많은 경우 삶과 죽음의 문제이며, 이는 식탁에 음식을 올리지 못하거나, 집세를 내지 못하거나, 의료비를 지불하지 못할 것에 대한 두려움이 바이러스에 감염될 것에 대한 어떤 두려움보다도 더 커질 수 있음을 의미한다. 의료 종사자들을 제외하고, 팬데믹에 가장 큰 영향을 받은 이들은 소수자 공동체와 이민자들이었다. 많은 이들은 비필수 사업장의 폐쇄로 일자리를 잃었고, 다른 이들은 식료품점, 약국, 버스, 기차, 은행 등 사람들이 많이 모이는 곳에서 필수 직원으로 일했다. 이는 그들의 가족과 공동체가 부유한 교외 지역의 주민들보다 높은 감염률을 보이는 결과로 이어졌다.

팬데믹의 중심에서, 철학자 마이클 샌델은 **"우리는 정말 이 상황을 함께하고 있는가?"**라는 질문을 던지며, '능력주의'와 연대 사이의 매우 현실적인 갈등에 주목해야 한다고 주장했다.[3] 바이러스는 의심할 여지 없이 타인에 대한 새로운 형태의 적대를 유발했다. 증오 기반 폭력은 또다시 추악한 머리를 들 기회를 찾았고, 필수품에 대한 강박적인 사재기로 더 취약한 공동체의 사람들은 큰 어려움을 겪어야 했

2. John Manoussakis, "Coronations."

3. Michael Sandel, "Are We All in This Together?" 또 Kearney, "Coda on Covid-19"[카니, 「맺음말 : 터치와 코로나바이러스」]를 보라.

다. 우리는 다른 사람에게 너무 가까이 다가가지 말라고, 이방인들과 여섯 피트 이상의 거리를 유지하라고, 모든 대면 형태의 사회적 모임을 피하라는 요구를 받았다. [정보통신] 기술 덕분에 우리는 여전히 우리의 가정에서 다른 사람들과 연결될 수 있었지만, 다른 것에 대한 이 특수한 적대가 인류에게 지속적인 영향을 미치지 않을 것이라고 생각하는 것은 순진할 것이다.

그렇지만 새로운 형태의 환대 또한 나타났다. 서로의 안부를 묻거나, 감사 인사를 보내기 위해 친구들과 사랑하는 사람들에게 더 정기적으로 연락하는 관행, 바이러스에 영향을 받은 이들(의사, 간호사, 생존자)의 이야기를 지지하는 큰 흐름, 최전선에 있는 이들을 위해 개인 보호 장비를 만드는 데 모든 생산 노력을 전환한 많은 지역 사업체, 나서서 손을 내미는 사람들, 그리고 무엇보다도, 사회에서 가장 취약한 이들을 위해 자택에 머물고, 마스크를 착용하며, 엄격한 사회적 거리두기 지침을 준수한 대중적 노력이 여기에 포함되며, 이 외에도 많은 사례가 있을 것이다. 이것들이 전통적인 의미에서 이방인을 집으로 환영하는 사례는 아닐지라도 그것들은 분명히 자신의 필요보다 타인의 필요를 우선시하는 사례이다.

바이러스는 우리가 타인에게 얼마나 의존적인지, 우리의 행동이 주변 사람들에게 얼마나 많은 영향을 미치는지,

그리고 우리의 취약성 안에서 우리가 얼마나 평등한지를 극적으로 상기시켰다. 격리 — 함께 홀로 있음 — 는 매일 각자의 공동체를 위해 건강을 걸고 있는 의료 전문가들과, 면역 체계가 바이러스와 관련된 질병과 싸우기 힘든 고위험군 개인들에 대한 명백한 환대의 행위이다. 이러한 환대의 움직임들은 모두 전체 공동체의 안녕이 우리 자신의 안녕이며 그 반대도 마찬가지라는 중요한 이해에 기반을 두고 있었다. 우리는 타인이다. 우리는 모두 서로에게 타인이다. 다시 한번, 크리스타 티펫을 인용하자면, "이 전환 앞에서 우리의 취약성과 연약함은 다르지만" 그리고 많은 경우 견딜 수 없지만, 우리는 모두 전환하고 있으며, 헤아릴 수 없는 것 속으로 함께 걸어가고 있다. 이러한 전환은 우리가 인생에서 직면하는 가장 어려운 일들 중 하나이다.[4] 이 힘들고 과도기적인 순간에는, 미지의 것에 대한 겸손과 환대가 필수적이다. 왜냐하면 우리가 통제할 수 있는 것은 한정되어 있기 때문이다.

이러한 점을 염두에 두면 우리가 직면한 과제 두 가지가 보인다. 하나는 우리 자신을 환대하는 주체, 주인으로 이해하는 데 있어 분별력이 수행하는 역할에 대한 것이고, 또 다

4. Krista Tippett, "Living the Questions"(팟캐스트)와 Julia Kristeva, "L' humanité redécouvre la solitude existentielle, le sens des limites et la mortalité"을 참조하라.

른 과제는 신중함과 무조건적 환대 사이의 균형을 유지하는 일이다. 만약 문을 여는 것이 치명적이지는 않더라도 재앙적인 결과로 이어진다면 어떨까? 이 책 전반에서 우리는, 손을 내밀었을 때 적대와 맞닥뜨릴 수도 있는 상존하는 위험을 무릅쓰고, 편견과 예단을 기꺼이 보류하는 태도의 중요성을 옹호했다.

모든 상황에서 어떻게 분별해야 할지 [우리가 모두] 알 수는 없지만 — 각각의 경우가 다르므로 — 우리는 어떤 방식으로든 우리가 계속해서 새롭고, 놀라우며, 낯선 것을 마주칠 기회가 있을 것이라고 말할 수 있다. 그 만남에 우리가 어떻게 반응하는지가 모든 차이를 만들며, 그것은 다른 사람의 관점을 이해하려는 위험을 감수하는 것을 포함해야 한다. 극단적인 경우, 이것은 문을 여는 것이 우리의 종말로 이어질 수 있거나, 상대방이 그 제스처에 화답할 준비가 되어 있지 않거나, 들을 준비가 되어 있지 않거나, 환영할 준비가 되어 있지 않음을 의미할 수 있다. 비록 우리 각자의 마음 깊은 곳에는 관용적이고 해방적인 충동이 있다는 신념을 고수하지만 말이다. 우리는 주인이다. 또한 우리는 손님이다. 이는 [우리가] 이러한 충동으로 돌아가고 다른 사람들이 돌아가도록 돕는 시도가 결코 헛되지 않음을 의미한다. 비록 '완벽한' 결과를 약속할 수 없으며, 그 작업은 결코 끝나지 않겠지만 말이다. 환대의 가능성은 진정으로 무한하며, 결코 인간 세계에만 국한되어서는 안 된다.

비인간 이방인에 대한 환대의 윤리학이 무엇을 수반할지에 대한 완전한 논의는 주로 인간 타자에 대한 환대에 초점을 맞춘 이 책의 범위를 넘어선다. 하지만 우리는 여기서 제시하는 틀을 통해 환경적인 **비-인간-타자** 쟁점들이 어떻게 이해될 수 있는지 간략하게 언급하고자 한다. 생태 위기와 관련된 사실들은 매우 명백하다. 기후는 뜨거워지고 있으며, 섬과 해안 공동체는 (먼저) 위기에 처할 것이다. (산업화된 국가들의 경제 활동의 결과인) 기후 난민들의 지위는 현실적이고 세계적인 문제가 될 것이며, 우리가 아는 비인간 자연 세계(그리고 그 취약한 생태계)는 더욱 나빠질 것이다. 그렇다면 우리가 직면한 질문은 이것이다. 이 모든 것에서 환대는 어떤 역할을 하는가? 그들의 집이 더 이상 존재하지 않을 때 기후 난민들을 맞이하고 그들의 출신과 상관없이 그들을 포용해야 할 매우 명백한 필요성을 넘어, 자연 세계를 '타자'로서 맞이한다는 것은 무엇을 의미할 수 있는가? 자연과의 관계에서, 우리가 사실상 환대받는 쪽이라는 도전이 제기될 수 있으며, 이는 분명히 사실이다. 우리는 이 지구의 손님이다. 그리고 자연은 우리가 좋든 싫든 (자연재해와 기후 변화에서부터 국경을 모르는 질병에 이르기까지) 우리 삶의 손님이 되기를 요구한다. 강, 동물, 나무 등이 타자와 같은 방식으로 '우리의 문을 두드리지' 않지만, 그들은 우리가 도시 공간을 만들기 오래전부터 여기에 있었다. 우리는 그들에게 우리의 생활방식이 공존에 괜찮은지 물어보지도 않고 동거를 강요했다.

이를 염두에 두면, 환대는 생태적 행동의 패러다임으로 작용할 수 있음이 분명해 보인다. 많은 사람들은 자신을 비인간 세계와 함께하는 취약한 생태적 그물의 일부라고 인식하지 않고, 그들의 이익과 습관을 유지하는 데 더 관심이 있으며, 따라서 환경 문제를 적대적으로 보고 외면한다. 이것이 인류세Anthropocene의 저주 중 하나였다. 또한 자연을 인간중심적 목적(예를 들어, 직물 산업이 염료로 강을 파괴하거나, 대규모 농업이 소 사육 공간을 만들기 위해 아마존의 일부를 파괴하는 행위)을 위해 착취하기보다는 그대로 두는 결단을 내리기 위해서는 자연의 광대함을 목격하고 자연을 인간의 이익을 위한 수단으로 사용하지 않는 환대의 행위가 필수적이라는 점도 분명해 보인다. 자연을 그대로 두는 것—즉, 자연을 존중하는 것—은 그 자체로 착취와 조작이라는 적대적 행위를 거부하는 환대의 행위이다. 자연을 우리 삶으로 환영하고 자연이 우리를 다시 환영하게 하는 것은 아직 취해져야 할 또 다른 단계이다.

생명중심주의biocentrism라는 새로운 모델은 자연에 대한 환대를 지지한다.[5] 그것은 자연에 대한 존중의 태도를 옹호한다. 즉, 모든 살아있는 유기체(인간 및 비인간)를 동등한 내재적 가치를 가진 것으로 대우하려는 도덕적 약속이며, 따라서 인간에 대한 존중의 논리를 확장하여 — 자연에 대한 환대 속에서 행하는 것이다. 이 전망은 특히 인간이 인간만큼이나 취약한 다른 유기체들과 세계를 공유한다는 이해를 수반한다. '표피적 취약성'은 양방향으로 작용한다. 이를 넘어, 그것은 인간이 문자 그대로 비-인간 타자들에 의해 구성된다는 사실에 달려 있다. 다른 형태의 생명 없이는 우리는 존재하기를 멈출 것이다. 명백한 사실을 말하자면, 우리는 광대한 숲의 나무에서 나오는 산소 없이는 숨을 쉴 수 없고, 신선한 물 없이는 살 수 없으며, 자연이 제공하는 풍요로움 없이는 우리 자신을 부양할 수 없다. 우리가 존재하기에 내가 존재한다. 그리고 여기서의 '우리'는 인간 이상의 존재들을 포함한다. 우리는 자연의 주인이자 볼모이다. 그리고 그 반대도 마찬가지다.

모든 살아있는 존재는 생명력을 가지고 있으며, 따라서 자신의 이익을 증대시키고자 한다(예를 들어, 빛을 찾는 꽃이 그러하다). 이 점이 바로 그들에게 손님으로서 환대받을 권리가 있는 도덕적 존재로서의 지위를 부여한다고 주장할 수 있다. 이는 인간에 대해 칸트가 제시한 것과 유사한 방식이다. 그러나 인간 이성의 내재적 우월성에 대한 편견은 완

---

5. Paul Taylor, "The Ethics of Respect for Nature."

전히 자의적이며, 근거가 부족하거나 근거가 없는 편견에 기반을 두고 있다. 또한 인간이 동물보다 낫다고 말하는 것은 부유한 사람이 가난한 사람보다 더 가치 있다고 말하는 것과 무엇이 다른가? (그리고 인간이 동물보다 뛰어난 경우는 아주 특정한 경우뿐이지 않는가? 실종된 사람의 발자국을 식별하는 데는 개가 더 낫지 않을까?) 두 경우 모두 선호나 취향의 한 형태에 기반을 두며, 이는 궁극적으로 사익 추구의 한 형태이다. 인간의 우월성에 대한 이 편견은 우리 인간 종과 다른 것에 대한 환대의 부족으로 인해 점검될 필요가 있는 이데올로기적 인류세의 한 사례라고 주장할 수 있다. 우리의 생태 위기를 염두에 둘 때, 인간중심적 편향을 성찰하는 대화는 중요할 뿐 아니라 — 우리가 거듭 상기하듯 — 이 행성에서 생명이 지속되기 위해서도 필수적이다. 여기에는 서로 다른 영적·지적 세계관을 환대하는 종교 간 환대와의 유비가 있다. 곧, 자신이 속한 문화의 기존 질서를 도전하게 하고, 손님(그것이 인간이든, 동물이든, 신적 존재이든)의 낯섦에 의해 그 문화가 변화되도록 허용하는 환대의 방식과 닮아 있다.

이 모두는 다가오는 생태 위기가 전례 없는 국제적 협력(이야기 환대, 협력을 위한 대화 등)을 요구한다는 의미이다. 생태 위기는 우리의 지구와 관련하여 우리(지구의 모든 다양한 거주자들)가 하나의 공동체라는 이해에 기반해 협력할 필요를 드러낸다. 이러한 요청은 종종 적대적 반응을 야기하는데, 이는 우리가 불안의 시대, 분열된 양당 정치, 국경 위기, 외국인 혐오, 생태적 혼란 및 세계적 팬데믹의 시대에 살고 있음을 증명한다. COVID-19는 세계 공동체로서 우리가 경험할 마지막 팬데믹이 아닐 수 있다. 이는 또한 이방인에 대한 적대의 경험이 우리 미래의 일부가 되는 것을 피하기 어렵다는 것을 의미한다. 그렇다고 이것을 피할 수 없는 파멸로 이해할 필요는 없다. 오히려 새로운 다리를 놓고, 우리가 누구인지, 어디로 가고 있는지, 우리가 그런 존재인 이유는 무엇인지에 대한 미지의 이해를 탐구하라는 시의적절한 자극으로 그것을 이해할 수도 있다.

두 개의 부로 구성된 이 책에서 우리가 강조하고자 한 것은 다음과 같다. 환대하는 공통장commons은 차이를 인식하고, 번역 불가능한 것을 존중하며, 수적 확실성으로 알 수 있는 것과 알 수 없는 것의 한계에 대한 통제를 포기하는 힘든 작업을 포용함으로써만 형성될 수 있다. 이데올로기와 정체성을 비판하고, (복잡하고 고통스러운 역사에 비추어) 타인과 우리 자신에 대한 우리의 이해를 다시 상상하는 일은 항상 먼저 타자 — 과부, 고아, 외국인, 비인간, 또는 우리가 상상조차 할 수 없는 서사적 이방인 — 에게 귀를 기울이고, [우리 소유를] 기꺼이 교환하는 것에서 시작된다. 우리가 이 책 전반에 걸쳐 해명하고자 한 것처럼, 우리는 타인을 환대함으로써 우리 자신이 된다. 우리가 우리의 자아로 돌아가는 유일한 길은 결국 우리를 환대하는 타인과 나누는 말과 접촉을 통해, 우리가 스스로 볼 수 없는 것을 우리에게 보여줌을 통해서이다.

:: 감사의 말

본 저서에 시각적 도판 게재를 기꺼이 허락해 주신 게스트북 프로젝트, 트윈섬 마인즈 공연, 그리고 뉴욕시에 소재한 아일랜드 대기근 기념비의 예술가 브라이언 톨에게 감사의 말을 전합니다. 또한 본 저서를 완성하는 데 있어 아낌없는 격려와 지침을 주신 포덤대학교 출판부의 톰 레이(기획 편집자), 에릭 뉴먼(편집장), 그레고리 맥너미(교정 편집자), 잭 카푸토(시리즈 편집자)에게도 깊은 감사를 드립니다. 마지막으로, 본 저서의 최종 원고 교정 및 색인 작업을 위해 귀중한 도움의 손길 내주신 안나 보센쿨 님께도 진심으로 고마움을 표합니다.

:: 옮긴이 후기

1. 불길한 예감? 왜 지금 환대인가

이 책의 번역을 마무리하는 2025년 겨울, 세계의 풍경은 저자들이 원고를 집필하던 당시보다도 더욱 황량해진 듯하다. 러시아-우크라이나 전쟁의 장기화, 중동 지역의 격렬한 충돌, 그리고 여러 지역에서 이어지는 분쟁은 전례 없는 규모의 난민과 실향민을 낳았을 뿐 아니라 수많은 생명을 앗아갔다. 지구 평균 기온은 최고치를 경신하는 흐름 속에서 폭염과 홍수, 태풍과 대규모 산불 같은 재난이 반복되며, 기후 위기는 더 이상 '예외적 사건'이 아니라 예측 가능한 일상이 되어가고 있다.

그럼에도 세계는 이러한 위기에 공동으로 대응하기는커녕, 각자도생의 논리와 보호주의, 정치적·정서적 단절을 더욱 심화시키는 방향으로 나아가는 듯하다. 위기가 심화될수록 타자의 고통에 응답하기보다는 그것을 차단하고 관리하려는 경향이 강화된다. 세계가 점점 더 나빠질지도 모른다는 '불길한 예감'은 이제 소수 전문가들의 경고가 아니라, 많은 이들이 일상에서 체감하는 감각이 되었다.

전쟁과 기후 위기로 인한 대규모 이주 앞에서 낯선 존재에 대한 두려움은 증폭된다. 저자들은 이 두려움의 뿌리에서 위험을 원천적으로 차단하려는 폐쇄적 충동을 포착한다. 안전과 순수성을 빌미로 이질적인 존재를 배척하는 '면역의 논리'가 사회를 지배하고 있다는 진단이다. 한국도 예외는 아니다. 2018년 제주 예멘 난민 논쟁부터 2025년 11월 베트남인 뚜안 씨의 안타까운 죽음에 이르기까지, 우리 곁의 비극들은 환대가 추상의 영역을 넘어선 생존의 문제임을 증명한다. 이제 환대는 선택 가능한 도덕이 아니라 한 인간 (그리고 우리 모두의) '살 권리'를 지키기 위한 실질적 쟁점이 되었다. 이러한 흐름 속에서 이 책은 우리에게 다음과 같은 근본적인 질문들을 던진다.

누가 안에 있고 누가 밖에 있는가?

누가 머물러야 하고 누가 떠나야 하는가?

누가 보호받을 자격이 있으며, 그 기준은 누가 결정하는가?

그리고 이 모든 판단은 어떤 이해관계와 권력의 작동 속에서 이루어지는가?

2. '급진적' 환대의 의미와 책의 구성

책의 제목인 『급진적 환대』에서 '급진적'radical이라는 말은 환대의 요구를 사안의 뿌리radix에서부터 다시 묻겠다는 의지인 동시에, 자아의 견고한 토대를 흔들어 주체가 애초부터 타자에게 열려 있을 뿐 아니라, 이미 타자에게 '점유'되어 있었음을 드러내는 표현이다. 따라서 여기서 환대는 여유가 있을 때 베푸는 덕목이라기보다, 나의 선택보다 앞서 도착한 타자의 부름에 응답해야만 하는 '무시원적'anarchic 책임을 전면적으로 수용하는 결단이다. 레비나스의 말대로 주체는 처음부터 '볼모'이며, 이 근원적 응답 속에서만 비로소 자신을 발견한다.

책은 이러한 요청을 두 개의 층위에서 전개한다. 1부에서 리처드 카니는 언어, 이야기, 신앙, 육체라는 네 가지 차원을 통해 환대의 다양한 얼굴을 탐구한다. 특히 하버마스적 세속 이성의 한계를 넘어서는 '신앙고백적 환대'나, 분쟁지역의 이야기를 교환하는 '게스트북 프로젝트'를 통해 이야기와 상상력이 어떻게 화해를 가능하게 하는지 보여준다. 그리고 이를 통해 철학적 개념을 실천과 행위의 영역과 연결한다.

2부에서 멜리사 피츠패트릭은 환대의 윤리를 지탱하는 도덕 심리학과 타자성의 현상학을 깊이 있게 분석한다. 그는 우리가 왜 환대라는 '내기'를 회피하려 하는지 추적하며, 칸트와 레비나스, 아렌트의 사유를 가로질러 주체가 어떻게 타자에게 응답하는 존재로 형성되는지를 탐구한다. 이 과정에서 환대는 더 이상 추상적 이상이 아니라, 불안과 위험을 감수해야만 성립하는 윤리적 실천으로 드러난다.

3. 주인됨의 역설 : 칸트, 레비나스, 아렌트

이 책이 던지는 중요한 도전 중 하나는 우리가 익숙하게 사용해 온 '주인됨'이라는 개념에 대한 재사유이다. 참된 주인이란 자기 주권을 배타적으로 행사하는 존재가 아니라, 타자가 들어올 수 있도록 자리를 내어주고 그로 인해 발생하는 불확실성을 감내하는 윤리적 역량을 지닌 존재다.

칸트는 환대를 박애나 호의가 아닌 '권리'의 문제로 정식화함으로써, 지구라는 공동의 표면 위에서 누구도 적대시되어서는 안 된다는 최소한의 규범을 제시했다. 레비나스는 이를 한층 더 급진화하여, 환대를 선택 이전의 무조건적 책임으로 사유하며 주체를 타자의 요구에 노출된 '인질'hostage로 규정한다. 아렌트는 이러한 윤리적 구조를 정치의 차원으로 확장하여, 새로운 존재의 출현 — 곧 탄생성 — 만이 공동 세계를 폐허로부터 구해낼 수 있다고 말한다. 이처럼 이 책은 환대를 감정이나 도덕적 선의가 아니라, 세계를 지속 가능하게 만드는 조건으로 사유하도록 우리를 이끈다.

4. 교실에서 생태적 전환까지 : 행위로서의 환대

이 책이 도달하는 가장 인상적인 지점은 환대의 문제가 교실과 생태라는 구체적 장면으로 귀결된다는 점이다. 교실은 서로 다른 언어와 가치, 경험이 충돌하는 공간이며, 환대가 추상적 이상이 아니라 일상의 실천으로 번역되는 현장이다. 이런 관점에서 이 책은 아이들이 공동 세계를 갱신할 기회를 배우는 장소로서 교실의 중요성을 특별히 강조하며, 교육에 더 큰 관심을 기울일 것을 요청한다.

더 나아가 책은 인간 중심주의의 경계를 넘어 '생태적 환대'로 나아간다. 기후 위기의 시대에 동물과 식물, 나아가 지구 자체는 이미 우리의 문 앞에 도착한 손님들이다. 만약 환대가 타자에게 자리를 내어주는 일이라면, 그 타자의 범주는 이제 인간을 넘어 우리와 함께 존재하는 모든 존재로 확장되어야 한다.

5. 불가능해 보이는 내기에 참여하기

옮긴이로서 이 책을 우리말로 옮기는 일은, 여러 철학자들을 경유하는 사유를 한국어라는 집으로 초대하는 또 하나의 '언어적 환대'였다. 그러나 이 책의 문제의식은 한국의 독자들에게 결코 낯설지 않을 것이다. 난민을 향한 공포, 이

주민에 대한 의심, 다름을 위협으로 환원하는 정서가 만연한 지금, 이 책이 강조하는 환대의 윤리는 더없이 절실한 요청으로 다가온다.

이 책은 '세계가 더욱 나빠질 것이라는 불길한 예감이 단지 파국을 기다리는 무력한 시간이 아니라, 오히려 서로를 지탱하는 공동 세계의 조직으로 이어지게 할 수는 없을까?'라는 질문을 던진다. 저자들이 강조하듯 환대는 언제나 실패의 가능성을 품은 위험한 '내기'wager일 수밖에 없다. 그러나 이 불확실한 내기에 기꺼이 참여하는 것만이 우리가 세계에 대한 책임을 다하는 길이며, 우리 자신을 적대의 논리로부터 구해 내는 유일한 방식임을 이 책은 설득력 있게 보여준다. 이 책이 공동 세계로 향하는 문틈을 계속해서 열어두는 작은 계기가 되기를 바란다.

함께 고민하며 원고를 다듬어 주신 갈무리 출판사와 공동 역자 김동규 박사님, 그리고 늘 곁을 지켜주는 가족과 친구들에게 깊은 감사를 전한다.

2025년 12월

강지하

:: 참고문헌

Arendt, Hannah. *Between Past and Future*. New York : Penguin, 1968. [한나 아렌트, 『과거와 미래 사이』, 서유경 옮김, 한길사, 2023.]

_____. *Eichmann in Jerusalem*. New York : Viking Press, 1963. [한나 아렌트, 『예루살렘의 아이히만』, 김선욱 옮김, 한길사, 2011.]

_____. *The Human Condition*. Chicago : University of Chicago Press, 1958. [한나 아렌트, 『인간의 조건』, 이진우 옮김, 한길사, 2017.]

_____. *The Jewish Writings*. New York : Schocken Books, 2007. [한나 아렌트, 『유대인 문제와 정치적 사유』, 홍원표 옮김, 한길사, 2022.]

_____. *The Origins of Totalitarianism*. Orlando, FL : Harcourt Books, 1968. [한나 아렌트, 『전체주의의 기원 1, 2』, 박미애·이진우 옮김, 한길사, 2006.]

_____. *Responsibility and Judgment*. New York : Schocken Books, 2003. [한나 아렌트, 『책임과 판단』, 서유경 옮김, 필로소픽, 2019.]

_____. "Thinking and Moral Considerations." In *Responsibility and Judgment*. Edited by Jerome Kohn, 159-196. New York : Schocken Books, 2003. [한나 아렌트, 「사유와 도덕적 고려」, 『책임과 판단』, 서유경 옮김, 필로소픽, 2019.]

Balfour, Lindsay. *Hospitality in a Time of Terror : Strangers at the Gate*. Lewisburg, PA : Bucknell University Press, 2018.

Baring, Edward, and Peter E. Gordon. *The Trace of God : Derrida and Religion*. New York : Routledge, 2014.

Becker, Brian, John Panteleimon Mannousaki, and David M. Goodman. *Unconscious Incarnations : Psychoanalytic and Philosophical Perspectives on the Body*. New York : Routledge, 2018.

Benjamin, Walter. "The Task of the Translator." In *Illuminations*, 69-82. New York : Harcourt Brace Jovanovich, 1973. [발터 벤야민. 「번역자의 과제」, 『언어 일반과 인간의 언어에 대하여 / 번역자의 과제 외』, 최성만 옮김, 도서출판 길, 2008, 119~142.]

Benveniste, Emile. *Le vocabulaire des institutions indo-européenes*. Paris : Éditions de Minuit, 1968. [에밀 벤베니스트, 『인도·유럽사회의 제도·문화 어휘연구』, 김현권 옮김, 아르케, 1999.]

Bergdahl, Lovisa. "Lost in Translation : On the Untranslatable and Its Ethical Implications for Religious Pluralism." Paper read at the Society for Continental Philosophy and Theology Conference at Gordon College, Wenham, Massachusetts, 2008.

Bergo, Bettina. "Emmanuel Levinas", *Stanford Encyclopedia of Philosophy*. 2025년 9월 25일 수정. 2026년 1월 14일 접속. https://plato.stanford.edu/entries/levinas/.

_____. "Ontology, Transcendence, and Immanence in Emmanuel Levinas's Philosophy." *Research in Phenomenology* 35 (2005) : 141-179.

Berman, Antoine. L'Épreuve de l'étranger. Paris : Gallimard, 1984. [앙트완 베르만, 『낯선 것으로부터 오는 시련』, 이향·윤성우 옮김, 철학과현실사, 2009.]

Bhabha, Homi. *The Location of Culture*. New York : Routledge, 1994. [호미 바바, 『문화의 위치 : 탈식민주의 문화이론』, 나병철 옮김, 소명출판, 2012.]

Block, Peter, Walter Brueggemann, and John McKnight. *An Other Kingdom : Departing the Consumer Culture*. Hoboken, NJ : Wiley, 2016.

Boursier, Helen T. *The Ethics of Hospitality : An Interfaith Response to US Immigration Policies*. Lanham, MD : Lexington Books, 2021.

_____. "The Great Exchange : An Interfaith Praxis of Absolute Hospitality for Immigrants Seeking Asylum." In *The Meaning of My Neighbor's Faith : Interreligious Reflections on Immigration*. Edited by Alexander Y. Hwang and Laura E. Alexander, 133-147. Lanham, MD : Lexington Books, 2019.

Brewer, Talbot. *The Retrieval of Ethics*. Oxford : Oxford University Press, 2009.

Butler, Judith. "Precarious Life, Vulnerability, and the Ethics of Cohabitation." *Journal of Speculative Philosophy* 26, no. 2 (2012) : 134-151.

Camus, Albert. "The Myth of Sisyphus." In *Basic Writings in Existentialism*. Edited by Gordon Marino, 489-492. New York : Modern Library, 2004. [알베르 카뮈, 『시지프 신화』, 김화영 옮김, 책세상, 2025.]

Caputo, John D. *The Insistence of God : A Theology of Perhaps*. Bloomington : Indiana University Press, 2013.

_____. "Reason, History and a Little Madness : Towards an Ethics of the Kingdom." In *Questioning Ethics : Contemporary Debates in Philosophy*. Edited by Richard Kearney and Mark Dooley, 84-104. New York : Routledge, 1998.

Caputo, John, and Michael Scanlon. *God, The Gift, and Postmodernism*. Bloomington : Indiana University Press, 1999.

Casey, Edward. "Strangers' Gate." In *Phenomenologies of the Stranger : Between Hostility and Hospitality*. Edited by Richard Kearney, 39-48. New York : Fordham University Press, 2010.

Cavanaugh-O'Keefe, John. *Strangers : 21 Claims in the Old Testament*. Self-published, 2016.

Cicura, Donatien. *Identity and Historicity : Hermeneutics of Contemporary African Marginality*. Saarbrücken : VDM Verlag Dr. Müller, 2009.

Claviez, Thomas. *The Conditions of Hospitality : Ethics, Politics, and Aesthetics on the Threshold of the Possible*. New York : Fordham University Press, 2013.

Cornille, Catherine. *The Im-Possibility of Interreligious Dialogue*. New York : Herder & Herder, 2008.

Corpt, Elisabeth. "Encountering the Psychoanalyst's Suffering : Discussion of Kearney's 'A Hermeneutics of Wounds'." In *Unconscious Incarnations*. Edited by Brian Becker et al., 43-49. New York : Routledge, 2018.

Dausner, René. "Humanity and Hospitality : An Approach in the Times of Migration." *The Religious and Ethnic Future of Europe/Scripta Instituti Donneriani Aboensis* 28 (2018) : 51-67.

Davis, Bret. "Zen's Non-egocentric Perspectivism." In *Buddhist Philosophy : A Comparative Approach*. Edited by Steven Emmanuel, 123-143. Chichester : Wiley-Blackwell, 2018.

Denizet-Lewis, Benoit. "Why Are More American Teenagers Than Ever Suffering from Severe Anxiety?" *New York Times Magazine*, October 11, 2017.

Derrida, Jacques. *The Ear of the Other : Otobiography, Transference, Translation*. New York : Schocken Books, 1985.

_____. "Hospitality, Justice and Responsibility : A Dialogue with Jacques Derrida." In *Questioning Ethics : Contemporary Debates in Philosophy*. Edited by Richard Kearney and Mark Dooley. New York : Routledge, 1998 : 66-83.

_____. *The Gift of Death*. Chicago : University of Chicago Press, 1995.

_____. *Given Time*. Chicago : University of Chicago Press, 1992.

_____. *Of Hospitality*. Paris : Galilée, 2000. [자크 데리다, 『환대에 대하여』, 이보경 옮김, 필로소픽, 2023.]

_____. *On Cosmopolitanism and Forgiveness*. New York : Routledge, 2001.

_____. "On the Gift." In *God, The Gift, and Postmodernism*. Edited by John Caputo and Michael Scanlon, 130-137. Bloomington : Indiana University Press, 1999.

_____. *Specters of Marx*. New York : Routledge, 1994. [자크 데리다, 『마르크스의 유령들』, 진태원 옮김, 그린비, 2014.]

de Vries, Hent, and L. E. Sullivan. *Political Theologies : Public Religions in a Post-Secular World*. New York : Fordham University Press, 2006.

Eisenstein, Charles. *Sacred Economies : Money, Gift and Society in an Age of Transition*. Berkeley : North Atlantic Books, 2011.

Ellsworth, Elizabeth Ann. "The U.S. Holocaust Museum as a Scene of Pedagogical Address." *Symploke* 10 (2002) : 13-31.

Epstein, Tom, ed. "On Hosting the Stranger." Special issue of *New Arcadia Review* 4 (2010).

Fitzpatrick, Melissa, and Amy Reed-Sandoval. "Race, Pre-College Philosophy, and the Quest for a Critical Race Pedagogy in Higher Education." *Ethics and Education* 13, no. 1 (2018) : 105-122.

Foster, R. F. *The Irish Story : Telling Tales and Making It Up in Ireland.* London : Allen Lane, 2001.

Freud, Sigmund. "Mourning and Melancholy." In *The Pelican Freud Library,* 2, 251-268. London : Penguin, 1984. [지그문트 프로이트, 「애도와 멜랑콜리」, 『프로이트 전집 4』, 홍준기 옮김, 세창출판사, 2025.]

Frodeman, Robert, and Adam Briggle. "When Philosophy Lost Its Way." *New York Times*, January 11, 2016.

Gadamer, Hans-Georg. *Truth and Method.* London : Sheed & Ward, 1975. [한스 게오르그 가다머, 『진리와 방법 1, 2』, 이길우·이선관·임호일·한동원(1), 임홍배(2) 옮김, 문학동네, 2012.]

Gibbons, Luke. *Transformations in Irish Culture.* Cork : Cork University Press, 1996.

Gobodo-Madikizela, Pumla. *Dare We Hope? Facing Our Past to Find a New Future.* Cape Town : Tafelberg, 2014.

_____. *A Human Being Died That Night : A South African Woman Confronts the Legacy of Apartheid.* New York : Houghton Mifflin, 2003.

_____. "Remorse, Forgiveness, and Rehumanization : Stories from South Africa." *Journal of Humanistic Psychology* 42, no. 1 (2002) : 7-32.

_____. "Trauma, Forgiveness and the Witnessing Dance." *Journal of Analytical Psychology* 53, no. 2 (2008) : 169-188.

Guenther, Lisa. *The Gift of the Other : Levinas and the Politics of Reproduction.* Albany : State University of New York Press, 2006.

Habermas, Jürgen. "A Conversation about God and the World." In *Religion and Rationality : Essays on Reason, God and Modernity.* Edited by Eduardo Mendieta, 147-169. Oxford : Blackwell, 2000.

_____. *Between Naturalism and Religion*. Cambridge : Polity Press, 2006.

_____. "Religion in the Public Sphere." European Journal of Philosophy 14, no. 4 (2006) : 1-25.

Habermas, Jürgen, and Jacques Derrida. *Philosophy in a Time of Terror : Dialogues with*

Jürgen Habermas and Jacques Derrida. Edited by Giovanna Borradori. Chicago : University of Chicago Press, 2003. [지오반나 보라도리, 『테러 시대의 철학 : 하버마스, 데리다와의 대화』, 손철성·김은주·김준성 옮김, 문학과지성사, 2004.]

Habermas, Jürgen, and Joseph Ratzinger. *The Dialectics of Secularization*. San Francisco : Ignatius Press, 2006.

Heaney, Seamus. *The Redress of Poetry*. New York : Farrar, Straus and Giroux, 2011.

Hénaff, Marcel. *The Philosophers' Gift : Reexamining Reciprocity*. New York : Fordham University Press, 2019.

Higgins, Michael D. "Reflection on the Gorta Mór : The Great Irish Famine." In *When Ideas Matter : Speeches for an Ethical Republic*, 54-74. London : Zeus Head, 2016.

Huntington, Samuel. *The Clash of Civilizations and the Remaking of the World Order*. New York : Simon & Schuster, 2003. [새뮤얼 헌팅턴, 『문명의 충돌』, 이희재 옮김, 김영사, 2016.]

_____. *Who Are We? The Challenge to America's National Identity*. New York : Simon & Schuster, 2004. [새뮤얼 헌팅턴, 『새뮤얼 헌팅턴의 미국, 우리는 누구인가』, 형선호 옮김, 김영사, 2017.]

Hyde, Lewis. *The Gift : Creativity and the Artist in the Modern World*. New York : Vintage Books, 1979. [루이스 하이드, 『선물』, 전병근 옮김, 유유, 2022.]

Joyce, James. *Finnegans Wake*. New York : Viking Press, 1939. [제임스 조이스, 『피네간의 경야』, 김종건 옮김, 어문학사, 2018.]

Judt, Tony. *Postwar*. New York : Penguin, 2005. [토니 주트, 『포스트워 1945-2005 1, 2』, 조행복 옮김, 플래닛, 2008.]

Kant, Immanuel. *Critique of Pure Reason*. Translated and edited by Paul Guyer and Allen W. Wood. Cambridge : Cambridge University Press, 1998. [임마누엘 칸트, 『순수이성비판 1-2』, 백종현 옮김, 아카넷, 2006.]

_____. *Lectures on Ethics*. Translated by Louis Infield. New York : Harper & Row, 1963.

_____. *Metaphysics of Morals in Practical Philosophy*. Edited by Lara Denis. Cambridge : Cambridge University Press, 1996.

_____. *Practical Philosophy*. Translated and edited by Mary J. Gregor. Cambridge : Cambridge University Press, 1996.

Katz, Claire Elise. *Levinas and the Crisis of Humanism*. Bloomington : Indiana University Press, 2013.

_____. "Teaching Our Children Well : Pedagogy, Religion and the Future of Philosophy." *Crosscurrents* (Winter 2004) : 530-545.

Kearney, Anne Bernard. *Lovers, Queens and Strangers*. Dublin : A and A Farmer, 1999.

Kearney, Richard. *Anatheism*. New York : Columbia University Press, 2010. [리처드 카니,『재신론』, 김동규 옮김, 갈무리, 2021.]

_____. "Be the Difference." In *Be the Change*. Edited by Maurice Sweeney. Dublin : Drombeg Books, 2015.

_____. "Coda on Covid-19." In *Touch : Recovering Our Most Vital Sense*, 133-140. New York : Columbia University Press, 2021. [리차드 카니,「맺음말 : 터치와 코로나바이러스」,『터치 : 생명의 감각을 회복하다』, 김연민·김은혜 옮김, 한국문화사, 2025.]

_____. *Debates in Continental Philosophy : Conversations with Contemporary Thinkers*. New York : Fordham University Press, 2004. [리처드 커니,『현대 사상가들과의 대화』, 김재인·전예완·임재서 옮김, 한나래, 1998.]

_____. "Derrida and Messianic Atheism." In *The Trace of God : Derrida and Religion*. Edited by Edward Baring and Peter Gordon, 199-212. New York : Routledge, 2014.

_____. "Double Hospitality : Between Word and Touch." *Journal for Continental Philosophy of Religion* 1 (2019) : 71-89.

_____. "Ecrire la chair : L'expression diacritique chez Merleau-Ponty." *Chiasmi International* 15 (Fall 2013) : 183-198.

_____. "Exchanging Memories." In *Navigations : Collected Irish Essays, 1976-2006*, 310-320. Syracuse, NY : Syracuse University Press, 2006.

_____. "The Ethics of Narrative Remembrance." In *Questioning Ethics*. Edited by Richard Kearney and Mark Dooley, 18-33. New York : Routledge, 1999.

_____. "The Fifth Province." In *Postnationalist Ireland*, 99-100. New York : Routledge, 1997.

_____. "Hermeneutics of Wounds." In *Unconscious Incarnations*. Edited by Brian Becker et al., 21-42. New York : Routledge, 2018.

_____. "Hospitality : Possible or Impossible." *Hospitality and Society* 5, nos. 2-3 (2013) : 173-184.

_____. "Linguistic Hospitality-The Risk of Translation." *Research in Phenomenology* 49 (2019) : 1-8.

_____. "Memory and Forgetting in Irish Culture." In *Recovering Memory : Irish Representations of Past and Present*. Edited by Hedda Friberg, Irene Gilsenan Nordin, and Lene Yding Pedersen, 2-19. Cambridge : Cambridge Scholars Publishing, 2007.

_____. "Memory in Irish Culture." In *Memory Ireland*. Edited by Oona Frawley, 3:138-151. Syracuse, NY : Syracuse University Press, 2014.

_____. "Narrative Imagination : Between Ethics and Poetics." *Philosophy and Social Critique* 21, nos. 5-6 (1995) : 173-190.

_____. *Navigations : Collected Irish Essays, 1976-2006*. Syracuse, NY : Syracuse University Press, 2006.

_____. "On Terror." In *Strangers, Gods and Monsters*, 10-139. London : Routledge, 2002. [리처드 커니, 5장 「테러에 대하여」, 『이방인, 신, 괴물 : 타자성 개념에 대한 도전적 고찰』, 이지영 옮김, 개마고원, 2004.]

_____. *Postnationalist Ireland*. New York : Routledge, 1997.

_____. *Strangers, Gods, and Monsters*. New York : Routledge, 2003. [리처드 커니, 『이방인, 신, 괴물 : 타자성 개념에 대한 도전적 고찰』, 이지영 옮김, 개마고원, 2004.]

_____. *Touch : Recovering Our Most Vital Sense*. New York : Columbia University Press, 2021. [리차드 카니, 『터치 : 생명의 감각을 회복하다』, 김연민·김은혜 옮김, 한국문화사, 2025.]

_____. " 'Where I Speak From' : A Short Intellectual Autobiography." In *Debating Otherness with Richard Kearney : Perspectives from South Africa*. Edited by Yolande Steenkamp and Danie Veldsman. Johannesburg : AOSIS, 2018.

Kearney, Richard, ed. *Paul Ricoeur*. London : Sage, 1996.

_____. *Visions of Europe : Conversations on the Legacy and Future of Europe*. Dublin : Wolfhound Press/RTE, 1992.

Kearney, Richard, and Brian Treanor, eds. *Carnal Hermeneutics*. New York : Fordham University Press, 2015.

Kearney, Richard, and Mark Dooley, eds. *Questioning Ethics : Contemporary Debates in Philosophy*. New York : Routledge, 1999.

Kearney, Richard, and Sheila Gallagher. *Twinsome Minds : An Act of Double Remembrance*. Cork : Cork University Press, 2017.

Kearney, Richard, and Eileen Rizo-Patron, eds. *Traversing the Heart : Journeys of the Inter-Religious Imagination*. Leiden : Brill, 2010.

Kearney, Richard, and Kascha Semonovitch, eds. *Phenomenologies of the Stranger*. New York : Fordham University Press, 2011.

Kearney, Richard, and James Taylor, eds. *Hosting the Stranger : Between Religions*. New York : Continuum, 2011.

Keller, Catherine. *Cloud of the Impossible : Negative Theology and Planetary Entanglement*. New York : Columbia University Press, 2014.

_____. *Intercarnations*. New York : Fordham University Press, 2017.

_____. *Political Theology of the Earth*. New York : Columbia University Press, 2018.

Kiberd, Declan. *Inventing Ireland*. London : Vintage Books, 1996.

Kierkegaard, Søren. *The Sickness Unto Death*. Edited and translated by Howard V. Hong and Edna H. Hong. Princeton : Princeton University Press, 1980. [쇠렌 키에르케고르, 『죽음에 이르는 병』, 윤덕영·이창우·최정인 옮김, 카리스아카데미, 2025.]

Korsgaard, Christine. "The Reasons We Can Share : An Attack on the Distinction Between Agent-Relative and Agent-Neutral Values." *Social Philosophy and Policy* 10, no. 1 (1993) : 24-51.

_____. *The Sources of Normativity.* Cambridge : Cambridge University Press, 1996.

Kristeva, Julia. "L'humanité redécouvre la solitude existentielle, le sens des limites et la mortalité." *Corriere del Sera,* March 29, 2020. [http://www.kristeva.fr/corriere-della-sera-29-03-2020_en.html.]

_____. *Strangers to Ourselves.* New York : Columbia University Press, 1991.

Krog, Antjie. *Country of My Skull : Guilt, Sorrow, and the Limits of Forgiveness in the New South Africa.* New York : Broadway Books, 2000.

Levinas, Emmanuel. *Collected Philosophical Papers of Emmanuel Levinas.* Translated by Alphonso Lingis. The Hague : Martinus Nijhoff, 1987.

_____. *Difficult Freedom : Essays on Judaism*. Translated by Seán Hand. Baltimore : Johns Hopkins University Press, 1990.

_____. *Otherwise Than Being or Beyond Essence.* Translated by Alphonso Lingis. Pittsburgh : Duquesne University Press, 2011. [에마뉘엘 레비나스, 『존재와 달리 또는 존재성을 넘어』, 문성원 옮김, 그린비, 2021.]

_____. *Totality and Infinity : An Essay on Exteriority.* Translated by Alphonso Lingis. Pittsburgh : Duquesne University Press, 1969. [에마뉘엘 레비나스, 『전체성과 무한』, 김도형·문성원·손영창 옮김, 그린비, 2018.]

Lomax, Eric. *The Railway Man : A POW's Searing Account of War, Brutality, and Forgiveness.* New York : Norton, 1995.

Louv, Richard. *Our Wild Calling : How Connecting with Animals Can Transform Our Lives — and Save Theirs.* Chapel Hill, NC : Algonquin Books, 2019.

Lydenberg, Robin. "From Icon to Index : Some Contemporary Visions of the Irish Stone Cottage." In *Eire/land.* Edited by Vera Kreilkamp, 127-133. Boston : McMullen Museum of Art, Boston College, 2003.

MacIntyre, Alasdair. *After Virtue : A Study in Moral Theory.* Notre Dame, IN : University of Notre Dame Press, 2007. [알래스데어 매킨타이어, 『덕의 상실』, 이진우 옮김, 문예출판사, 2021.]

Manoussakis, John. "Coronations : Notes from the Quarantine." *The New Polis,* April 10, 2020.

Mauss, Marcel. *The Gift.* New York : Routledge, 1990. [마르셀 모스, 『증여론』, 이상률

옮김, 한길사, 2002.]

Meaney, Thomas. "Who's Your Dance Partner? Europe Inside Africa." *London Review of Books* 41, no. 21 (November 9, 2019).

Mensch, James. *Levinas's Existential Analytic : A Commentary on Totality and Infinity*. Evanston, IL : Northwestern University Press, 2015.

Monge, Claudio. *Dieu hôte : Recherche historique et théologique sur les rituels de l'hospitalité*. Paris : Zeta Books, 2008.

Moyaert, Marianne. "The (Un-)Translatability of Religions? Ricoeur's Linguistic Hospitality as Model for Interreligious Dialogue in Exchange." *Journal of Missiological and Ecumenical Research* 37 (2008) : 337-364.

Moyaert, Marianne, and Joris Geldhof. *Ritual Participation and Interreligious Dialogue : Boundaries, Transgressions and Innovations*. London : Bloomsbury, 2016.

Nancy, Jean-Luc. *Noli Me Tangere : On the Raising of the Body*. Translated by Sarah Clift. New York : Fordham University Press, 2008. [장 뤽 낭시, 『나를 만지지 마라 : 몸의 들림에 관한 에세이』, 이만형·정과리 옮김, 문학과지성사, 2015.]

Nussbaum, Martha. *For Love of Country*. Boston : Beacon, 2002. [마사 누스바움, 『나라를 사랑한다는 것』, 오인영 옮김, 삼인, 2003.]

Prichard, H. A. "Does Moral Philosophy Rest on a Mistake?" *Mind* 21 (1912) : 21-37.

Reath, Andrews. *Agency and Autonomy in Kant's Moral Theory*. Oxford : Oxford University Press, 2006.

Reath, Andrews, and Jens Timmerman, eds. *Kant's Critique of Practical Reason : A Critical Guide*. Cambridge : Cambridge University Press, 2010.

Ricoeur, Paul. "Entretien Hans Küng-Paul Ricoeur : Les religions, la violence et la paix. Pour une éthique planétaire, ARTE. 5 April 1996." *Sens* 5 (1998) : 211-230.

_____. "Epilogue : Difficult Pardon." In *Memory, History and Forgetting*. Translated by David Pellauer. Chicago : University of Chicago Press, 2009.

_____. *La mémoire, l'histoire, l'oubli*. Paris : Éditions du Seuil, 2000.

_____. "Life in Quest of Narrative." In *On Paul Ricoeur : Narrative and Interpretation*. Edited by David Wood, 20-33. London : Routledge, 1991.

_____. "Memory and Forgetting." In *Questioning Ethics*. Edited by Richard Kearney and Mark Dooley. London : Routledge, 1998.

_____. *Memory, History and Forgetting*. Translated by David Pellauer. Chicago : University of Chicago Press, 2005.

_____. *Oneself as Another*. Translated by Kathleen Blamey. Chicago : University of Chicago Press, 1992. [폴 리쾨르, 『타자로서 자기 자신』, 김웅권 옮김, 동문선, 2006.]

_____. *On Translation.* Translated by Eileen Brennan. London : Routledge, 2006. [폴 리쾨르, 『번역론』, 이향·윤성우 옮김, 철학과현실사, 2006.]

_____. *Paul Ricoeur : The Hermeneutics of Action.* Edited by Richard Kearney. London : Sage, 1996.

_____. "Reflections on a New Ethos for Europe." *Philosophy & Social Criticism* 21, nos. 5-6 (1995) : 3-13.

_____. *Time and Narrative,* Volume 3. Translated by Kathleen Blamey and David Pellauer. Chicago : University of Chicago Press, 1990. [폴 리쾨르, 『시간과 이야기 3』, 김한식 옮김, 문학과지성사, 2004.]

Rohr, Richard. "Making Do with More : Economy Old and New." In Daily Meditations, Center for Action and Contemplation. November 25, 2019, https://cac.org/making-do-with-more-2019-11-25.

_____. "Moral Capitalism." In Daily Meditations, Center for Action and Contemplation. November 27, 2019, https://cac.org/moral-capitalism-2019-11-27.

Sandel, Michael. "Are We All in This Together?" *New York Times,* April 13, 2020.

Scheler, Max. *The Nature of Sympathy.* London : Taylor & Francis, 2017. [막스 셸러, 『공감의 본질과 형식』, 이을상 옮김, 지식을만드는지식, 2009.]

Schott, Robin May. "Kant and Arendt on Hospitality." *Jahrbuch für Recht und Ethik / Annual Review of Law and Ethics* 17 (2009) : 183-194.

Sen, Amartya. *Identity and Violence.* New York : Norton, 2007. [아마르티아 센, 『정체성과 폭력』, 이상환·김지현 옮김, 바이북스, 2020.]

Simon, Arthur. *How Much Is Enough? Hungering for God in an Affluent Culture.* Grand Rapids, MI : Baker Books, 2003.

Speight, Allen. "Arendt on Narrative Theory and Practice." *College Literature* 38, no. 1 (Winter 2011) : 115-130.

Stein, Edith. *On the Problem of Empathy.* Edited and translated by Waltraut Stein. Washington, DC : ICS Publishers, 1989.

Steinbock, Anthony. *Phenomenology and Mysticism.* Bloomington : Indiana University Press, 2007.

Strahn, Anna. *Levinas, Subjectivity, Education : Towards an Ethics of Radical Responsibility.* Hoboken, NJ : Wiley-Blackwell, 2012.

Taylor, Charles. *A Secular Age.* Cambridge, MA : Harvard University Press, 2007.

Taylor, James. "Translation as a Model for Hospitality." In *Hosting the Stranger : Between Religions*, 11-23. New York : Continuum, 2011.

Taylor, Paul. "The Ethics of Respect for Nature." *Environmental Ethics* 3, no. 3 (1981) :

197-218.

Teenan, Tim. "Coronavirus Has Killed the Power of Touch. How Do We Reconnect?" *Daily Beast*, April 16, 2020.

Tippett, Krista, host. "How to Love a Country." *On Being with Krista Tippett* (podcast), November 27, 2019.

_____. "Living the Questions : How Can I Find My Footing in a Shifting World?" *On Being with Krista Tippett* (podcast), April 14, 2020.

Twist, Lynn, and Teresa Barker. *The Soul of Money : Transforming Your Relationship with Money and Life*. New York : Norton, 2017.

Veldsman, Daniël, and Yolande Steenkamp, eds. *Debating Otherness with Richard Kearney : Perspectives from South Africa.* Durbanville : Aosis Publishing, 2018.

Vila-Chã, João J. Miranda, ed. "O Dom, a Verdade, e a Morte : Abordagens e Perspectivas/The Gift, Truth, and Death : Approaches and Perspectives." Special edition of *Revista Portuguesa de Filosofia* 65 (2009).

Vosloo, Robert. "Touch Gives Rise to Thought : Paul Ricoeur and Pumla Gobodo-Madikizela on Dealing with the Past, Mutual Recognition and Embodied Performativity." In *Debating Otherness with Richard Kearney : Perspectives from South Africa*. Edited by Daniël Veldsman and Yolande Steenkamp, 273-286. Durbanville : AOSIS Publishing, 2018.

Wares, Owen. "Kant on Moral Sensibility and Moral Motivation." *Journal of the History of Philosophy* 52, no. 4 (October 2014) : 727-746.

Warner, Marina. "The European Woman's Heritage." In *Visions of Europe*. Edited by Richard Kearney. Dublin : Wolfhound Press, 1992.

Wiedmer, Caroline. *The Claims of Memory : Representations of the Holocaust in Contemporary Germany and France.* Ithaca, NY : Cornell University Press, 1999.

Yates, Chris, ed. "Hospitality." Special issue of *Religion and the Arts* 14-15 (2011).

:: 인명 찾아보기

ㅇ

ㅈ

ㅊ

ㅋ

:: 용어 찾아보기

ㄱ

ㄴ